高中生物学
简约教学论

■ 王建春／著

GAOZHONG SHENGWUXUE

JIANYUE JIAOXUE LUN

SPM 南方传媒
全国优秀出版社
全国百佳图书出版单位
广东教育出版社
·广 州·

图书在版编目（CIP）数据

高中生物学简约教学论 / 王建春著 . — 广 州：广东教育出版社，2023. 12
ISBN 978-7-5548-5402-0

Ⅰ.①高…　Ⅱ.①王…　Ⅲ.①生物课—教学研究—高中　Ⅳ.① G633.912

中国国家版本馆 CIP 数据核字（2023）第 100326 号

高中生物学简约教学论
GAOZHONG SHENGWUXUE JIANYUE JIAOXUE LUN

出 版 人：朱文清
责任编辑：姚　勇
责任校对：朱　琳
责任技编：许伟斌
装帧设计：何　维
出版发行：广东教育出版社
　　　　　（广州市环市东路472号12—15楼　邮政编码：510075）
销售热线：020-87615809
网　　址：http://www.gjs.cn
E-mail：gjs-quality@nfcb.com.cn
经　　销：广东新华发行集团股份有限公司
印　　刷：广州市浩诚印刷有限公司
　　　　　（广州市增城区新塘镇新和南路4号101房）
规　　格：787 mm×1092 mm　1/16
印　　张：17.25
字　　数：345千
版　　次：2023年12月第1版
　　　　　2023年12月第1次印刷
定　　价：52.00元

▌序

　　为朋友写书序，应该有十余次之多。但这次应王建春老师之邀为其新作《高中生物学简约教学论》写序言，的确有太多感慨！一是他出版专著已经不带功利性，因为他已获得"特级教师"和"正高级教师"等殊荣多年。二是虽然近二十年来，图书出版已高度市场化，著书立说已经走下了"神坛"，不再是少数专家学者的专属，出版过专著的中小学教师也不在少数，但近年国家又开始收紧图书出版的审批，能逆流而上出书实属不易。

　　我没有听过王老师的生物课和专题讲座，但与他有过较多的工作合作与专业交流。他是广东省第一批省级骨干教师，第一批省级名教师工作室主持人，也是广东省第一批正高级教师。这三个"第一"颇有含金量，在当时只有非常优秀的教师才有机会入选。后来在"学而优则仕"的用人政策下，他开始担任不同岗位的行政职务，虽然这些行政职务挤占了他太多继续深耕专业的时间和精力，但其教育教学研究成果也不见少。看到高中生物学教师中的新生代著作等身，王老师的羡慕之情常常溢于言表。同我一样，王老师开始步入离退休倒计时的年龄，但他没有选择"躺平"，而是认为"临渊羡鱼不如退而结网"。因此一本《高中生物学简约教学论》便静悄悄地呈现在我们面前，这得益于他深厚的学术功底和丰富的专业积累。

　　关于简约教学，我也有话要说。我的处世格言就是"复杂问题简单化"。大道至简，简约教学既是一种方法与方式，也是一种模式与风格，更是一种内涵和气质，它主张剔除那些华丽与喧闹，这是简约教学的核心和关键含义。当然，许卫兵、徐长青等人关于简约教学的研究已赋予其许多内涵与外延。在当今新理念满天飞、新名词遍地走的情势下，在生物学教学中倡导简约、回归自然的理念与方法极具现实意义。

本书从理论、策略、范式和案例等方面对高中生物学简约教学进行论述，结构体系完整，内容也很丰富。基于学科核心素养、减负增效新政策和课程内容"少而精"原则，对教学资源配置、教学内容取舍和教学策略优化进行了较为系统的论述，提出了教学目标简明化、教学内容简要化、教学环节简洁化、教学方法简便化、教学语言简练化等策略。相信本书能够给广大高中生物学教师带来理念上的启迪与方法上的指导。

"有教无研难发展，有研无教是空谈，研教结合天地宽"，谨以此序与读者同励共勉！

胡继飞

广东第二师范学院科学教育研究所所长、教授

2022 年 11 月于广州

前　言

近几年笔者在全国各地给高中生物学教师讲新课标、新教材和高考备考内容时，因讲课"接地气、直面核心问题和风趣幽默"而广受老师们的喜爱，老师们时常要我推荐高中生物学教学方面的专业书籍，我总是推荐赵占良老师的《生物学概念教学论》、谭永平老师的《生物学课程哲学》、吴成军老师的《生物学学科核心素养的教学与评价》、胡继飞老师的《生物学课程与教学论》等书籍。在一次讲课答疑环节中，突然有老师提出想要我出版的专著，说要好好领会我的生物学教学思想。评正高级、特级教师的条件之一是出版学术专著，我2010年评上广东省特级教师、2013年成为广东省第一批正高级教师，所以在一线老师们看来，我应该早就有自己的专著了。当时的场面让我感到些许尴尬，虽然之前我参与了《生物教学设计导论》（新世纪出版社2002年12月）、《中学生物教学建模》（广西教育出版社2003年5月）、《高中生物新课程理念与实施》（海南出版社2004年4月）、《高中新课程生物优秀教学设计与案例》（广东高等教育出版社2005年5月）、《普通高中新课程评价指导》（高等教育出版社2005年7月）、《中学生物课型与教学模式研究》（科学教育出版社2007年9月）、《如何形成教学风格（名师典型案例的多维解读·高中卷）》（中国轻工业出版社2013年2月）、《生物学课程与教学论》（广东高等教育出版社2013年9月）、《中学生物基础教育课程改革与发展研究》（广东高等教育出版社2016年2月）等书籍的撰写工作，但在本书之前，我还没有出版一本由自己的教育思想主导并按自己设计的框架体系撰写的专著。我对学术专著一向是充满敬畏的，认为专著一定要有明确的教育主张和完整的逻辑体系，因此在相当长一段时间内不敢提个人专著这件事。在 2019 年疫情未起的美好春日里，一次闲谈中，我对相知多年、无话不谈的优秀同行讲了这件尴尬之事，这位优秀同行沉思良久说道："现在你在单位的行政工作没有以前那么繁重了，应该好好总结这么多年积淀的东西，出版一本自己的专著了。"这位优秀同行的话其实是在提醒我：人过半百，事业上发展空间不大了，还有几年就退休了，对自己拥有的"正高级""特级"应该有一个证明性的交代了。

记得 2010 年评特级教师时答辩的问题之一是"你的教学有什么特别之处"，当时的第一反应是我的教学让学生学得轻松愉快，然后将多年来我不与同班任课教师抢时间，甚至不布置课后作业，基本在课堂上解决问题等做法向评委专家做了陈述。2012 年参加广东省教育厅在广东第二师范学院举办的广东省名教师工作室主持人培训期间，我参与了闫德明教授《如何形成教学风格（名师典型案例的多维解读·高中卷）》（中国轻工业出版社 2013 年 2 月）一书的撰写，所写的《阳光·简约》一文作为典型案例收录其中。《阳光·简约》是笔者当时近二十年一线生物学教学积淀的理性总结和思考。生命科学研究的对象纷繁芜杂，生命现象复杂多样。当时的课程改革初衷是改变"六个过于"，特别是"改变课程结构过于强调学科本位；改变课程内容'繁、难、偏、旧'和过于注重书本知识的现状，加强课程内容与学生生活及现代社会和科技发展的联系，关注学生的学习兴趣和经验，精选终身学习必备的基础知识和技能"。在"减负"口号中进行课程改革多年，笔者内心总有一丝丝隐痛：单从教材看，高中生物学教材内容增多近两倍，大学的内容有下沉到高中学段的趋势。学生学得很累，老师教得也不轻松，课堂缺乏有效性，减负工作远没有真正落实。简约的教学风格，成为我多年教学实践追求的目标。

2013 年评正高级教师时我答辩的题目是"你做广州市生物教研

会会长十年，你认为高中生物学教学目前的主要问题是什么，该怎么解决"。我当时回答的主要内容是以"知识、能力、情感态度价值观"三维目标为标志的高中生物学课程改革已实施十年，中学生物学教育状况发生了一些显著改变。一是中学生物学教师具备了人本教育思想，充分意识到教学要面向全体学生；二是从关注"教"到关注"学"，课标倡导的以"自主、合作、探究"为主流方向的学习方式在各类课堂教学中得到不同程度的体现；三是高度关注教学与生产、生活实际的结合，使学生能够解释和解决现实生活中的生物学问题，学以致用特征明显；四是以提升学生的科学素养为宗旨，广大高中生物学教师普遍追求"把生物课上出科学味道"，从行动上诠释了生物学的科学属性，使学校内部不再有"生物学是文科还是理科"的疑问。当时我认为高中生物学教学还存在地域发展不平衡，实验教学普遍薄弱，课堂教学思维深度相对不够，教师过于关注细碎知识、缺乏基于生物学思想的系统性整体建构等问题。回答如何解决这些问题时，我选择了《阳光·简约》一文中的主要教学主张——"简约教学"。它是一种教学理念、一种教学智慧，更是教学能力、教学魅力的体现。换个角度说，本书从选题到内容其实是基于笔者近三十年的教学实践系统理性地再回答评特级、正高级教师时评委提出的问题。

关于简约教学的研究，最早是在小学数学教学领域萌芽壮大。2006 年，新课程改革进入反思期，现实教学中诸多的"烦琐"教学现象引发了许卫兵老师的深思，变繁为简的数学课堂教学理念应运而生❶。2007 年 6 月，自《小学教学》刊发了许卫兵老师撰写的《追寻简约化的数学教学》一文之后，"简约数学教学"的理念正式被提出，相关研讨一直在报刊、网络上进行着，关注者、参与者、实践者越来越多❷。2008 年，致力于探索简约教学的徐长青老师出版了专著《徐长青小学数学教学思与行》。2011 年 5 月 12 日徐

❶ 魏兵. 行走在队伍之中：许卫兵和他的团队 [J]. 教育家，2011（1）：31-33.
❷ 陈乔. 简约化高中数学课堂教学研究 [D]. 福州：福建师范大学，2014：5.

长青老师在《江苏教育报》发表了《简约教学：数学课堂教学的理想追求》，提出：简约教学追求一种理想的课堂，它将是自然、朴素而充满激情的，是真实、生动而关注差异的，是深刻、灵动而追求创造的，是简单、智慧而提升生命的，它将由知者间的交流走向智者间的对话❶。许卫兵老师、徐长青老师的研究成果在语文、思政、英语等众多学科的教学中产生了广泛影响。有关简约教学的文章在高中生物学教学领域也零星出现，但没有产生系统性、实践性的影响。

在许卫兵老师和徐长青老师思想的影响下，笔者直面高中生物学教学矛盾，提出了可操作性强、在高中生物学教学实践中深受师生欢迎的解决方案。本书不仅体现笔者教学风格，还充分展现笔者利用区域教研员和近十年的省、市、区级名教师工作室主持人的身份所进行的实践和推广经验。简约教学不但得到广州市教育研究院等权威机构的认可，而且在关于教师培训的专门期刊和社会媒体中也得到广泛推介。2014年《阳光·简约》被收入《传递文明火炬的使者：广州地区高中教学名人录》一书，2021年4月30日，明师慧公众号向全社会发布《阳光简约》一文，引起同行广泛关注。2021年第5期《广州师训》以《阳光简约，从学科教学走向学科教育——与广州市白云区教育研究院王建春副院长的访谈》为题，用较大篇幅推介了简约教学的思想理念与实践成效。

作为邓小平同志的家乡人，他"三落三起"的故事让我很早就明白人生路的崎岖坎坷和乐观心态的重要性，邓公的"不管白猫黑猫，抓住老鼠就是好猫""发展才是硬道理""摸着石头过河"等生动简练的语言，让我明白深刻的大道理其实是可以用很简约的语言表达出来的。在确定本书主题期间，笔者看到了在*Nature*杂志上发表的DNA双螺旋结构的论文，获得了诺贝尔奖的这一研究成果也不过两个版面。2021年5月22日是个举国悲恸的日子，杂交水稻之父袁隆平离开了我们，知网在显著位置特别呈现他的论文《水稻的雄性不孕性》，以此表达沉痛哀悼和纪念。"中国人开始吃饱

---

❶ 徐长春. 简约教学：数学课堂教学的理想追求［N］.江苏教育报，2011-05-12.

饭，或肇始于此"的这篇论文也仅仅四个版面，特别简洁。"简约、安全、精彩"是中国就北京 2022 年冬奥会做出的承诺。习近平主席在北京 2022 年冬奥会欢迎宴会上的致辞中指出："在大家共同努力下，北京冬奥会一定会成为简约、安全、精彩的奥运盛会而载入史册"。这些发生在生活中的大事让我坚信简约主义是人类社会未来发展的必然方向。当这些事例与内心一贯的追求反复呈现时，著书的主题就确定了。2022 年春节在父母温暖的身边，笔者每天早上 5 点准时起床，顶着华蓥山脚下的严寒，着手搭建本书的框架体系并开始漫长的撰写工作。

本书基于"核心素养与生物学学科核心素养的凝练""高中生物学新课标追求'少而精'的原则""高中生物学新教材'整体基础、适切增减'特点"和"高中生物学教学'减负提质增效'要求"，明确提出高中生物学简约教学的主张：教师对课堂教学各项基本要素和教学资源的最优配置，使课堂教学变得更为简洁、清晰、凝练、深刻，以实现课堂教学目标简明化、教学内容简要化、教学环节简洁化、教学方法简便化、教学语言简练化，最终实现教学效果的最优化。简约教学强调具有高度概括性的教学设计与实践过程，它不仅在形式上简洁、明了，在教学内容、教学方法与思维训练上更是深入浅出、通俗易懂。笔者从中国古代教育思想、"最优化教学理论"、"认知教学理论"、"建构主义理论"、"最近发展区理论"、"认知负荷理论"和"信息加工理论"中找寻到简约教学的理论基础，并概括和提炼出简约教学的六大特征：教学起点明确，对教材的解读更深入，教学内容简要、精辟，课堂环节简单、厚实，教学方法简明、灵活，教学评价简洁、真诚。简约教学在实践上促进了教学本真的回归、学生思维的发展、课堂的高效生成，使减负真正得到落实，从而促进学生的全面发展和教师专业素养的提升。在此基础上，笔者提出了简约教学的十大策略：系统思维整体把握，教学目标明确具体，概念内涵本质理解，知识的结构化处理，教学过程简化自然，教学情境简洁真实，教学方法简朴灵活，教学语言简练深刻，教学媒体简单适用，学习评价简明真诚。建构了高中生物学简约教学的三种常见课程的范式：新授课"三版块"范式，复习课"讲练评"范式，实验课"预做思"范式。在理论体系搭建完成后，积极发动工作室成员学习和实践简约教学理念，收集一线教师的精彩案例。

本书较好地解决了高中生物学教学的三个根本性问题：一是课堂中师生成就感得以提升。教师出现职业倦怠往往是由于在课堂教学中感到单调重复，学生出现厌学情绪主要是由于在课堂中感到乏味无趣、没有成就感。简约教学的提出源于21世纪初基础教育课程改革的初衷，即改变"六个过于"，让学生学得轻松、愉快，让师生成就感得以提升，让生命的价值在课堂上得以彰显。二是"减负提质"得以真正落实。简约教学直面高中生物学教学的矛盾和问题，致力于追求在有限的课堂时间内达成高效的教学目标，对真正落实当下新一轮"减负"有直接的指导作用。三是切合高中生物学学科核心素养的教学。生物学学科核心素养是对生物学育人价值和学科本质的高度凝练，高中生物学新课标追求"少而精"的原则，高中生物学新教材呈现"整体基础、适切增减"的特点。尽管简约教学的思想是十多年前就提出来的，但与目前高中生物学课标精神和教学要求非常切合。简约教学使高中生物学课堂教学回归本真，是高中生物学教学规律性的体现，在不同时期都能焕发出生命活力。

本书基于高中生物学的学科特性和笔者多年来的教学实践感悟，不仅将简约教学视为教学方法的改革，而且从课堂教学人文性和生命性的角度去审视内容不断增多、知识难度不断加大与倡导"高效"教学之间的矛盾，不断追求课堂教学中师生的愉悦性和教学目标达成的高效性。本书对高中生物学教师在学科理解、教学理念更新与技能提升等方面有重要的促进作用，在新时代"减负提质增效"的高中生物学课堂变革中更具广阔的运用前景。

2022 年 7 月 18 日写于羊城花地湾

目 录

第四章　高中生物学简约教学的范式 / 152

第五章　高中生物学简约教学的案例 / 181

后　记 / 263

第一章　简约教学概论

第一节　教学的本质

　　教学是由教师和学生共同完成的传递和掌握社会经验的双边活动，具体而言，就是教师指导学生进行学习的活动。在这个活动中，学生掌握一定的知识和技能，同时身心获得一定的发展，形成一定的思想品德。

　　教学这一概念有两层意思：一是强调教师教和学生学的结合或统一，即教师教和学生学是同一活动的两个方面，是辩证统一的。"教"离不开"学"，"学"也离不开"教"。在教学中，教与学彼此依存、相辅相成，既不存在没有"学"的"教"，也不存在没有"教"的"学"。教学永远包括教与学，但教与学不是简单地相加，而是有机地结合、辩证地统一。如果只有教或只有学，或者二者只是简单地相加，那么它们都不是真正意义上的教学活动。二是明确教师教的主导作用和学生学的主体地位。在教学过程中，教师主导教学活动的方向和性质，学生是学习活动的主体。教师指导学生学习而不是代替学生学习，学生在教师的有效指导下更好地学习，既不能以任何形式削弱教师的主导作用，也不能以任何借口剥夺学生的主体地位。只有充分调动教师和学生双方的积极性，才能保证教学活动的顺利进行。

　　教师与学生是教育活动（包括教学在内）的复合主体，双方在各自承担的不同活动中又互为主客体，教育活动的另一要素——教育内容则是纯客体。目前教育理论界和实践界因过去对学生的学关注不够而有矫枉过正的倾向，提出课堂教学"以学为本""从教走向学"。其实，不能因教学的目的与结果都指向学生，就得出教学要以学生为本的结论，何况其中"为本"指的是什么并未说明。教师的教承担着使人类创造的科学文化、精神财富世代相传和发展的重任，这不是学生的学所能代替的。师生双方及其活动之间，也不是谁主谁次、谁依附谁的关系，而是缺一就无法完成教学。

　　所谓教学，是指教师引起、维持或促进学生学习的所有行为。它的必要条件主要有三个方面：一是引起学生学习的兴趣，即教师首先需要激发学生的学习动机，教学是在学生"想学"的心理基础上展开的。二是指明学生所学的内容和所要达到的目标，即教师要让学生知道学什么以及需要学到什么程度，学生只有知道了自己要学什么和学到什么程度，才会有意识地主动参与学习活动。三是采用易于学生理解的方式，即教师在教学过程中有自己的目标——让学生听清楚、听明白，这需要借助一些技巧，如重复、深入浅出、抑扬顿挫等。如果在讲课时不具备这些条件，那么即使教师教得十分辛苦，也不能称为真正的教学。

如何让学生"想学""主动地学"和"理解所学内容"是教师面临的日常难题，也是一个教师永恒的价值追求。经过近三十年的教学实践和反思，简约教学的思想和策略或许是破解教师日常难题、实现教师价值追求的法宝。

第二节　简约教学的含义

一、简

简，本义为竹简。战国至魏晋时期的书写材料，是削制成的狭长竹片或木片。若干简编缀在一起叫"策"（册）。由于古代书写材料有限，记录的往往是非常重要的事情，文字相当简练。如《史记》中《项羽本纪》通过叙述秦末农民起义和楚汉之争的历史场面，生动而又深刻地描述了项羽的一生。其中最为精彩的《鸿门宴》章节仅用1834字就将刘邦赴项营请罪连同赴营以前和逃席以后三个部分的内容讲述清楚，通过项羽是否发动进攻、刘邦能否安然逃席两个事件来表现项羽和刘邦复杂的人物性格。情节跌宕起伏，形象生动鲜明，行文结构周密严谨，语言精练优美。古代典籍文字基本呈现删繁就简、言简意赅的特征，有道是：简的，是有效的；简的，是美的。

老子《道德经》曰："万物之始，大道至简，衍化至繁。"朱熹也说："为学之道至简至易，但患不知其方。"《大戴礼记·小辨》中也有类似的思想："夫小辨破言，小言破义，小义破道，道小不通，信道必简。"大道至简，人生亦简。简不是物质的贫乏，而是精神的自在；简不是生命的空虚，而是心灵的单纯。最深刻的道理往往是最简明的，人要学会简单、简朴地生活，放下私心杂念，进入忘我忘物的状态。大道至简是做人的智慧，将繁杂的事情简单化，要有智慧、能力，也要有决心。

《论语·雍也》里有一句话："居敬而行简"。简并不意味着无为，而是休养生息、蓄势待发的有为。居敬，就是作为教师，首先要在内心敬畏教育的本质和规律；行简，就是不要用太繁杂的东西来对学生的学习成长构成障碍、造成困扰。教师的任务就是让学生的学习变得简单而有效，轻松和容易。"你不讲我好像还明白，你越讲我越糊涂"，我们要高度警惕这类导致学生对学习问题更困惑的情况。

二、约

《说文解字》中有"约，缠束也"。约，本义为拘束、限制，引申为共同议定的要遵守的条款、节俭、简要、简单。《儒林外史》曰："读书一事，要由博而返之约，总以心得为主"。《文史通义》中有"博而不杂，约而不漏"。教学中通常说，先把书读薄，再把书读厚。"先把书读薄"其实就是"约"的功能，约是一种提纲挈领的概括性能力。当下学生之所以学得很苦，除了学科知识本身纷繁芜杂，更主要的还是没有掌握"先把书读薄"的技能。

三、简约

"简约"一词从古至今运用广泛、意蕴丰富。白居易诗风简约，用词单纯明快，简洁洗练，言少意多，以致上至宫廷下至民间都流传着他的诗；家居装修流行的简约风格，是摒弃浮华后追求居室空间的简洁大方，让人感到既简单又舒适，且不失时尚的韵味；齐白石寥寥数笔就勾画出一幅活灵活现、跃然纸上的虾戏图，令人连连称道。披沙拣金、去芜存菁，我们触摸到简约的核心内涵。简约不是简陋肤浅，相反，它是一种寓于简单之中的、更深层次的丰富。简约是舍弃，更是收获。单薄和贫乏是没有内涵的简单，只有内涵丰富的事物才具备简约之美。简约也不是寒碜，它蕴涵着无限的想象空间，包容着浩瀚与广阔的精神世界。简约即在变繁为简的过程中依然保留事物本身拥有的经典内核，故而简约需要一点放弃。

简约，根据《辞海》和《现代汉语词典》的解释，是简单、简明、简要、节俭、紧缩的意思。比如我们常说的"该著作的文字简约而生动""这种包装设计简约实用，美观大方"。简约一词在日常生活中运用广泛，我们耳熟能详的"简约艺术""简约生活""简约人生"意蕴丰富。

简约要博采众长，融会贯通，就必然要整合创新，跳出原来的框架，去粗取精，抓住要害和根本，剔除那些无效的、可有可无的、非本质的东西，融合成少而精的本源。所谓"为学日增，为道日减"就是这个道理。

简约是一种规律，是一种回归与沉淀。简约近乎真理，是一种厚积薄发的力量。简约是高级形式的复杂，越高级的东西越简单。简约到极致，便是大智；简约到极致，便是大美。极致的思维，简约的表达，其实真的不简单。精于心、简于形，悟在天成！

简约，形式上"简"，内涵上"丰"。在本质上是一种美——简约之美，美的事物都具有吸引力和无限的张力。它至少包含三个核心要素：一是简洁的形式，二是丰富的意蕴，三是灵动的创造❶。

四、简约主义

简约主义是以"简约"为关键词的关于简约的内涵、特征、作用和意义等的思想体系，是一种研究如何从多余和烦琐中解脱出来的思想体系。作为一种思想体系，它已经渗透到生产、生活、工作和思维的方方面面，成为人们思考和行动的指南和方法，成为一种时尚、一种潮流、一种文化倾向、一种美学理想、一种思想方法、一种哲学追求，进而成为一种生活方式。比如哲学家，不论如何长篇大论和滔滔不绝，最后还是要用最简洁、最明确的语言把他们的理论和主义表达出来，而且越是简单明了，其影响的程度和范围往往越是深远和广大，如"对立统一""实践是检验真理的唯一标准""人民，只有人民，才是创造世界历史的动力""不管白猫黑猫，抓住老鼠就是好猫""摸着石头过河"，多么简洁而明确，这就是简约。

美国有一本畅销书名为《瓦尔登湖》，1985年《美国遗产》杂志将它列为"十本构成美国人性格的书"之榜首。该书记录了作者孤身一人，来到瓦尔登湖畔的林中定居，使用简单的工具，建造简单的木屋，过着种豆食杂的简单生活。而他从这与大自然融合的简单生活中体会出人生的真正价值，揭示了人们所追求的心灵的健康、活泼和安宁是何等重要。简约主义的这种生活方式也许不会成为主流，但它追求的人生价值似乎总能让人们产生共鸣，以致这些年我国文学界将《瓦尔登湖》作为"绿色经典"，掀起了一

---

❶ 许卫兵. 简约，何以不简单：关于"简约教学"的意义探寻［J］. 福建教育，2014（1）：15-17.

股评介的热潮，产生了诸多译本。❶

管理工作者也渴望去除多余的层级、环节和人员，以获取更高的效率，故有"简约管理"概念的登场。还有那些传世久远的音乐作品，作为人们行为准则的法律条文，以及"社会主义核心价值观"一类的道德规范等，都是越简单明了越好，都是尽量追求"任何多余的东西都不要"，即所谓"少就是多""通过最简约的表达手段达到最好的表达效果""用很少的东西来获得最大快乐"等。❷

甚至有人把简约作为生活的全部追求，做什么、怎么做都奉简约为宗旨，简约成为一种生活方式。建筑设计有简约风格，家居装修有简约格调，时装配饰有简约潮流，绘画构图有简约布局，过日子倡导简约生活，写文章追求简约笔法……林林总总，无所不及。"简约、安全、精彩"是中国就北京 2022 年冬奥会向全世界做出的承诺。经过六年多的精心筹备，在各国参赛运动员、国际奥林匹克委员会委员和全体工作人员共同努力下，北京展开了一幅简约、安全、精彩、壮美的奥林匹克画卷，向全世界讲述了一个绚丽、温暖、感人至深的冬奥会故事。当日常生活和艺术范畴的"简约"之风扑面而来时，人们的认知水平、意识形态、思维方式、审美情趣等都会自觉或不自觉地受到影响，为之吸引。进而，在为人处世、审视现实、解决问题、选择判断时就很容易多出一个视角——简约的视角。一旦人们萌生出简约的意识，那简约与教育教学发生联系就是迟早的事了。毕竟，教育是最大的民生问题之一，家家户户谁不和教育沾边儿呢，谁不被一大堆的教育问题包围呢？在一片教育乱象中寻找突围之路，总有人会想到简约。当然，多年来持续难改的中小学生学习太苦、负担太重的教育现状，以及第八次课程改革初期出现的追求形式、弱化实质的教学现实等，在一定程度上推动和加快了简约与教育教学发生联系的进程。2007 年前后，全国各地爆发性地出现了简约教学的专题研究，追求教学简约化的涓涓细流最终汇成了一股洪流。❸

五、简约教育

教育哲学理论认为："人的存在是有限的，不仅人的生命是有限的，而且由此导致人的发展空间和发展能力也是有限的。有限的生命在经验的世界中往往给人以渺小的、

---

❶ 刘曼. 从多元系统论看《瓦尔登湖》的译介［J］. 株洲工学院学报，2006，20（1）：69-72.
❷ 李郴生. 论"简约"［J］. 株洲工学院学报，2006，20（5）：110-112.
❸ 许卫兵. 简约，何以不简单：关于"简约教学"的意义探寻［J］. 福建教育，2014（1）：15-17.

卑微的和可怜的感觉。这是任何一个有反思能力的人所共有的感受。超越这种有限性，从而达到一种无限的境界，是人近乎本能的渴望"。❶当代学校教育中，教师总是竭力追求在有限的教学时间内让学生获得尽可能多的发展，因而沉重的学习负担使得学生有着太多的"不能承受之重"。"当前的教育要做大量的减法，要留给学生更多可以支配的时间和空间"，这是著名文化学者余秋雨先生基于学生学得太苦、太累，不堪重负的现状提出的。简约教育是一种基本教育方式，其本质就是减负，它是对人的发展规律的遵从。简约教育在做"减法"的同时也在做"加法"，减去的是传统教育中分数至上、以知识为中心的糟粕，增加的是对教育尊重人、相信人、发展人的本真意义的诉求，让教育对人性关怀的理想光亮真正地照进现实，照亮校园的每一个角落。❷

六、简约教学

简约教学是指教师通过对课堂教学各项基本要素和教学资源进行最优配置，使课堂教学变得更为简洁、清晰、凝练、深刻，以实现教学目标简明化、教学内容简要化、教学环节简洁化、教学方法简便化、教学语言简练化、教学效益最大化。简约教学高度概括性的教学设计与实践过程，不仅表现在形式上的简洁明了，更体现在教学内容、教学方法与思维训练上的深入浅出、通俗易懂。简约教学，是洗尽铅华后的返璞归真，让课堂教学回归教学的本真，删减多余的教学环节，真实地呈现核心目标。简约教学有以下特征❸：

1. 教学起点明确

备课时要清晰明白"三不讲"和"三讲"。三不讲即"不讲学生已会的，不讲学生自己能学会的，不讲学生怎么努力也学不会的"；三讲即"讲易混点，讲易错点，讲规律方法"。"学生已会的"称为现实的发展水平，而"在教师引领下学会的"叫潜在的发展水平。这两者之间的领域就是学生的"最近发展区"，即教师所要教学的。

2. 对教材的解读更深入

简约、高效的课堂教学，其实是执教者对教材更深层次的解读，是一种对教材理解

---

❶ 石中英. 教育哲学导论［M］. 北京：北京师范大学出版社，2002：112.
❷ 田静. 高中数学简约化教学研究［D］. 信阳：信阳师范学院，2015：4.
❸ 许卫兵. 简约数学教学［M］. 南京：江苏教育出版社，2011：12.

通透之后的驾驭。教师要从以下三个角度对教材进行解读才算得上"更深的解读"：一是从教师角度与教材文本对话，关注"教什么""怎样教"的问题；二是从学生角度与教材文本对话，关注"学什么""怎样学"的问题；三是从编者角度与教材文本对话，揣摩编者意图，明确教学核心价值，克服随意解读、随性而教的弊端。简约不是随便地简单删除，更不是随意地更改内容。

3. 教学内容简要、精辟

在有限的课堂教学时间里，要适量安排教学内容。其一，选材要"少而精"。这个少不是简单机械地减少教学内容，也不是减少教学的知识容量，而是所选题材要有典型性、针对性，要精选素材。其二，用材要"单而丰"。巧用素材，努力做到一材多用、一材多变、一材多效，使每一份素材在课堂上都能发挥最大的作用。

4. 课堂环节简单、厚实

过程决定结果，细节决定成败。在简约化的课堂中，每个教学环节都应具有明确的目的性，所以必须精心设计所有的教学环节，使学生在每一个教学环节中都有充分的时间去探索、交流，而且活动环节要注意层次性，力求根据学生的学习需求，引导学生拾级而上，逐步理解生物学知识的本质。

5. 教学方法简明、灵活

教学方法要灵活应变，深入浅出。当教师在课堂上试图用各种手段唤起学生相关生活经验的记忆时，应尽量排除生活经验中消极因素的干扰，及时引导。当需要动手操作时，应减去价值不高的操作环节，用想象、推理等逻辑思维来替代。当然，教学方法多种多样，教师要根据实际情况灵活选择。

6. 教学评价简洁、真诚

教师的课堂评价语言应渗透学习方法，应尊重学生的个体差异，抓住学生的个性特点，有针对性地进行评价。当学生有不同见解时，可以说："你的想法很独特，给了我们启发和思考。"当学生回答出难度较大的问题时，可表扬："你说得很正确，真会积极动脑！"当学生的回答并非完全正确时，可以说："你的想法有道理，但不完全正确。"……教师要努力做到言由衷发，丰富评价的内涵，以简洁、真诚的评价，换取学生的真心倾听，从而促进学生的健康成长。

简约教学要求对课堂教学的情境创设、素材选择、活动组织、结构安排、媒体使用等教学要素做到准确把握和经济妙用，使课堂变得更简洁、清晰、流畅、丰富、深刻，进而达到优质和高效，并最终实现学生基础学力的发展、学科素养的提升、健全人格的养成。当教师对各种教学素材的使用做到经济、精当、高效、以简驭繁、以少胜多时，课堂就具有了简洁的形式美。当教学在简洁、清晰、流畅中还显现出丰富、深刻的特质，在立足当前的基础上还能着眼长远，培养学生敢于突破常规、不迷信书本和权威的创新意识和勇于探索、善于合作、勤于思考、乐于质疑、奋发进取的精神以及正确的世界观、健全的人格时，课堂就具有了丰富的意蕴美。而这一切，如果都是教学组织者基于自身的教学理解形成的具有个性的教学表达，课堂就具有了灵动的创造美。简洁的形式、丰富的意蕴、灵动的创造这三个要素从外而内，由低渐高，彼此交融，有机统一❶。

简约教学追求一种理想的课堂，它是自然、朴素而充满激情的，是真实、生动而关注差异的，是深刻、灵动而追求创造的，是简单、智慧而提升生命价值的，它由知者间的交流走向智者间的对话❷。教师应遵循"抓住事物的本质属性而剔除非本质属性"的学科教学规律，学会取舍、筛选和提炼，回归到事物的本质，沉淀出深刻的教育内涵。

第三节　简约教学的理论基础

一、中国古代教育思想

在中国的传统文化中，早已孕育了简约思想。早在两千多年前，我国教育教学论著《礼记·学记》中就提到"约而达，微而臧，罕譬而喻，可谓继志矣"，意思是教师的讲解，简约又透彻，精微又贴切，举的例子不多却很能说明问题，学生都乐于向教师学习。从中可以看出言少意多、以简驭繁的教学方式能使学生乐学、爱学。又如老子的《道德经》提道："少则得，多则惑，是以圣人抱一为天下武""昔之得一者：天得一以清，地得一以宁，神得一以灵，谷得一以盈，万物得一以生，侯王得一以为天下正""天下多忌讳，而民弥贫；民多利器，国家滋昏；民多伎巧，奇物滋起；法令滋

---

❶ 许卫兵. 简约，何以不简单：关于"简约教学"的意义探寻［J］. 福建教育，2014（1）：15-17.
❷ 徐长青. 简约教学：数学课堂教学的理想追求［N］. 江苏教育报，2011-05-12.

彰，盗贼多有"，这些话旨在说明将繁杂的事物进行提炼就能得到有价值的东西，而不必要的细枝末节只会混淆视线，简朴有益，繁多生乱。简约亦与老子提倡的"无为"息息相关，"无为"既是"留白"，恰到好处地留下一些空白，从而蕴含更强大的张力。《礼记·乐记》中有"大乐必易，大礼必简"，意思是越大气的乐曲就越简妙，越高善的礼仪就越简朴，可以看出，在儒家思想里，简约是一种寓丰富于简单之中的大气。著名文学家苏轼提出"博观而约取，厚积而薄发"，也深刻地阐明了简繁之间的关系，简约并不是简单，它包含着精华和深蕴。我国经典古籍《周易》为数代人废寝忘食地读解，孔夫子也曾为它韦编三绝，它之所以变化无穷，涵盖天地万物，主要是因为它能以简驭繁，这里的"以简驭繁"便是所谓的"大乐必易，大礼必简"。大道至简，大音希声，至此可见，"简约"的理念自古就是教育的至理。❶

二、认知教学理论

布鲁纳的认知教学理论提出：任何学科的内容都可以用更为经济、富有活力的简约方法表达出来，从而使学习者易于掌握。布鲁纳认为任何一种教学理论都应该说明怎样使每一个学生都乐于学习，怎样激发学生的学习动力，使其对所学学科感兴趣。教学理论应说明为了促进学生学习，应以怎样的方式组织材料，并以最佳的方式呈现给学生。布鲁纳的教学理论启示我们：教师在教给学生知识的同时，更要注重激发学生的学习兴趣；教师要根据学生的情况，给学生制订适合其发展的学习目标、学习内容、学习时间及学习方法。

三、学科结构理论

在组织学科内容时，布鲁纳强调："任何概念或问题或知识，都可以用一种极其简单的形式来表示，以便使任何一个学习者都可以理解它。"布鲁纳认为任何学科的内容都可以用一种简便的、富有生命的形式来表示，于是他提出了"学科基本结构（学科中的基本概念或基本原则）"的思想。学科结构的重要性主要体现在以下四个方面：第一，学科结构使得学科更容易理解，掌握了这些基本概念或原则就能更好地理解整个

---

❶ 陈乔. 简约化高中数学课堂教学研究［D］. 福州：福建师范大学，2014：14.

学科；第二，可以帮助学习者更好地记忆细节，一旦掌握了这些基本原则就能更好地重现细节；第三，能促进学习的迁移，学科结构是基础，掌握它就能更好地举一反三；第四，能缩小高级和初级知识之间的差距，知识是由初级向高级不断发展的，虽然形式上会有高下之分，但从根本上看是一致的。根据学科结构理论，一旦掌握了学科的基本结构，其他内容就能够在此基础上进行举一反三，触类旁通地迁移，从而减少记忆容量，提高学习者对知识的认识度，使知识具有简约性、概括性和结构性。学生如果掌握了学科基本结构，就能更好地掌握整个学科。

四、最优化教学理论

巴班斯基的最优化教学理论不是一种特殊的教学方法或教学手段，而是科学地指导教学、合理地组织教学过程的方法论原则。教师在全面考虑教学规律、教学原则、教学任务、现代教学的形式和方法、相应教学系统的特征以及内外部条件的基础上，对教学过程做出一种目的非常明确的安排。教学过程最优化的评价标准包括以下几个方面：①在形成知识、技能和技巧的过程中，在形成某种个性特征、提高每个学生的教育和发展水平方面可能取得的最大成果；②师生用最少的必要时间取得一定的成果；③师生在一定的时间内花费最少的精力取得一定的成果；④为在一定时间内取得一定的成果而消耗最少的物资和经费。从中可以看出，巴班斯基的最优化教学理论无论是在教学设计、教学内容的选择上，还是在教学策略、教学评价的实施上都把最少投入、最大产出作为一项重要原则。最优化教学理论要求教学任务的制订、教学内容的选择、教学方法的选用、教学形式的呈现、教学效果的分析、教学评价的实施等，都应让教师和学生在有限的条件下获得最优的教学效果，从而使学生获得最好的发展。简约化理念指导的教学所预期的效果，恰好也是最优化教学理论所提倡的教学效果。

五、认知负荷理论

斯威勒的认知负荷理论认为人的认知资源是有限的，若同时从事几种活动，则存在资源分配问题，资源分配遵循"此多彼少、总量不变"的原则。学习过程中的各种认知活动均需消耗认知资源，若所有活动所需要的认知资源总量超过了个体所具有的认知资源总量，则存在认知资源分配不足的问题，会出现超负荷现象，从而影响学习效率和质量。认知系统中有一个受意识控制的机制来负责分配认知资源，可把较多的认知资源分配给对主体来说重要的任务或活动上，而把较少的认知资源分配给次要的任务或活动，这样就保证了当前重要活动的效率，对重要任务加工得更为深刻和清晰，而对次要任务就会加工得比较模糊。短时记忆处理信息的能力有限，因此学生在学习过程中的接受能力是有限的。如果信息容量超载，将会直接阻碍短时记忆的加工，间接阻碍知识在长时记忆中的存储，长此以往，对学生的学习是很不利的。而教学的主要功能是帮助学生更好地构建图式，从而让知识更好地被短时记忆处理进而存储到长时记忆中。用简约的方式呈现教学内容，有利于学生尽快地构建有效图式，提高学习效率。这一理论进一步验证了教学追求简约的科学性和必要性。

六、最近发展区理论

维果茨基提出的"文化历史发展理论"强调认知过程中学习者所处社会文化历史背景的作用，并提出了最近发展区理论。维果茨基认为，个体的学习是在一定的历史、社会文化背景下进行的，社会可以为个体的学习发展起到重要的支持和促进作用。维果茨基区分了个体发展的两种水平：现实的发展水平和潜在的发展水平。现实的发展水平即个体独立活动所能达到的水平，而潜在的发展水平则是指个体在成人或比他成熟的个体的帮助下所能达到的活动水平，这两种水平之间的区域即"最近发展区"。简约教学实践过程中的"三不讲"和"三讲"就是在最近发展区理论基础上提出来的。教学应着眼于学生的"最近发展区"，为学生提供走在发展之前的教学内容，与此同时，还应为学生创设良好的教学情境，使学生能借助自身已有的知识去突破最近发展区。只有让学生亲身经历了突破的过程，才能使他们的潜力得到真正的发展。因此教师在教学过程中，对那些学生已经能理解的内容点到为止，为课堂腾出更多的时间，着力解决那些与学生潜在的发展水平还有一定距离的内容，从而进行详略得当、有的放矢的教学。这样一来，课堂在清晰、舒缓中尽显深刻和丰富，有效地避免了教学的盲目性和随意性。

七、建构主义理论

建构主义源自关于儿童认知发展的理论，由于个体的认知发展与学习过程密切相关，因此利用建构主义可以比较好地说明人类学习过程的认知规律，即能较好地说明学习如何发生、意义如何建构、概念如何形成，以及理想的学习环境应包含哪些主要因素，等等。建构主义理论是认知心理学的一个分支，代表人物有皮亚杰、科尔伯格、斯滕伯格、卡茨、维果茨基。个体的认知发展受同化、顺应和平衡三个过程的影响，包含新旧知识经验的冲突，以及由此引发的认知结构的重组。理想的学习环境应当包括情境、协作、交流和意义建构四个部分。建构主义理论的内容很丰富，但其核心用一句话就可以概括：以学生为中心，强调学生对知识的主动探索、主动发现和对所学知识意义的主动建构（而不是像传统教学那样，只是把知识从教师头脑中传送到学生的笔记本上）。由于建构主义理论所要求的学习环境得到了当代信息技术成果的强有力支持，这就使得建构主义理论日益与广大教师的教学实践普遍地结合起来，从而成为国内外学校深化教学改革的指导思想❶。简约教学要求不只是关注教师教什么、怎样教的问题，还要关注学生怎样开展活动、怎样学的问题，给学生留下足够的时间和空间，学生就有了自主探究的空间，主动参与探究，体验知识的形成过程。因此，建构主义系列理论无疑会有效指导简约教学的理性实践。

八、信息加工理论

20 世纪 50 年代后，计算机的发展为心理学家分析和推断心理过程提供了重要支撑。西蒙等人的研究表明可用计算机处理信息的过程来模拟人的心理过程。信息加工理论认为，学习由获得信息和使用信息两部分构成，而有机体内部的信息流程决定了人的行为。因此研究者主要关注以下两个问题：一是人类记忆系统所具有的性质，二是记忆系统是如何对知识进行表征和存储的。对于人类记忆系统所具有的性质，该理论认为记忆系统既具有非常复杂的结构又具有非常活跃的组织功能，它能对一个人的全部知识进行灵活地加工与组织。具体说来，人类的记忆系统能够对将要加工的材料进行合理地筛选，并将筛选的材料转变成有意义的信息，不仅如此，它还能将许多信息储存起来以供将来使用。该理论认为在人类记忆系统中，通过编码和表征存起来的信息，不是对刺激输入的直接复制，而是会对刺激重新编码，并转换为便于记忆的形式，但这是以失去某些细节为代价的。在获得信息的过程中，虽然人类的记忆系统有很强大的组织功能，但

---

❶ 何克抗. 关于建构主义的教育思想与哲学基础：对建构主义的反思［J］. 基础教育参考，2004
（10）：4-7.

这种能力毕竟是有限的，如果接收的信息量太多或者关联性不大，那么就会对记忆系统的加工造成影响，不利于学生将获得的信息在脑海中留下记忆痕迹；对于使用信息而言，需要记忆系统的存储功能，如果无关刺激太多，就会增加记忆系统筛选的次数并加大再次编码的难度，导致信息流失。因此，教师在教学过程中，应尽可能多地传递重要的信息，删去一些无关紧要的信息。

第四节 简约教学的意义

简约是具有时代气息的价值理念，人类的认识总是经历简单—复杂—简约的过程，但简约绝不是回到从前，而是超越与进步。力避烦琐、崇尚简约作为一种新的时代精神要求，已经渗透到生活的各个领域。简约之于教育的意义，是对人的发展规律的遵从，是对教学活动科学性在本质上的一种把握。简约教学，既是一种思想，又是一种策略，更是一种追求，其本质就是要遵循教育规律和人的发展规律，追求用最简约的教学来实现最大效益的育人功能。课堂教学作为教师向学生传播人类价值理念的平台，理应发扬这一真正以学生为本的基本理念，教师和学生应该过一种简约轻松而深刻自由的教学生活。

人的学习总会面临两大矛盾：知识的无限性和人生的短暂性之间的矛盾；教育时空的有限性和个人发展的无限性之间的矛盾。为此，教师总是竭力追求在有限的教学时间内让学生获得尽可能多的发展。要实现这种追求，一个客观事实是，面对无限多样且呈几何级剧增的人类知识，对知识的理解、选择、组织和控制，成为课程和教育生活得以开展的重要前提。也就是说，我们必须对教育内容进行精选，对教育方法进行优化，对教育活动进行合理安排，通过最经济、最科学、最高效的教育行动来传承人类文明的精华。这是一个去粗取精、以简驭繁、博观而约取、厚积而薄发的过程，是在精当、凝练中凸显"少"的力量的过程，也是教学活动的简化过程。

一、促进教师专业发展

高效的教学一定是把学生学习内容中复杂的问题简单化，让学生能够轻松接受和掌握。学生最难以接受的就是教师把问题复杂化，"你不讲我好像还明白，你越讲我越糊涂"，究其根本是教师没有把握好学科知识逻辑与学生认知逻辑之间协调发展的关系，没有把握好学科教学的根本规律。简约教学对教师提出了更高的要求。简约教学需要教师对教材有更深刻的理解，把握教材的重点和难点；简约教学需要教师了解学生，能根据学生的实际情况把深奥的道理以浅显易懂的方式呈现出来；简约教学需要教师反复打磨教学设计，去除臃肿、剥除烦琐、提炼要点；简约教学需要教师不断反思教学，从反思中不断改进和完善。简约教学是一种智慧，更是一种理性。简约教学是"厚积"之后的"薄发"。作为简约教学的实施者，教师的能力素养将直接影响简约教学的成效。因此，简约教学要求教师至少具备三种素养，即教师的教学专业素养、能力素养和人文素养，只有这样教师在教学过程中才能凸显其教学能力，将简约教学用得恰到好处。专业素养是指教师具备扎实的业务水平，能够全面地把握所教学科的教学内容和重难点，具备良好的专业能力，这是做好学科教学工作的前提。能力素养是指教师具备育人和教学教研能力。人文素养是根据教师的价值取向和生活态度来判定。作为教师，要有正确的价值观，有爱岗敬业的精神并且树立终身学习的理念，用科学的理念来教育学生，只有这样才能真正促进学生的发展。❶以简约主义为教学指导思想，选择简约教学策略，掌握简约教学技能，实现简约教学的价值追求，无疑是提升专业能力的重要途径。

二、促进学生全面发展

教育工作的根本目的，就是要促进学生的全面发展。人的全面发展应该包括人的思维方式的解放、人的智力的增长、人的体质的增强和人的道德品质的提高。简约教学使学生从烦琐和累赘中解脱出来，从沉重的思想负担和繁杂的学习负担中解放出来，有更多的时间和精力去增长自己的智慧，提高自己的能力，修炼自己的品行，强健自己的体魄……简约教学落实学生的主体地位，使学生学得主动，从而得以充分而全面地发展。

三、促进课堂高效生成

简约教学要求突出重点、抓住关键、追求凝练，实现优质和高效的课堂教学。在日常教学中，经常发现一些教师难以完成当堂课的教学任务，拖堂现象十分普遍，究其原因，主要是课堂教学缺乏简约意识，计划性不强，设计不合理，选材不恰当，教学容量过大，教学过程冗长烦琐。其结果是教学效率低下，教学质量差。要实现优质和高效的课堂教学，必须追求简约教学。几十分钟的一节课，容不得烦琐和拖沓，要想提高课堂教学的效率必须去除烦琐、突出重点，做到过程简洁、条理清楚、容量适中。只有简约教学才能使学生抓住要旨、掌握精髓。简约教学使教师教得省力，学生学得轻松。简约教学符合学生的认知规律，课堂教学优质且高效。

四、促进学生思维发展

爱因斯坦曾说："提出问题比解决问题更重要。"简约教学重在让学生在具体的情境中发现问题、提出问题、分析问题、解决问题，以问题为引领，为学生预留思维与想象力发展的无限空间，让学生在解决问题的过程中体验收获的成就感。在问题呈现形式上追求多样化，以此引发学生思考，激发学生的学习兴趣和探究欲望。教师设计简练而深刻的问题，在教学过程中发现和准确把握学生认知上的困惑，及时引导，共同探究，加深学生对知识的理解，培养学生思维的深刻性。问题之简练在于语言明确清晰、自然流畅；指向扼要坦诚，瞄准教学目标；结构富有梯度，逐层深入；情感上设疑启思，扣人心弦，蕴含关怀。

五、促进教学本真回归

不难发现，如今的教学似乎走进了一个新的烦琐化"技术主义"误区：教师津津乐道于教学过程的精雕细刻、完美无瑕，课堂被设计成若干个精细的环节，密密严严，连每句话、每个词、每个动作都被精确设定，这样的教学看似完整，实际上成了教师表演的舞台，教师满足于做一个"工笔画师"，拘小节而失大气，学生的主体地位无法真正体现。课堂千头万绪，枝繁叶茂却不见树干，很难找到最为根本的学科特性，学生的思维并没有走向深刻，很难感受到教学本真的魅力。简约教学针对具体的问题，让师生共同参与到教学活动中，让学生选择适当的方式充分、有效地学习。教师只需对课堂进行整体调控，把绝大多数时间留给学生，为学生提供发表自己见解的机会，尽量使学生的主动性和合作意识都得到提高。在课堂时间非常有限的前提下，教师运用最简易的手段、最简明的方法去打开学生的思路，指导学生学会学习，在最短的时间内获得最好的学习效果。简约而不简单，简约教学洗尽铅华、粉饰尽去，是对时下课堂浮华现象和错位之风的一种拨乱反正，还课堂以真实性、有效性、生态性的教学本真。

六、促进减负真正落实

减轻学生学业负担是一个老生常谈的话题，从1955年7月教育部出台《关于减轻中小学校学生过重负担的指示》，到2021年7月"双减"政策（《关于进一步减轻义务教育阶段学生作业负担和校外培训负担的意见》）的出台，除"文革"期间学校教育秩序遭受严重冲击外，基本每隔3～5年就发布新的"减负"文件。这说明，长期以来"减负"没有得到根本的落实，学生的负担反而越来越重。"双减"政策目标是使学生过重作业负担和校外培训负担、家庭教育支出和家长相应精力负担在一年内有效减轻、三年内成效显著，人民群众对教育的满意度明显提升。"双减"政策要求学校教育教学质量和服务水平进一步提升，作业布置更加科学合理，学校课后服务基本满足学生需要，学生学习更好回归校园，校外培训机构培训行为全面规范。这次"双减"政策的组合拳包括：规范校外培训机构；提升课堂教学质量；控制学生作业数量和提升质量；提高课后服务水平。这套组合拳的核心在于课堂教学和学生作业质量的提升。当下，基础教育界最响亮的口号是"减负提质增效"，"双减"政策给教师提出了更高的减负提质增效要求，要求教师能高屋建瓴地理解并掌握相关的教学内容，更深刻地理解学科教学的本质，并遵循学生的认知规律，游刃有余地组织教学活动，切实关注每一个学生，努力促进学生学科思维的发展。只有这样，务实简约的课堂才能成为现实，减负提质增效才能从根本上得以落实。教育是心心相印的活动，唯独从心里生发出来，才能到达人的心灵深处。简约教学无疑是通向"减负"的最好途径，同时也是真正实现提质增效的一条捷径，它所追求的就是最大可能地走出形式化的误区，实现教学的高效化和学生学习的最优化。

第二章　高中生物学提倡简约教学的缘由

第一节　核心素养与生物学学科核心素养的凝练

教育的目的是培养人。培养什么样的人？为谁培养人？怎样培养人？三个教育哲学的终极问题就简约而严肃地摆在广大教育工作者面前。要回答这三个问题，必须深刻反思过去，立足现在，面向未来。

2014年3月，核心素养开始进入公众视野，首次出现在《教育部关于全面深化课程改革落实立德树人根本任务的意见》中，并被置于深化课程改革、落实立德树人根本任务的首要位置，成为修订课程标准、研制学业质量标准的重要依据。2016年9月，《中国学生发展核心素养》总体框架正式发布，引发了社会高度关注。核心素养成为中小学课程教学改革研讨的主题词。2018年1月，基于学科核心素养的高中各学科课程标准陆续颁布，核心素养开始进入课程，走进中小学校——课程教学改革进入了核心素养的时代。核心素养这个概念体系正在成为新一轮课程改革深化的方向。

一、从"双基"到三维目标再到核心素养的变迁

我国的基础教育比较重视"双基"，即基础知识与基本技能，后来觉得"双基"不完整，提出三维目标。从"双基"到三维目标再到核心素养，这是从教书走向育人的不同阶段。简单来说，"双基"是课程目标1.0版，三维目标是2.0版，核心素养就是3.0版。从"双基"到三维目标再到核心素养，其变迁过程体现了从学科知识到学科本质再到学科育人价值的转变，从而使学校教育教学不断地回归人、走向人、关注人，进而实现以人为本，人成为教育教学真正的对象和目标。这是教育领域最深刻的变革。

以"双基"为中心的教学，从大纲到教材再到课堂形成了一整套中国特有的"双基"教学论：重视基础知识的传授（讲授）、基本技能的训练（练习），讲究精讲多

练，主张"练中学"，相信熟能生巧，追求基础知识的记忆和掌握、基本技能的操演和熟练，以使学生获得扎实的基础知识、熟练的基本技能和较高的解题能力为主要的教学目标。这样一套教学体系在历史上有其合理性和进步性，对稳定教学秩序、提高教学质量发挥了重要作用。我国学生确实在基础知识和基本技能的掌握方面较其他国家的学生有明显的优势。但是，"双基"本位的教学在其发展过程中逐步背离了"人的全面发展"的主题和方向。其一，"双基"教学本身存在片面性，"双基"只是学科的载体，不是学科的核心；只是学科的表层，不是学科的深层。"双基"教学不能体现学科的完整性、本质性，以"双基"为主要目的甚至唯一目的的教学本身就是对学科和学科教育的割裂、浅化。其二，"双基"教学强化了"三中心"（以课本为中心、以课堂为中心、以教师为中心）传统教育思想，"双基论"实际上是"三中心"传统教育思想的集中体现，学生学习以课本为中心，教学过程以课堂为中心，课堂教学以教师为中心，并由此形成了中国特有的教材文化和"双基"情结：书本没有的不教，教的内容以教师讲的为准。"双基"教学严重窄化了教育应有的内涵，使我国的教育在传统的轨道上越走越远，形成了典型的"狭义教学"模式。❶

课程教学改革从"双基"走向三维目标，其进步是不言而喻的。从学科角度讲，三维目标较之于"双基"更能反映学科的完整性和本质性，任何学科的构成总是包含了知识、方法、价值三个层面的要素：其一，构成该学科的基础知识和基本概念的体系；其二，该学科的基础知识和基本概念体系背后的思考方式与行为方式；其三，该思考方式与行为方式背后的情感、态度和价值观。❷因此，三维目标不是外在于学科的，而是学科内在隐含的要素和价值。从广义知识观的角度来说，任何学科的知识都包括知识内容、知识形式和知识旨趣三个维度或三重含义，知识内容（符号表征）的主干部分就是基础知识和基本技能，它是一门学科中最外显的部分；知识形式（逻辑结构）是一门学科的认知方式和思维形式，是学科基础知识和基本技能形成和获得的必经路径和方式，表现为"过程与方法"，它是一门学科的内在构造；知识旨趣（价值意义）内在于知识内容、知识形式背后，表征着知识生产的目的、宗旨、理想、情感、信念与价值追求❸，表现为情感、态度与价值观，它是一门学科的精神灵魂。从知识类型的角度来

❶ 余文森. 从"双基"到三维目标再到核心素养：改革开放40年我国课程教学改革的三个阶段［J］. 课程·教材·教法，2019，39（9）：40-47.

❷ 钟启泉. "三维目标"论［J］. 教育研究，2011（9）：62-67.

❸ 潘洪建. 知识旨趣：基本蕴涵、教育价值与教学策略［J］. 当代教育与文化，2014，6（4）：50-55.

看，三维目标对应着心理学所划分的事实性知识、方法性知识和价值性知识三种知识类型，是完整知识观的体现；从学生学习的角度来看，三维目标对应着学生学会、会学、乐学，是学生完整学习的体现。如果说"双基"教学是应试教育在课堂教学中的体现，那么三维目标则是素质教育在课堂教学上的落实。素质教育的核心理念就是在坚持面向全体学生的前提下，注重学生身心素质的全面发展，以及强调学生主动的生动活泼的发展。三维目标是在学科（课程）层面促进学生主动学习和全面发展。显然，三维目标之于"双基"既有继承又有超越。三维目标的改革方向是正确的，它引发了我国教育思想和教学模式的一场深刻而持久的变革，对推动我国教育的现代化建设功不可没。❶

三维目标导向的新课程改革在理论和实践的发展上一直伴随着各种争论，在教学实践上围绕"学科性与生活性（儿童性）""重过程（多元性）与重结论（单一性）""学生自主学习（自主建构）与教师讲授指导（价值引领）"等几对矛盾不断地争论和摇摆，例如学术界著名的"钟王"之争（钟启泉与王策三关于新中国第八次课程改革问题的争论）以及对"三维目标"本身的质疑。这些争论和质疑推动着新课程改革的深化发展，同时也暴露出新课程改革存在和生发的各种问题。新课程改革最根本的成绩就是三维目标的确立和落实，教学突破了以往"双基"的局限，走向了知识、能力、态度共同发展的方向。其存在的突出问题是三维目标的虚化，即基础知识和基本技能被弱化，过程和方法出现了游离现象，情感、态度和价值观出现了贴标签现象。❷正如崔允漷教授所指出的："十年声势浩大的课程改革所表现出来的种种证据表明，新课程所倡导的先进理念得到了很大程度的认同，但先进的理念与残酷的现实之间的'两张皮'现象不是存在，而是十分严重。"❸为此，对新课程改革的总结和反思一直持续进行，教育部也从2004年就开始筹划对义务教育课程标准进行修订，直至2011年12月才正式颁布修订版的课程标准。这反映了修订过程的复杂性。❹

核心素养较之于三维目标，在改革的思想和方向上又前进了一大步。三维目标较之于"双基"，相对完整地反映和体现了学科的内涵和教育取向，核心素养则在这个基础

❶ 余文森. 从"双基"到三维目标再到核心素养：改革开放40年我国课程教学改革的三个阶段［J］. 课程·教材·教法，2019，39（9）：40-47.
❷ 余文森. 新课程教学改革的成绩与问题反思［J］. 课程·教材·教法，2005，25（5）：3-9.
❸ 崔允漷. 基于课程标准：让教学"回家"［J］. 基础教育课程，2011（12）：51-52.
❹ 同❶.

上进一步凸显和强调学科的本质和育人价值。三维目标是教育由学科（知识）转向人的起点，核心素养则是关键的临门一脚，使教育真正回到人身上。以前的教学更注重"双基"和三维目标的落实，教师对所教学科的知识点及其具体要求如数家珍，却对通过这些知识点的教学究竟要培养和发展学生哪些核心素养不甚明了，教学失去了方向，一直在打外围战，结果是劳而无功，师生负担重，学生发展不理想。只有以核心素养（学科核心素养）为导向，学科知识及其教学才能找到真正的归宿。

二、核心素养是人的全面素质的简约概括

人的素质是纷繁多样的，世界各国建构的育人的核心价值体系是不同的。国际上多数国家、地区与国际组织认为，以个人发展和终身学习为主体的核心素养体系应该取代以学科知识结构为核心的传统课程体系。国际上长达二十多年的研究表明，只有找到人发展的核心素养体系，才能解决好有限与无限的矛盾；只有找到对学生终身发展有益的"DNA"，才能在给学生打下坚实知识与技能基础的同时，为其未来发展预留足够的空间。

要解决选取哪些维度、建构什么样的体系才适合中国国情、才能实现党的教育方针的问题，必须对人的全面素质进行简约概括。2016年9月发布的《中国学生发展核心素养》总体框架，以培养全面发展的人为核心，从文化基础、自主发展、社会参与三个方面，凝练出人文底蕴、科学精神、学会学习、健康生活、责任担当、实践创新六大素养，具体细化为国家认同等十八个基本要点。此前，知识本位、应试教育填满了学校生活的缝隙，师生争分夺秒，为的是获取更多的知识。然而当知识以几何级态势增长时，这种方式还能奏效吗？人们意识到，知识教学要够用，但不能过度，因为知识教学过度会导致学生想象力和创造力发展受阻。学校教育不能填满学生生活的全部空间，要留有闲暇。因为学校教育绝不是给人生画上句号，而是给人生准备好必要的"桨"。

素养是教化的结果，是自身努力、环境影响的结果，是通过训练和实践习得的思想、品性、知识、技巧和能力。其中，尤其能促进人成长、发展，可提升、可进阶的就是核心素养。核心素养直指教育的真实目的，那就是育人。具有中国特色的核心素养，包括正确的价值观、必备品格和关键能力。这不是我们通常所说的解题能力，也不是指能做某一件生活小事，而是个体在未来面对不确定的情境时所表现出来的真实问题解决

能力与必备品格，它是通过系统的学习而习得的，是关键的、共同的素养，具有连续性与阶段性。因此一个大的方向就是如何把对全体学生都做要求的必修课的内容减下来，同时，把选修课的内容增加上去。也就是说，为不同发展方向的学生提供更多的发展机会，给学生更多选择的余地。可以看出，基于核心素养的课程体系其实就是围绕培养全面发展的人进行简约建构的过程。

三、生物学学科核心素养是生物学育人价值和学科本质的高度凝练

在学校，学生素养的培养是经过一门一门学科的教学去实现的。有人说，什么是素养？当你把在学校学的知识都忘掉的时候，剩下的就是素养。学生在课堂里学生物学，主要目的不是成为生物学家，因为这毕竟是极个别人要做的事。我们更应该关注的是，学生毕业以后，作为一个公民，学过生物学和没学过生物学有什么差异？生物学能留给他终身受用的东西是什么？这就是核心素养。学科专家在制定课程标准的时候，做的第一件事情就是思考这门学科能让学生产生哪些变化？对学生的素养有哪些贡献？这就是学科核心素养。然后，以此为纲，选择教育内容，确定教学要求。教育目标一定要从追求分数转到育人为本，转到立德树人。当追求一个共同特征核心素养的时候，要考虑怎么样才能为不同的人提供素质教育。

2018 年 1 月，教育部正式颁布了高中阶段课程方案和各学科课程标准。在关于凝练学科核心素养中指出："中国学生发展核心素养是党的教育方针的具体化、细化。"各学科要将学科核心素养放在课程标准中的首要位置。《普通高中生物学课程标准（2017 年版）》（以下称"新课标"）指出：学科核心素养是学科育人价值的集中体现，是学生通过学科学习而逐步形成的正确价值观念、必备品格和关键能力。生物学学科核心素养包括生命观念、科学思维、科学探究和社会责任。[1]生物学学科核心素养是从两个方面进行凝练的，一是生物学的学科本质和独特价值，如生命观念；二是生物学所属自然科学领域共有的教育价值，如科学思维。新课标对凝练的学科核心素养进行了阐述，并以此建立生物学科的知识体系。[2]

---

[1] 中华人民共和国教育部. 普通高中生物学课程标准：2017 年版［M］.北京：人民教育出版社，2018：4.
[2] 吴成军. 生物学学科核心素养的教学与评价［M］.上海：华东师范大学出版社，2020：2.

第二节　高中生物学新课标追求"少而精"的原则

大概念是指学科领域中最精华、最有价值的核心内容。有限的课时与不断增多的知识之间存在着矛盾，应对的方法就是以最核心、最有价值的大概念为统领，摈弃烦琐而细碎的知识学习，抓住重点，使课程内容结构化。大概念揭示了事实性知识背后的规律，是知识的附着点，从而使碎片化知识之间产生有机联系。这些有机联系起来的知识不仅便于记忆，更利于在旧知基础上学习新知，当学生遇到新情境与新问题时，可以迁移应用。大概念教学可以实现教师教的少、学生学的多，是走向"轻负担高质量"的门径。课程方案中明确指出，各学科课程标准都"进一步精选了学科内容，重视以学科大概念为核心，使课程内容结构化，以主题为引领，使课程内容情境化，促进学科核心素养的落实"。这奠定了大概念在课程教学中的地位。如果说学科核心素养是教学变革与课程创新的引擎，那么，大概念就是教学变革与课程创新的着力点。新版教材的编写者已把大概念思想渗透在教材之中，生物、物理学科尤其明显。基础教育重要而紧迫的任务就是把课程标准和教材中体现的先进思想又好又快地落实到实践中，形成师本化、生本化的课程。从当前基础教育课程教学变革的热点与趋势看，大概念可从如下方面发挥作用：一是课程一体化建设，"一体化"强调学校课程的连续性和学科之间的关联性，贯通不同学段、不同学科，其内在逻辑规律就是大概念；二是大单元整体教学，教学难点在于找准单元整合的依据与标准，用大概念统摄与组织教学内容，使离散的事实、技能相互联系并具有一定意义，大概念就是科学、合理进行课程整合的基点；三是基于理解的教学设计或逆向教学设计，基于大概念的教学，具有明晰的学习目标，有效的表现性任务，有利于学生自主、合作、探究学习，形成学习成果；四是促进学生深度学习，基于大概念的学习，是有组织的结构化学习，是能有效迁移的学习，是可以学以致用的学习，这都是深度学习的应有之义。❶

新课标对"内容聚焦大概念"作了具体阐释：本课程的设计和实施追求"少而精"的原则，必修和选择性必修课程的模块内容聚焦大概念，精简容量、突出重点、切合年

❶ 徐洁. 大概念：教学变革与课程创新的着力点［N］.中国教师报，2020-01-15（6）.

龄特点、明确学习要求,确保学生有相对充裕的时间主动学习,让学生能够深刻理解和应用重要的生物学概念,发展生物学学科核心素养。❶

随着科学技术的迅速发展,生物学知识呈现爆炸式增长。这就要求高中生物学课程内容既要反映时代的特点和科技的进步,又要在有限的课时中让学生学习最有价值的生物学知识,"少而精"就成为课程设计和实施的追求。必修和选择性必修课程的每个模块内容都聚焦在几个重要概念上,容量精简,重点突出,为在教学中实现"精"的要求提供了保障。"精"的内涵丰富。首先,"精"是指课程的选材原则,删除细枝末节的内容,凸显重要概念在课程中的地位是本课程实现"精"的方式,这也是国际上科学教育发展的趋势。其次,"精"是对课程实施过程的要求和期待,精练的课程内容保证了教学过程中有相对充裕的时间实现学生的主动学习,对教师的课堂教学提出了更高的要求。最后,"精"是对学生学习结果的定位,学生在本课程结束后,应该能够对重要的生物学概念有较好的理解和应用,进而形成生物学学科核心素养,而不仅仅是对知识的记忆和背诵。这些内涵不但是对高中生物学课程的设计和实施追求"少而精"原则的理由的阐述,更是对高中生物学教学实践的要求,为简约教学提供了政策指向。

过去的几十年,国际上科学教育的发展不仅强调基于探究的教学改革,同时也高度关注学生在主动学习中对大概念的建立和理解。在强调少而精和选择有价值的学习内容时,都将理科课程内容聚焦在科学的大概念上。根据学习科学和我国生物学教育近年来的研究结果,普通高中生物学课程中必修和选择性必修课程都是围绕少数的生物学大概念来组织教学内容的。用大概念来构建课程内容框架,删减细枝末节的内容,淡化记忆背诵的要求,强调对重要概念的深入理解,为学生主动学习留出更多的时间,是课程内容少而精的保障。这不仅是课程标准呈现方式的变化,也是对课堂教学变革的要求和期待。

新课标呈现的课程框架体系虽然庞大,含2个必修模块、3个选择性必修模块和三大方面若干个选修模块,如图2-1❷所示。但整个高中生物学课程需要学生建构的大概念只有10个。必修1《分子与细胞》有2个大概念:细胞是生物体结构与生命活动的基本

❶ 中华人民共和国教育部. 普通高中生物学课程标准: 2017年版[M]. 北京: 人民教育出版社, 2018: 2.
❷ 中华人民共和国教育部. 普通高中生物学课程标准: 2017年版[M]. 北京: 人民教育出版社, 2018: 9.

单位；细胞的生存需要能量和营养物质，并通过分裂实现增殖。必修2《遗传与进化》有2个大概念：遗传信息控制生物性状，并代代相传；生物的多样性和适应性是进化的结果。选择性必修1《稳态与调节》有1个大概念：生命个体的结构与功能相适应，各结构协调统一共同完成复杂的生命活动，并通过一定的调节机制保持稳态。选择性必修2《生物与环境》有1个大概念：生态系统的各种成分相互影响，共同实现系统的物质循环、能量流动和信息传递，生态系统通过自我调节保持相对稳定的状态。选择性必修3《生物技术与工程》有4个大概念：发酵工程利用微生物的特定功能规模化生产对人类有用的产品；细胞工程通过细胞水平上的操作，获得有用的生物体或其产品；基因工程赋予生物新的遗传特性；生物技术在造福人类社会的同时也可能会带来安全与伦理问题。

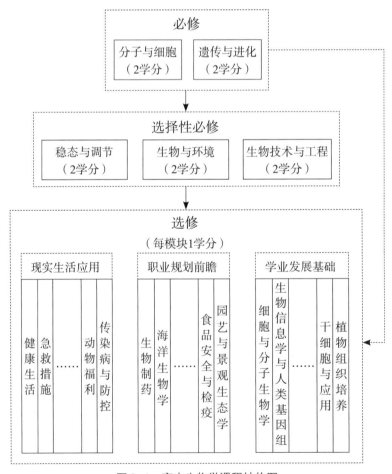

图2-1　高中生物学课程结构图

第三节　高中生物学新教材"整体基础、适切增减"特点

教材既是教师开展教学活动的基本素材，又是学生学习的主要材料；它不仅是学生的读本和教师的教本，而且是引导学生思考和探究的活动指南，在某种程度上也是帮助教师进行探究式教学的蓝图，具有教学论上的指导作用；它不仅教给学生学科知识，还引导学生领悟科学研究的方法，培养学生科学探究的能力，促进学生情感领域的健康发展；它不仅是学习过程中的必需材料，还为评价学习过程和结果提供一定的平台。❶

高中生物学课程是整个基础教育课程体系的有机组成部分。编写高中生物学教材，先要明确高中生物学课程在中学课程中的价值定位，充分体现生物学科的育人价值。需要将生物学放在整个自然科学的体系中去考量，需要将生物学放在人类社会的经济文化体系中去考量，需要将生物课程放在整个教育体系中去考量，以促进学生的全面发展为出发点，从学科核心素养的四个维度去思考。

生物科学的知识浩如烟海，生物科学的研究过程和方法丰富多彩，近几十年来生物科学的发展日新月异。如何从庞大浩繁的科学体系中选取内容，选取哪些内容，是教材编写过程中遇到的首要问题。2019年秋季，部分省市开始使用根据新课标编写的新教材。新教材以原实验教材为基础修订而来。教材修订以新课标为根本依据，在广泛调研、总结经验、反思不足的基础上，吸收原实验教材的优点，在继承的基础上努力创新。新教材内容的选取在遵循新课标要求的基础上，体现出"整体基础、适切增减"的特点。从新教材内容的修订，可以看出简约编写思路，体悟"简约不是简化"，而是依据学科知识发生和学生认知发展的吻合度对生物学知识内容进行必要增减。

一、整体基础

新教材内容的组织做到主线突出、脉络清晰，有利于学生形成完善的知识结构，并

❶ 赵占良. 中学生物学教材编制的基本理论问题刍议［J］.课程・教材・教法，2011，31（1）：55-63.

且力求将科学思维、科学探究和社会责任的教育内容与知识内容有机结合，使之成为统一的整体。新教材内容的组织既要体现学科知识的内在逻辑，又要符合学生认识事物的心理逻辑，力求实现学科内在逻辑与学生认识逻辑的统一，并且遵循从感性到理性以及螺旋上升的认识规律。

在知识方面，新教材不能面面俱到，不能指望教材中的知识内容能够使学生解决一生中会遇到的所有生物学问题。因此，要选取那些对学生的终身学习和发展最有价值的知识。选取的知识内容与基本概念、基本原理的相关性越高，在学生头脑中实现迁移的可能性就越大，其时效就越长久，对学生终身学习和发展的价值就越高。高中生物课程既要让学生获得基础的生物学知识，又要让学生领悟生物学家在研究过程中所持有的观点以及解决问题的思路和方法。基础的生物学知识是指生物学基本事实、概念、原理、规律和模型等方面的基础知识。学生理解基本概念、基本原理和基本规律所依赖的科学事实就是基本事实。对于这些基本事实，教材既不能舍弃，也不能止于对现象的描述，而是要利用它们，引导学生去分析相应的问题，进而使其理解基本概念和基本原理。对那些与基本概念和基本原理相距较远的生物学事实，新教材大胆舍弃。比如，关于动物和人体的激素调节，反馈调节是其中核心的概念和原理，新教材只以一两种激素的作用及其分泌的调节为例来说明，如甲状腺激素或胰岛素，而不必罗列过多的激素种类及其作用。总之，在知识方面应当注重核心概念，将理解核心概念、建立良好的知识结构作为知识教学的主要目标，知识内容不能过专、过深。

新教材总体深度、难度与原实验教材基本相当。必修部分修订前后总体难度维持在原实验教材的水平：教材的章、节数量略有减少，两册必修教材总页面数比原实验教材略有减少；教材所涉及的生物学重要概念总体与原实验教材相当；实验探究活动有删减也有补充，总体数量略有减少，实验探究的可行性有较大提高。必修内容略有精简，内容分量的分布更加均衡合理，学生的学习负担略有减轻。部分内容看似增加了文字，实际上，增加的文字材料是学生理解重要知识的"脚手架"，能帮助学生更好地建构概念，因此，不属于增加难度。例如，《分子与细胞》第2章第2节"细胞中的无机物"中，用楷体字（选学）增加了水作为良好溶剂的原因分析与说明，可以帮助学生更好地理解为什么水对于细胞的生活那么重要。有些新增内容是根据新课标要求增加的，新教材在处理有关内容时，尽量做到简明扼要、通俗易懂。例如，《遗传与进化》根据新课标要求增加表观遗传，由于这部分内容较为复杂，教材尽量简化处理。三册选择性必修教材的情况，既与必修教材有所不同，各册之间的情况也不尽相同。选择性必修1、选择性必修2的内容跟原实验教材相比有所扩展，但考虑到学时也增加到原来的两倍，因此其深度、难度与原实验教材差别不大。选择性必修3的内容以原选修3为主体，整合原选修1、选修2的部分内容。新教材在阐述各工程时，精简细节操作流程，突出生物技术和工程的原理、应用，以便学生更好地理解、感悟生物科学技术在社会生活中的作用。因此其总体难度比原实验教材略有降低。

二、适切增减

教材内容的适切性是评价教材的重要指标。教材的适切性是指教材在使用过程中与新制定的学科课程标准、与一个地区或学校的资源环境、与教师水平以及与学生发展的相适应程度。教学内容的选取应当从学生已有知识和经验出发，既充分调动已有知识和经验，又不超越其原有基础，同时要注意与有关课程的衔接。内容的深度应当与相应学段学生的心理特点特别是思维发展水平相适应，注意控制难度，减轻学生负担。

新教材根据新课标的变化做了局部微调、优化，选择性必修的三个模块跟原实验教材相应内容相比有较大变化。原《稳态与环境》模块被拆分为两个模块——《稳态与调节》和《生物与环境》。按照新课标的要求，学时增加一倍，内容有增加，因此这两本教材的内容都需要进一步充实。《生物技术与工程》主体内容是原选修3《现代生物科技专题》中除了生态工程之外的全部内容，加上选修1《生物技术实践》有关微生物利用的内容，以及选修2《生物科学与社会》发酵工程的部分内容，新教材将有关内容进行了整合。新课标关于必修的内容要求没有根本性的变化，原实验教材使用十多年来，一线师生普遍认可其总体框架结构，因此必修教材的总体框架结构未做颠覆性的改变，只是局部做了微调。

必修1《分子与细胞》在维持基本框架结构不变的情况下做了如下微调：第1章"走近细胞"，删除了"生命活动离不开细胞"，并将"细胞学说的建立过程"移到第一节，充分阐述了细胞学说建立的意义。第2章"组成细胞的分子"内容略有调整，修订后的5节按照知识从易到难的顺序安排，依次是细胞中的元素和化合物、细胞中的无机物、细胞中的糖类和脂质、蛋白质是生命活动的主要承担者、核酸是遗传信息的携带者。新教材中关于水、蛋白质的内容略有增加，阐述更为透彻。第3章"细胞的基本结构"，将原实验教材第4章"生物膜的流动镶嵌模型"移到了"细胞膜的结构和功能"一节，将细胞膜的结构和功能整合在一起。这样既符合教师的教学习惯，也能更好地体现结构与功能观。第4章"细胞的物质输入和输出"，将原实验教材"生物膜的流动镶嵌模型"内容移走后，重新组织的两节分别为"被动运输""主动运输与胞吞、胞吐"，阐述物质进出细胞方式的具体内容有一定的更新。第5章"细胞的能量供应和利用"，4节顺序没有改变，但是具体内容如ATP、细胞呼吸、光合作用的探究历程和光合作用的原理等，都有更新。第6章"细胞的生命历程"，将原实验教材第4节"细胞的癌变"的内容移入《遗传与进化》；关于有丝分裂的内容明晰了细胞周期包括分裂间期和分裂期；细胞全能性定义改为：细胞经分裂和分化后，仍具有产生完整有机体或分化成其他各种细胞的潜能和特性。

必修2《遗传与进化》保留了原实验教材以人类探索遗传物质奥秘的历程为主线的编排方式，又根据新课标要求做了一些调整。新课标在《遗传与进化》模块增加了表观遗传、生物进化的证据等内容，原安排在必修1的"细胞的癌变"也移到必修2，因此，必修2的内容有所扩增。考虑到课时有限，将原实验教材第6章"从杂交育种到基因工程"删除，有关育种的内容简化后分散到各章节相应内容中。新教材在"基因表达与性状的关系"一节，用一页半的篇幅介绍表观遗传。为落实新课标具体内容的要求，第6章内容有较大的变化。第一，为有机融入"共同祖先的证据"，增加"生物有共同祖先的证据"作为第一节，这样本章的立意就不再是介绍现代生物进化理论，而是介绍生物的进化。第二，重新组织原实验教材的两节内容，将"自然选择"的内容单独成节，阐述自然选择与适应的形成，从而更好地凸显"进化与适应观"。

选择性必修1《稳态与调节》共5章，分别是人体的内环境与稳态、神经调节、体液调节、免疫调节、植物生命活动的调节。由于新课标具体内容要求发生变化，与原必修3前3章内容相比，神经调节、体液调节、免疫调节都由一节扩充为一章，内容有较多扩展。特别是神经调节的内容，由于分级调节、人脑的高级功能各安排了一节，内容扩展较多。"植物生命活动的调节"一章，也根据新课标要求，增加一节"环境因素参与调节植物的生命活动"。

选择性必修2《生物与环境》共4章，分别是种群及其动态、群落及其演替、生态系统及其稳定性、人与环境。其中关于种群、群落的内容都有所扩展，增加影响种群数量变化的因素、群落的主要类型的内容。"人与环境"一章为落实新课标的要求，将生态环境的保护与原选修3的生态工程进行整合。生态工程由原选修3的一章精简为一节，内容大大简化。

选择性必修3《生物技术与工程》共4章，分别是发酵工程、细胞工程、基因工程和生物技术的安全性与伦理问题。发酵工程的主要内容对应原选修1和选修2部分内容；其他3章则对应原选修3部分内容，胚胎工程安排在细胞工程一章内。在生物技术的安全性与伦理问题一章内，新教材根据国家近年出台的有关政策和文件，明确了经过审批上市的转基因作物的安全性与传统作物并无差异。

新教材将与正文内容关联的学生活动整合为两大类，从而便于教学。原实验教材中的"实验""探究""模型建构""模拟探究"等整合为"探究·实践"，"资料分析""资料搜集与分析""思考与讨论"等整合为"思考·讨论"。整合之后，新教材正文中的栏目基本上可分为两大类：一类是观察、实验、制作等需要动手操作的活动，一类是基于资料、不需要动手操作的活动。两类活动均做了修改和完善。"思考·讨论"类活动更加聚焦各章节重点内容，全方位地更新资料，完善思考讨论的问题。"探究·实践"类活动则根据教材修订之前的调研结果和新课标的要求，进行删减、增补、改写等，其目的是增强活动的可行性，提高活动的教育价值。以下重点介绍"探究·实践"类活动的修改情况。对必修模块两本教材中的"探究·实践"类活动，主要进行精简并提高其可行性，同时根据新课标的要求，增补个别实验。

《分子与细胞》删除3个实验，调整1个实验，补充1个实验。删除的3个实验为：观察DNA和RNA在细胞中的分布（实验操作难度大，效果不理想），体验制备细胞膜的方法（实验材料不容易得到，效果不理想），细胞大小与物质运输的关系（实验价值不大）。其中"细胞大小与物质运输的关系"改为"思维训练　运用模型作解释"，保留其训练学生思维的价值。"用高倍显微镜观察叶绿体和线粒体"则按照新课标要求调整为"用高倍显微镜观察叶绿体和细胞质的流动"。按照新课标的要求增加"淀粉酶对淀粉和蔗糖水解的作用"，该实验可以说明酶的专一性。

《遗传与进化》将原实验教材中的"脱氧核苷酸序列与遗传信息的多样性"探究活动改编为"思考·讨论"类活动，降低难度；"建立减数分裂中染色体变化的模型"活动中增加一个活动"模拟四分体时期非姐妹染色单体间的互换"，以帮助学生深刻理解减数分裂过程中染色体的变化；增加"抗生素对细菌的选择作用"的探究实践，意在让学生通过该实验加深对较为抽象的"自然选择"的理解。

新教材的"探究·实践"栏目，保留并完善原实验教材中可行性强、教育价值高的探究实验活动，同时根据新课标的要求做取舍、补充。

为了提高可行性，有的实验调整了实验环节，明晰了实验步骤；有的增加了备选的实验材料。例如，"检验生物组织中的糖类、脂肪和蛋白质"，删除了容易变色的苹果匀浆、马铃薯匀浆，增加了葡萄匀浆、白萝卜匀浆；删除了苏丹Ⅳ染液，减少了实验操作环节。增加关键实验操作或实验现象的图示，以帮助学生更好地完成实验。例如，在"检验生物组织中的糖类、脂肪和蛋白质"中，增加三种有机物与相关试剂的颜色反应；在"观察根尖分生组织细胞的有丝分裂"中，增加有丝分裂各个时期的图像，等等。

为了营造开展实验探究的情境，一些实验增加了相关的情境导入。例如，在"检验生物组织中的糖类、脂肪和蛋白质"的实验前增加这样一段话："正因为不同食物中营养物质的种类和含量有很大差别，我们才需要在日常膳食中做到不同食物的合理搭配，以满足机体的营养需要。我们的食物来自各种生物组织。那么，怎样检测不同生物组织中的营养物质呢？通过下面的探究实践，你可以尝试检测不同生物组织中的糖类、脂肪和蛋白质。"

第四节 高中生物学教学"减负提质增效"要求

2021年的"双减"总体要求"负担减下去、质量提上来、职责明起来"，直击我国义务教育的顽瘴痼疾，在基础教育领域无疑会产生革命性的影响，高中各学科教学必然与之适应。此轮"双减"，政府有一系列的重磅组合拳，学校是教育的主阵地，围绕学生的"文化基础和素质发展"两个维度，在"课堂、作业、课后服务"三大领域进行深刻的改革创新，其核心是大面积推进学校课堂教学质量的提升。通过上一节对新教材的分析梳理发现，教材本意是减轻学生的学业负担，但随新课标要求和时代知识的生成，其也增加了必要的新内容，大学课本中诸如"表观遗传""免疫因子"等内容下沉到高中教材中，致使学生学得有点累，教师教得不轻松，课堂还是缺乏实效性，减负工作

"教得有效、学得愉快、考得满意"的目标也远未达成。

根据新课标要求，生物学必修部分由 6 个学分降为 4 个学分，选择性必修部分为 6 个学分，选修部分最高为 4 个学分。对于高考不选考生物学的学生而言，高中生物学完成必修 1《分子与细胞》和必修 2《遗传与进化》的 4 个学分就可以达到高中毕业水平；对于高考选考生物学的学生而言，至少要完成高中生物学必修+选择性必修共 10 个学分。也就是说，新一轮课程改革中，对于高中生物学而言，最低是 4 个学分，最高是 14 个学分。由此可以看出本轮课改"核心建构，着力减负；自主选择，个性发展"的理念。

如本章第二节所述，新课标追求"少而精"的原则，然而在教学建议上却提出了更高的要求：高度关注生物学学科核心素养的达成；组织以探究为特点的主动学习是落实生物学学科核心素养的关键；通过大概念的学习，帮助学生形成生命观念；加强和完善生物学实验教学；落实科学、技术和社会相互关系的教育；注意学科间的联系；注重生物科学史和科学本质的学习。❶教师若没有对生物学科本质及其育人价值的简约把握，就会被各种新理念、新概念牵着鼻子被动奔忙，教学质量和教学效果往往不尽如人意，是不可能达到上述教学要求的。

关于新教材，一线教师普遍反馈教材容量大，课时不够用。特别是近几年生物学高考题回归教材明显，全国 I 卷 2016 年"胞吞胞吐"、2018 年"收割理论""博耶和科恩对基因工程的贡献"、2019 年第 2 题、2019 年第 4 题、2020 年第 4 题实验考查及第 29 题膜功能填表、2021 年"顶端优势"及激素填表，以及 2021 年广东卷"DNA 双螺旋结构的发现"等题目源自教材非正文部分，使得一线教师在教学过程中对教材任何栏目都不敢轻易放过。新课标四大理念之一是"教学课程重实践"，众所周知，科学探究的过程和科学思维的训练是需要经过足够实践才能实现的，再加上新教材将原来的"实验"改为"探究·实践"，教材设计的活动明显增多，仅必修 1 就有 12 个之多。随着知识的不断更新，除了"表观遗传"，新教材多处出现了新的概念或对概念内涵的更新。

使用新教材教学要把握好知识的广度和深度，不给学生增加额外的学习负担。例如选择性必修 1 涉及的神经调节、体液调节和免疫调节，这些知识内容与人体生理活动、

---

❶ 中华人民共和国教育部. 普通高中生物学课程标准：2017 年版［M］. 北京：人民教育出版社，2018：56—60.

人体健康的关系密切，因而十分重要。新教材在设计这些内容时，考虑了新课标的要求和学生的认知特点，所呈现的内容既能让学生理解三大调节的基本原理和相互关系，又能在不增加难度的基础上让学生了解学科进展，发展学科核心素养，因此，明确教材中每章每节的教学目标是前提。新教材对内容的选取都是经过精心考虑的，切不可随意增加内容的广度和深度，增加学生的负担。在学习"兴奋在神经纤维上的传导"机理时，一般不要增加繁多的专业名词，增加学习的深度；在学习"激素的调节"时，不要在人体内激素的种类和作用上增加深度；在学习"免疫调节"内容时，也不宜增加深度。❶

科学探究能力的培养和科学思维的训练，是贯穿整个高中生物学课程的任务。不能也没有必要对每个实验探究活动，项项都作要求，应有侧重点，累积起来，每个活动就都能实现其内在教育价值。可以小题小做，大题大做，各得其所。不要把问题复杂化、模式化，也不要为听课者、评课者表演。必修1《分子与细胞》安排的12个"探究·实践"活动，除"探究酵母菌的呼吸方式"外，都是可以当堂完成的。即使如此，"探究·实践"教学仍占有相当大比例的教学时数。因此，要做到时间上的保障，需挤压"讲授"的时数，一切能由学生自主学习的内容，应不讲、少讲、讲到点子上。❷

"教学过程重实践"是新课标倡导的基本理念之一。新课标在阐述这一理念时指出："让学生积极参与动手和动脑的活动，通过探究性学习活动或完成工程学任务，加深对生物学概念的理解，提升应用知识的能力，培养创新精神，进而能用科学的观点、知识、思路和方法，探讨或解决现实生活中的某些问题。"这段话明确阐述了科学实践活动的内容和意义。从内容上看，这里所说的实践活动包括探究性学习活动和工程学实践活动两类，前者用于探索生物科学的奥秘，解决"是什么""为什么"等问题；后者用于制造自然界没有的产品，解决"怎么做"的问题。二者都是培养生物学学科核心素养的重要途径，都需要在教学中加以落实，当然，这都需要一定的教学时间。对于同样的概念性内容，教师直接讲授概念与学生通过探究活动来获得知识相比，后者显然需要更多的时间，容易造成课时紧张。工程学任务需要更多的时间来完成，有时会引发与知识教学在时间上的冲突。怎样看待和处理这一问题呢？首先，应该从培养学生必备品格

❶ 吴成军. 选择性必修1《稳态与调节》教学建议［C］// 赵占良，谭永平. 普通高中教科书（人教版）教师培训手册：生物学. 北京：人民教育出版社，2019：92.
❷ 朱正威，谭永平. 必修1《分子与细胞》教学建议［C］// 赵占良，谭永平. 普通高中教科书（人教版）教师培训手册：生物学. 北京：人民教育出版社，2019：82.

和关键能力的高度来统筹安排知识教学与实践活动，跳出"以知识为中心"的窠臼。知识教学要集中于重点、难点，不必面面俱到，有些内容可以让学生自学，以便有更多的时间用于开展实践活动。其次，应当认识到探究性学习与概念建构的统一性。探究性学习有利于学生建构概念，会使学生对概念的理解更加深刻。再次，倡导探究性学习并不意味着对其他学习方式一概排斥，对某些教学内容来说，接受式学习仍然是有效的学习方式。例如，关于减数分裂，让学生通过探究活动自主发现减数分裂的过程和特点是非常困难的，先由教师讲清楚这些内容，再让学生观察减数分裂固定装片，不失为可行的办法。此外，为解决课时紧张的问题，教师应当统筹规划，并且积极应用多媒体课件等现代教学技术，提高单位时间内的教学效益。❶

　　现实教学中，在有限的教学时间内，教师广泛关注怎样保障科学探究过程的落实及科学思维训练的到位，怎样处理科学实践活动与有限课时之间的矛盾，怎样把握好知识的广度与深度不给学生增加额外的学习负担。要处理好这些实际问题，简约教学的思想理论以及操作范式就展现了鲜活的生命价值及广阔的应用前景。

---

❶ 赵占良. 必修2《遗传与进化》教学建议［C］// 赵占良，谭永平. 普通高中教科书（人教版）教师培训手册：生物学. 北京：人民教育出版社，2019：89.

第三章　高中生物学简约教学的策略

　　生命科学研究的对象纷繁芜杂，生命现象复杂多样。这就要求教师在把握生物学教学规律的基础上深入浅出。把复杂的生物学问题系统化、结构化和简约化，是减轻学生学业负担的主要途径。简约教学对教师本体性知识（学科专业素养）和条件性知识（教学技能、技巧）要求很高。清代著名画家郑板桥有一首题画诗："四十年来画竹枝，日间挥写夜间思。冗繁削尽留清瘦，画到生时是熟时。"课堂教学如同作画，要着力提炼教学主线，删繁就简、以约驭博，力求达成简约式课堂。"简约而不简单，平淡而不平庸"是简约式课堂的最高境界，它源于教育工作者对教材的解读与加工，源于教育工作者的学科专业素养和教学技艺。因此，简约教学的策略选择就显得至关重要。

第一节　系统思维整体把握

　　所谓系统，是指同类事物按一定的关系组成的整体。系统思维是把思维对象作为一个系统（整体）来认识，从各构成要素的性质以及系统和要素、要素和要素、系统和外部环境的相互联系与相互作用中，综合地考察思维对象的一种思维方式。[1]系统思维使人们不再停留于对单一事物的考察，而是把认识提高到系统水平，把思维对象看作各要素按照一定的组织形式形成的具有一定结构与功能的统一整体，把结构看作对系统内部联系的描述，把功能看作对系统与外部联系的表征，并且指出了联系的层次性。[2]

　　贝塔朗菲于1932年到1934年提出了生物系统论（有机论），包括系统观点、动态观点与等级观点。系统观点认为"一切有机体都是一个具有复杂结构的整体系统，它以明显的有序性、组织性、目的性区别于他物"；动态观点认为"一切生命系统本质上是

---

[1] 王海英. 系统思维与全局设计：成功教育改革的前提条件［J］. 湖南师范大学教育科学学报，2014，13（4）：70-74.

[2] 魏宏森. 复杂性研究与系统思维方式［J］. 系统辩证学报，2003，11（1）：7-12.

开放系统，应通过生物与环境进行物质与能量交换的相互作用来说明生命的本质，并把有机体看成一个能够抵抗环境瓦解性侵犯，从而保持动态稳定的系统"；等级观点认为"各种有机体都按照严格的等级分层次地组织起来，从活的分子到多细胞的个体，从聚合体到群体，从群落到生态系统等"。生物学研究对象本身就是由不同生命层级构成的系统，从小到大依次为生物体—种群—群落—生态系统—生物圈。生物圈可以视作地球上最大的生态系统。每个系统都是由较低一级系统组成的，这些较低一级系统不是简单地堆砌，而是形成有机整体，凸显生物学知识的系统性。因此，在生物学科中所要凸显的系统思维包含两方面内容，一是将生物学知识作为系统，二是凸显各层级生命系统的系统性。其体现途径分为，体现生物学知识结构的系统性以及针对具体知识体系体现生物本身的系统性❶。

　　高中生物学教材的知识体系，不是对生物学知识的简单堆砌或积累，它的章与章、节与节、知识点与知识点之间存在较强的内在逻辑联系。例如《遗传与进化》包括6章内容，每章分析一个中心问题，6章就构成了由6个中心问题组成的大问题串，这6个中心问题之间存在着紧密的逻辑联系。在孟德尔之前，人们不知道决定遗传的内在因素是什么，甚至有人猜想人的受精卵中就有一个器官齐全的微缩小人。人类是怎么认识到基因的存在的呢？这是第1章"遗传因子的发现"要解决的问题。孟德尔的遗传因子理论让人们认识到对遗传和变异起决定作用的是遗传因子（后来改称为基因），但是人们还不知道它到底是非实体还是实体。如果它是一种物质实体，必定存在于细胞中的某个位置，那么基因到底在哪里呢？这是第2章"基因和染色体的关系"要解决的问题。这个问题解决后，知道了基因位于染色体上，但是染色体是由蛋白质和DNA两种物质组成的，基因到底是什么呢？这是第3章"基因的本质"要解决的问题。这个问题解决后，人们知道了基因是有遗传效应的DNA片段，那么基因是怎样控制性状的呢？这是第4章"基因的表达"要研究的问题……抓住了这些在逻辑上环环相扣的问题，再在每章的教学中将中心问题逐层分解成更加具体的问题，以问题来驱动学生的学习，就能真正体现生物学"作为探究的科学"的特点，也有利于学生通过探究性学习来建构知识体系，形成良好的知识结构。又如《分子与细胞》第5章"细胞的能量供应和利用"体现了知识之间的内在逻辑联系。这一章分4节：第1节"降低化学反应活化能的酶"，第2节

---

❶ 段彩雪. 基于系统思维培养的高中生物学教学策略建构研究：以"分子与细胞"为例［D］. 兰州：西北师范大学，2018：3.

"细胞的能量'货币'ATP",第3节"细胞呼吸的原理和应用",第4节"光合作用与能量转换"。这一章的逻辑起点是细胞的能量供应和利用都要经过化学反应。分子具有一定的稳定性,要让它们发生化学反应,往往需要将分子活化,以克服分子发生化学反应的能障。克服能障的办法不外乎两种:一种是让反应物分子获得足够的能量,使它能自己跳过"门槛",如加温、加压等;另一种是使化学反应需要的活化能降低,即降低"门槛",也就是加催化剂。细胞内是不可能有高温、高压等剧烈条件的,其化学反应只能在温和的条件下进行,所依靠的催化剂就是酶。酶的化学本质是什么?它与无机催化剂相比有什么不同的特性?这是第1节要探究的问题。从能量角度来看,细胞内的化学反应有吸能反应和放能反应之分,不同的化学反应之间如何建立起能量的联系呢?这就犹如买卖东西需要货币一样,细胞中不同结构、不同化学反应之间能量联系的建立要靠能量的"货币"——ATP来实现。ATP是什么样的物质?它为什么能够充当细胞内能量的"货币"?这是第2节要探究的问题。第2节明确了ATP是为细胞直接提供能量的物质,那么,ATP中的能量来自哪里?主要来自细胞呼吸,即细胞中的有机物进行氧化分解,将其中的能量释放出来,使ADP形成ATP。这是第3节要探究的内容。细胞中有机物的能量又来源于哪里呢?对绝大多数生物来说,最终来源是光合作用固定的太阳能,这就是第4节要探究的问题。这样的逻辑联系厘清之后,诸如"为什么先讲细胞呼吸后讲光合作用"之类的问题就迎刃而解了❶。

因此,高中生物学教师非常有必要系统地把握生物学课程体系,不能仅仅停留在为了完成教学任务而教书的层面,生物学教学如果缺乏系统思维指导下的整体把握,教师对课程各个部分的知识逻辑的研究必然不够深入。在长期的教学准备中,教师认为只要每节课的教学设计得当,在每一节课堂上把知识点都传授到位就足够了。这很容易导致懈怠心态,对一两节课的教学成果感到满意,忽视了整个高中学习的生物学知识体系的建构,导致大多数时候学生并不知道他们为什么要学习生物学,也不知道自己学到了什么。

一、整体把握教材的编写体系

第一,回归教材,阅读各章节标题,概括性地了解所讲述的基本内容。阅读各章节

---

❶ 赵占良. 生物学教学强化知识间逻辑联系的意义和策略 [J]. 生物学通报,2009,44(9):28-31.

标题是快速了解教材基本内容的一个方法。

第二，按照一定的标准概括教材编写的主题和线索。如按照教材所述知识的内容、特点，归纳教材是围绕什么主题或者线索进行编写的。通过分析章节标题，可得出，《分子与细胞》是围绕"细胞是基本的生命系统"这一主线展开的。

第三，从教材目录中提取主干知识。必修1《分子与细胞》中的主干知识包括：走近细胞、组成细胞的分子、细胞的基本结构、细胞的物质输入和输出、细胞的能量供应和利用、细胞的生命历程。

第四，进行生物学概念、原理等的建构，分析知识安排的先后顺序，把握逻辑结构，从而确定该教材体系的特点。

第五，把握高中生物学教材章节间的内在逻辑联系。新教材增加了许多以前在大学教材中才出现的知识点，高中生物学教师要备齐5本教材及相应的教师用书，下功夫理解教材与教材、章与章、章与节、节与节之间的内在逻辑联系。找到这些联系之后，将其建构成知识体系，不仅可以有效地提高教学质量，而且可以提高学生的学习效率、深化学生对知识的理解。

二、建构高中生物学知识框架的概念体系

内容聚焦大概念，即用概念建构知识框架以追求课程内容的少而精是新课标的基本理念之一。教材是落实课程目标的重要载体，是学生发展学科核心素养的重要依托。因此，教师要帮助学生通过教材学习、理解和记忆概念性知识，并建构基于"次位概念—重要概念—大概念"的宝塔式结构体系知识框架[1]，为他们今后学习新知识、在新情境下运用已有知识解决实际问题奠定扎实的基础。

新课标的课程内容中，列出必修和选择性必修5个模块的10个大概念、31个重要概念、120个次位概念。高中生物学教师要具备统摄知识体系、俯视概念梯度层次来备课的宏观能力，清晰地了解每一个概念在知识体系中所处的层次，弄清不同概念间的关系，建构好高中生物学整体知识框架体系。

一个重要概念包含多个次位概念，只有厘清次位概念间的关系，才能建构知识框架

[1] 刘恩山，曹保义. 普通高中生物学课程标准（2017年版）解读［M］. 北京：高等教育出版社，2018.

体系。总的来说，一个重要概念下的多个次位概念间的关系一般分为两种类型：并列型或递进型。并列型概念关系是指两个或多个次位概念在知识框架中处于平行位置，在学习过程中无明确先后顺序，一个概念的学习质量不对另一概念的学习产生明显的影响。例如，必修 1 模块中的水、无机盐、糖类、脂质、蛋白质和核酸，必修 2 模块中的基因突变、基因重组和染色体变异，选择性必修模块中的神经调节、体液调节和免疫调节等，就属于并列型。尽管并列型概念在教学中无明确的先后顺序，但一般按从易到难的顺序组织教学更符合学习的规律。递进型概念关系是指两个或多个次位概念中，有一个处于基础位置，学生对该概念的掌握程度会影响对其他概念的学习。例如，"质膜具有选择透过性"是学习"有些物质顺浓度梯度进出细胞，不需要额外提供能量"（被动运输）"有些物质逆浓度梯度进出细胞，需要能量和载体蛋白"（主动运输）和"大分子物质可以通过胞吞、胞吐进出细胞"（胞吞和胞吐）等次位概念的基础。又如，中心法则中，"DNA 的双螺旋结构"是处于基础位置的概念，会严重影响学生对"DNA 的半保留复制""转录"和"基因的表达"等知识内容的学习效果[1]。在教学中，对于一组呈递进型关系的次位概念而言，一定要特别重视对处于基础位置的次位概念的掌握与理解，只有如此方能建构稳固的知识框架。新教材的编写基本上按照一章形成一个重要概念、一节形成一个次位概念的思路进行。教材内容与课程内容、认知规律、学生身心发展特点相匹配。教师要深刻理解教材编写的用意，把握知识内容呈现的规律，这样才能真正整体把握教材知识框架体系，做到了然于胸，为简约的课堂教学打下坚实的知识性基础。

三、建立基于重要概念的单元整体教学思维

学科核心素养并不能由教师直接教出来，而是要在问题情境中通过问题的解决逐渐培养。这对教师专业发展提出了新的要求，教师必须进行教学设计的变革。李润洲教授提出指向学科核心素养的教学设计应是育人为本、转识成智与情境嵌入的教学设计，其中一种达成路径就是创设问题情境，实践单元教学设计[2]。单元教学设计是一种介于课程规划与课时教学设计之间的中观层面的教学设计，能够帮助教师突破"独木成林"的

❶ 黄少旭. 基于概念体系的高中生物学知识框架建构策略［J］. 中学生物教学，2020（5）：28-31.
❷ 李润洲. 指向学科核心素养的教学设计［J］. 课程·教材·教法，2018，38（7）：35-40.

课时思维，帮助教师整体筹划学科教学的布局，同时又契合学科核心素养的形成需要较长的过程这一特点，有利于培育学生的学科核心素养❶。

单元整体教学设计更适宜以重要概念为主题进行设计，通过制订单元学习目标、创设单元学习情境、提出单元学习核心问题、设置单元学习主要活动、落实单元教学评价，最终由若干重要概念形成相对应的大概念，使学科核心素养在问题解决中得到发展。基于重要概念的单元整体教学设计框架如图3-1所示❷。

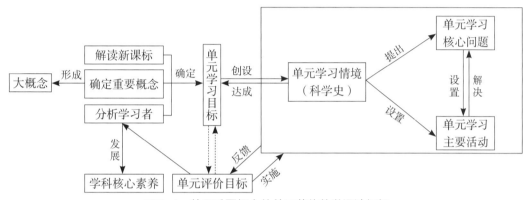

图3-1 基于重要概念的单元整体教学设计框架

基于重要概念的单元整体教学设计应包含如下内容❸：

（一）明确单元教学的目标

新课标中对课程目标、内容要求、教学建议和教学质量有详细的要求，每个学校应该安排一个教研组，由学科组长对任课教师进行培训，了解生物学教学的重要内涵。第一，在课程层面了解生物学的观点和基础概念，分析教材与生活之间的联系，挖掘其相关性。第二，分析单元课程的知识结构，并将单元教学中包含的主题观点与大概念联系起来，并厘清哪些次位概念必须基于单元中的重要概念来构造。要分清楚单元重要概念与其他重要概念和大概念之间的内在逻辑关系，明确形成大概念需要依据哪些重要概念，帮助学生构建概念图。第三，结合对学生现有知识背景和学习能力的分析以及其他教学实例，确定单元的教学目标。目标的确定应表明要培养哪些学科核心能力，目标的表述应该是明确、具体、可衡量的。

❶ 周初霞. 聚焦生物学重要概念的单元整体教学设计实践研究［J］. 生物学教学，2019，44（4）：7-10.
❷ 吴依妮. 基于重要概念的单元整体教学设计实践［J］. 中学生物教学，2020（6）：29-32.
❸ 刘国伟. 基于单元教学设计的高中生物学概念教学的实践研究［J］. 高考，2021（10）：117-118.

（二）创设问题情境

学科核心素养不应该是由教师直接传授的，而是学生在解决问题的过程中实践总结得来的，是基于问题情境得出的学习经验。因此，单元教学设计应该以问题情境为主线开展教学活动，帮助学生在深度学习过程中逐步发展学科核心能力。首先，创造一种能够支持整个单元学习的真实生物教学情境，生物学知识本来就是在特定情况下产生的，如果脱离具体情况，这些生物规律知识就会变得抽象，课堂就会因过于重视理论学习而失去活力。通过创建真实的生物教学情境，将要解决的问题信息包含在特定的问题情境中，使学生能够在问题情境中积极感知和理解相关信息，学习生物学知识。这可以帮助学生体验生物学知识生成的过程，了解为什么提出这一生物学概念，从而形成生物学学科核心素养，同时对构建学生的生物学知识体系有促进作用。其次，按照教材的核心内容提出问题引出后续的知识，教师需要为学生提供足够的材料，并根据材料结合核心问题提出小问题，让学生在材料中寻找答案。最后，安排学生进行小组合作，互相交流想法，对各种答案进行整合和总结，最终回答教师提出的问题。创设这样的问题情境能够培养学生的自主学习能力和团队合作意识。

（三）完善教学评价体系

单元教学设计更适合有针对性的学习，必须结合教育目标和教学预期成果来确定教学过程中的教学内容。教学评价是这一过程中的重点内容。通过教学评价，教师能够更加直观地了解教学的效果以及学生在学习过程中的感受，从而更好地调整教学计划。对单元教学的评价应以实现学科核心素养的形成，满足课程标准的要求以及各个学校对于教学质量的要求为依据。该评价以学生发展为出发点，立足于学科内容和学业质量标准，注重学科核心能力的培养以及教学质量的提高。教学评价要关注学生学习过程中的感受以及教师授课过程中的想法，因此不仅要考虑学生的成绩，还要考虑学生学习的过程评价，了解学生在学习过程中的状况、学生在教学过程中向教师反馈的信息，帮助教师提高教学水平。单元教学的安排，应该鼓励学生自主学习，以便学生认识到自己的长处和短处，从而投入更多的时间弥补自己的不足。教学评价应该具体、明确和有依据，应该整合教学评价目标与学习目标，以反映教学、学习和评价的一致性。教学评价能够搭建教师与学生沟通的桥梁，学校也能够直观地看到教师上课的情况以及学生的学习情况，并根据实际情况，合理调整教学目标和教学计划，以适应学生的发展规律，调动教师的工作积极性。

第二节　教学目标明确具体

依据泰勒原理，教学设计一般围绕要到哪里去（制订教学目标）、选择怎样的途径到达目的地（选择教学策略）、如何有效地到达目的地（组织教学过程）、是否到达目的地（评估教学效果）四个核心问题。教学目标是预期的学生学习的结果[1]，它关系到教学程序的设计，教学方法和教学策略的选择，以及对教学效果的评价。教学目标设计是教学设计的第一步，也是关键的一环，它关系到课程目标的实现和国家基础教育培养目标的落实。1954 年，为了征求大众意见，由布卢姆等人编著的《教育目标分类学（第一分册）：认知领域》初稿在美国公开出版（正式出版是 1956 年）。该书旨在"为观察教育过程、分析教育活动和进行教育评价提供一个框架"，至今对国内外教育界仍有重大影响。加涅等心理学家也对教学目标的分类做过专门的论述，并在此基础上提出了教学设计的基本原理：根据不同的学习结果创设不同的内部学习条件并安排相应的外部学习条件。我国大面积开展教育目标分类学的理论研究和目标教学实践始于 1986 年，之后尝试将目标教学作为一种教学模式，从理论到实践进行了广泛深入的探讨。有学者在布卢姆教育目标分类理论的基础上，结合我国的实际，进一步完善和发展了教育目标分类理论，对今天的学校教学有重要的借鉴作用。近几十年来，国外许多教育心理学家一直致力于探索一种具体、清晰和明确的课堂教学目标的编写方法。认知动词分析模式、行为目标模式和折中模式便是其中的成果，这些课堂教学目标编写方法的理论基础和适用范围各不相同，也各有所长，为我们编写课堂教学目标提供了有益的启示。[2]

一、教学目标设计存在的问题

目前一些教师对教学目标在教学过程中的作用仍然不十分了解，把编写教学目标

[1] 王小明. 教学论：心理学取向［M］.上海：上海教育出版社，2005：29.
[2] 邵丹玮. 高中生物课堂教学目标设计现状及对策［J］.中学生物教学，2006（9）：6-8.

仅作为教案中的一种备查形式，而在实际的教学过程中，只凭经验和考试要求进行授课，使教学目标形同虚设，未对教学活动、教学过程起直接的指导作用。甚至有些教师质疑是否有必要写教学目标。有的教师在对教学目标内涵的理解上存在误区，把教学目标等同于教学任务，于是就直接将教学参考书（教师用书）中对教师的教学要求当作教学目标，这反映了部分教师在进行课堂教学目标设计时更多想到的是给学生灌输什么样的知识，很少想到教学中学生的主体性问题。在确定教学目标的来源上，教师很少考虑学生的需要和兴趣，也较少顾及当代社会生活生产的需要，而把更多的注意力集中在学科发展的需要和学科专家的建议上，表现为教学目标的确定唯课程标准为出发点。更有甚者单纯地参照教材，把其他可参考的有用资源完全丢弃，同时因为缺乏教学目标分类理论的相关知识，往往只考虑认知领域的要求，而忽视了情感领域的目标、动作技能领域的目标和人际交往领域的目标。在各领域中，也没有考虑不同层次、不同水平的目标，如在认知领域的目标中，仅仅考虑"知道"这一层次的目标，而忽视了"理解""运用""分析""综合""评价"等智力技能及认知策略方面更高层次的目标。

在教学目标的表述上主要存在如下问题：教案中仍采用难以测量、不便操作、笼统、含糊的心理学词语来陈述教学目标，如掌握、理解、分析等；采用描述学生心理状态的词语来陈述教学目标，如"培养学生……能力""提高学生……能力""掌握……""体会……"，这样的陈述笼统、含糊、空泛、无法观察、无法测量，教师无从了解学生是否已形成某种能力或产生某种体会。也有用教学目的来代替教学目标的，因而教师在课堂教学中对教学目标是否达成心中无数。部分教师的教学目标可以说是面面俱到，每一节课都按高中生物学学科核心素养的四个维度制订很多教学目标，但有些目标超出了学生认知结构的最近发展区，实际上是无法达到的。还有一些教案中的教学目标则是优秀教案的复制品，千篇一律的课堂教学目标，不仅难以满足学生发展的需求，也难以发挥教师的个人优势、体现教师独特的教学风格。有关在我国高中生物学课堂教学中，如何合理而有效地设计课堂教学目标，使其更具科学性和可操作性，以及如何使理论与实践相结合的研究尚处在起步阶段，缺乏实证性的研究。因此，怎样才能使课堂教学目标既能真正落实新课标的要求，体现对高中生的生物学学科核心素养的培养，又明确、具体、具有可操作性，这是一个值得探讨的重要问题。

二、"三维目标"与"素养目标"

新课标指出，生物学以发展学生核心素养为宗旨，生物学的教育教学即将进入一个以生物学学科核心素养为导向的改革新阶段。随着新课程改革的实施，围绕教育宏观目标落地实施的课堂教学目标也从"三维目标"转向生物学学科核心素养教学目标（简称"素养目标"）。目前广大教师对"素养目标"与"三维目标"之间的逻辑关系不十分清楚，核心问题在于习惯了的"三维目标"不再提倡写，"素养目标"不知该如何叙写。生物学学科核心素养教学目标既是对"三维目标"的继承、发展和超越，又体现生物学科对学生发展核心素养的独特贡献和作用，还是生物学科独特育人价值对学生发展核心素养的体现和落实。生物学学科核心素养是从生物学科角度出发，为了促进学生终身发展、科学生活和适应社会需求而提出的，是从生物学课程教学过程中提炼出的学科必备品质与关键能力。"素养目标"比"三维目标"更加具体化、功能化和整合化，使学科本质、特有价值更加内显于外。"素养目标"和"三维目标"拥有一致的内涵，均包含学科观念、科学思维、科学精神和科学探究等方面的要素。"三维目标"包含了生物学学科核心素养的基本要素。刘恩山教授在解读学科核心素养与"三维目标"的关系时提出："学科核心素养每一维度的发展都可能涉及三维目标的实现"。依据"三维目标"与"素养目标"的内涵关系，可整理出图3-2所示的对应关系。

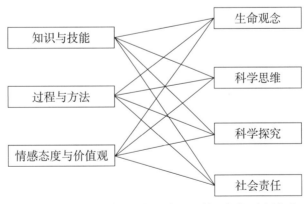

图3-2　生物学"素养目标"与"三维目标"对应关系

新课标背景下，要基于学科核心素养进行教学设计，从学生发展核心素养、学科核心素养和课程内容学业要求三个层面来制订各个章节和课时的"素养目标"❶，如图3-3所示。

---

❶ 申定健. 高中生物学核心素养教学目标的理解及实例分析［J］. 中小学教材教学，2019（5）：59-62.

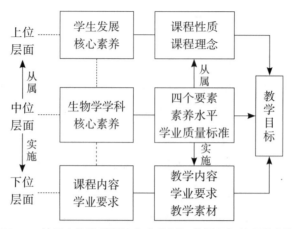

图3-3　基于生物学学科核心素养制订教学目标的思路框架

三、高中生物学教学目标的确定

高中生物学新课程中教学目标的确定，在具体操作上可分三步。第一步，在模块备课时，把课程标准中涉及该模块学习内容的所有具体内容标准按照课程标准提出的学习目标不同水平的要求进行细化；第二步，在模块备课时，专门针对课程标准和教材中的科学探究活动，按照课程标准对照能力要求对每一项能力培养目标做具体分析；第三步，在每一节课备课时，以前两步的工作为基础制订每一节课的课堂教学目标。[❶]在进行每一个具体内容标准的细化时，应查阅课程标准的行为动词表，根据具体内容标准相关表述所使用的行为动词在表中的位置，判断该内容标准所属目标维度及水平。然后，依据课程目标和行为动词表中"各水平的内涵"，对具体内容标准进行细化。教学目标的基本要素为对象、行为、条件和标准。对象指学习者，行为是指完成教学后学习者的终点行为，条件是指学习者终点行为表现的环境和条件，标准则指终点行为的最低表现标准。在表述教学目标时，通常包含行为主体、行为活动和行为结果三个部分，行为活动和行为结果是最核心的要素，且行为是可测量的。教学目标的设计直接反映教师的教学行为，进而表现为学生的学习行为，其逻辑关系如图3-4[❷]所示。教学目标的明确具体，是简约教学的前提，也是在课堂教学中发展学生生物学学科核心素养的关键。

---

❶ 李红. 试析高中生物学新课程中教学目标的确定［J］. 生物学教学，2008，33（10）：9-12.

❷ 吴成军. 生物学学科核心素养的教学与评价［M］. 上海：华东师范大学出版社，2020：97.

教学目标：行为主体＋行为活动＋行为结果

教师行为：教学过程＋教学方法＋教学结果

学生行为：学习过程＋学习方法＋学习结果

图3-4　教学目标的设计

四、教学目标的表述

考虑到生物学学科核心素养教学目标达成的复杂性和可检测性，仍可参照2003年颁布的《普通高中生物课程标准（实验）》中的行为动词来表达教学所要达到的目标程度[1]，见表3-1。

表3-1　教学目标行为动词表

目标领域	水平	水平内涵	行为动词
知识性目标	了解	再认或回忆知识；识别、辨认事实或证据；举出例子；描述对象的基本特征等	描述，简述，识别，列出，列举
	理解	把握内在逻辑联系；与已有知识建立联系；进行解释、推断、区分、扩展；提供证据；收集、整理信息等	说明，举例说明，概述，区别，解释，选出，收集，处理，阐明，比较
	应用	在新的情境中使用抽象的概念、原则；进行总结、推广；建立不同情境下的合理联系等	分析，得出，设计，拟定，应用，评价，撰写，总结
技能性目标	模仿	在原型示范和具体指导下完成操作	尝试，模仿
	独立操作	独立完成操作；进行调整和改进；与已有技能建立联系等	运用，使用，制作
情感性目标	经历（感受）	从事相关活动，建立感性认识	体验，参加，参与，交流，讨论
	反应（认同）	在经历基础上表达感受、态度和价值判断；做出相应反应等	关注，认同，拒绝
	领悟（内化）	具有稳定态度、一致行为和个性化的价值观念等	确立，形成，养成

[1] 吴成军. 生物学学科核心素养的教学与评价［M］. 上海：华东师范大学出版社，2020：94-95.

教学目标的表述是目前广大一线高中生物学教师经常忽视且容易犯毛病的地方，教学目标的表述要具体且能检测，下面以理解水平为例谈谈教学目标的"行为"表述。

（一）初步理解的标准

相当于布鲁姆认知目标中的"识记"。一是"识"：知道客观事物是什么或叫什么，即通过辨认、识别确定事物的名称；二是"记"，即巩固在大脑中，能准确地回忆和提取。文字、符号、词语的学习要达到这种理解水平。具体标准为：①能背诵、能默写；②能描述、能说明；③能确认、能识别、能选择、能提取。

（二）深入理解的标准

相当于布鲁姆认知目标中的"领会"。知道客观事物的为什么，揭示客观事物的本质及其联系，把握材料的意义和中心思想。概念、原理、法则等的学习必须达到此种理解水平。具体标准为：①能复述、能变换、能分解、能压缩、能扩展；②能理解、能运演、能比较；③能举例、能阐发、能分析、能概括；④能类比、能推论、能引申；⑤能联系、能贯通、能探幽、能发微。

（三）理解标准的使用

以上列举的各项理解标准，同时也是教学目标、教学方法和对学生的考评标准，具有很大的实用价值。例如，"能复述"是一个标准。作为教学目标，它指的是让每一个学生都能准确复述某一内容；作为教学方法，它是在具体教学实践中由学生复述针对某一内容的教学；作为考评标准，它指的是通过口头复述或书面复述的反馈检测来了解学生理解的情况。

从当堂理解的角度说，作为教学方法，这些理解标准为教师进行有效教学提供了有力的技术支持。有效教学的目的就是让学生充分学习，达到应有的理解程度，从而使所学知识保持较高水平的可利用性、可辨别性和清晰性。要实现这个目标，就需要选择不同的教法，从多角度强化其认识。有了这些方法，我们就可以在这方面有所作为。

附1："生态系统的稳定性"教学目标表述案例[1]

1. 通过对案例的分析讨论，能用物质和能量的输入和输出平衡观点，认识具体生态系统的稳定性。

2. 通过对生态系统各种成分功能和营养结构关系的讨论，以及运用反馈调节原理，能初步判断不同生态系统维持其稳定性的相对能力。

3. 能够根据生态系统各种成分、结构以及数量关系构建稳定性生态系统模型，并制作简易生态瓶。

4. 能够为常见生态系统的合理利用和可持续发展提出有价值的建议。

案例评析 养成生物学学科核心素养是本课程学习的宏观目标。教师在备课时，要根据实际上课的具体内容，确定每个课时的具体教学目标。习惯了以"三维目标"来描述教学要求和意图，教师在对照核心素养制订教学目标时或许会感到困惑。本案例旨在示范如何依据核心素养制订一节课的教学目标。案例中的教学目标是依据内容要求、学业要求和学业质量标准，围绕培养学生核心素养的要求制订的。目标1着重体现了"生命观念"的要素；目标2着重反映了"科学思维"的要素；目标3和目标4分别着重指向"科学探究"和"社会责任"。这四个目标之间也有交叉，每个目标中可能还含有对其他素养的要求。核心素养几个要素的协调发展是学生品格和认识问题、解决问题能力的具体表现，是制订教学目标的出发点和实施课堂教学活动的落脚点。

事实上，生物学学科核心素养是通过整个课程的实施最终实现的，是在每一节课中逐渐渗透、逐步形成的。故未必每一节课的教学目标一定都要对应生物学学科核心素养的四个维度。四个维度之间本身也不是完全的并列关系，而是一个有机统一的整体。其中，生命观念处于生物学学科核心素养的核心位置，同时也是生物学学科核心素养的核心支柱；科学思维和科学探究是生物学学科核心素养的两大基石，它们互为倚重，是生物学理科属性的重要体现。科学思维是科学探究的内在本质，科学探究是科学思维的实证过程，通过科学思维和科学探究共同内化成生命观念，最终形成一定的社会责任；社会责任的形成也主要依托于生命观念。生物学学科核心素养四个维度的内在关系如图3-5[2]所示。

---

[1] 中华人民共和国教育部. 普通高中生物学课程标准：2017年版［M］.北京：人民教育出版社，2018：77.

[2] 谭永平. 生物学课程哲学［M］.杭州：浙江教育出版社，2020：178.

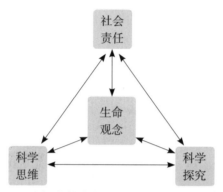

图3-5　生物学学科核心素养四个维度的内在关系

附2：科学探究过程中各个环节的能力培养目标示例❶

表3-2以"探究影响酶活性的因素"为例，对科学探究过程中各个环节的能力培养目标进行分析。

表3-2　科学探究过程中各个环节的能力培养目标示例

科学探究的一般过程	示例：探究影响酶活性的因素	科学探究过程中某一环节的能力培养目标	课程标准对科学探究能力提出的11项要求
提出问题	100 ℃的高温和0 ℃的低温对唾液淀粉酶的活性有影响吗？	1. 分析、讨论教师或其他同学描述的与探究内容有关的生物学现象。 2. 提出与探究内容相关的生物学问题。 3. 用生物学术语准确阐述问题，并用疑问句表述。 4. 分析、讨论该问题是否具有探究价值，在现实条件下是否可探究，并且具有明确的应答域。 5. 确认问题或对问题作适当的修改。	1. 客观地观察和描述生物学现象。 2. 通过观察或从现实生活中提出与生物学相关的、可以探究的问题。 3. 分析问题，阐明与研究该问题相关的知识。 4. 确认变量。 5. 作出假设和预期。 6. 设计可行的实验方案。 7. 实施实验方案，收集证据。 8. 利用数学运算方法处理、解释数据。 9. 根据证据作出合理判断。 10. 用准确的术语、图表介绍研究方法和结果，阐明观点。 11. 听取他人的意见，利用证据和逻辑对自己的结论进行辩护以及作必要的反思和修改。
作出假设	唾液淀粉酶在37 ℃左右发挥作用。100 ℃的高温和0 ℃的低温会使唾液淀粉酶的活性降低。	1. 分析问题，阐明与研究该问题相关的知识。 2. 针对问题作出合理的假设，根据已有的知识和生活经验说明作出假设的依据。 3. 所作假设与问题的应答域一致。 4. 用生物学术语准确阐述所作的假设。	

---

❶ 李红. 试析高中生物学新课程中教学目标的确定［J］. 生物学教学，2008，33（10）：9-12.

（续表）

科学探究的一般过程	示例：探究影响酶活性的因素	科学探究过程中某一环节的能力培养目标	课程标准对科学探究能力提出的 11 项要求
制订计划	略	1. 确定自变量、因变量。 2. 说出控制自变量和无关变量的方法。 3. 说出观察或检测因变量的方法。 4. 设置对照实验。 5. 设置重复实验（不同小组的实验可视为重复实验）。 6. 设计可行的实验方案，列出材料用具和详细的方法步骤，包括实验装置的设计。 7. 作出预期。	
实施计划	略	1. 实施实验方案。 2. 操作规范，小组成员间配合默契。 3. 认真、详实地记录实验现象或数据。 4. 用生物学术语准确描述实验现象。	
得出结论	略	1. 运用数学运算方法或统计学方法处理数据（如有必要）。 2. 用不同形式的图、表呈现实验结果（如有必要）。 3. 解释实验现象或实验结果。针对结果寻找原因时，要根据证据和逻辑论证确立因果关系。 4. 运用批判性思维和逻辑思维，对证据与解释之间关系的合理性作出判断。 5. 根据实验结果与预期的吻合度，判断假设是否正确，得出合理的结论。	

（续表）

科学探究的一般过程	示例：探究影响酶活性的因素	科学探究过程中某一环节的能力培养目标	课程标准对科学探究能力提出的11项要求
表达、交流	略	1. 使用生物学术语、图表准确地将研究方法、结果和观点告知他人。 2. 倾听和尊重不同的观点和解释。 3. 运用证据和逻辑对自己的结论进行辩护。 4. 在反思的基础上确认探究报告或作适当的修改。	

附3："内环境的稳态"教学目标表述案例❶

1. 通过探究和合作学习，解释生物体维持pH稳定的机制。

2. 通过阅读体温的日变化规律等材料，掌握内环境稳态的实质及其生理意义。

3. 通过对体检化验单的讨论、分析，养成健康的生活方式，关心他人健康。

案例评析　上述教学目标在叙写上，主语是学生，目标是学生达成的，达成的手段是"通过……途径"，清清楚楚，这也便于课堂教学的实施。

第三节　概念内涵本质理解

学习一门学科本质上是掌握专业概念、术语和符号。在谈学科专业概念教学前，十分有必要梳理一下"学科"本身的问题。

"学科"是教育教学理论与实践中一个常用的词汇，似乎每个人都能说出它的意思，但如果真让人说出其含义，答案又各不相同。为了生存与生活，原始的人类知识几乎是生活、生存、斗争经验的记录与总结。原始知识是原始生活与生存常识，只要是正

---

❶ 张卓鹏. 浅谈基于学科核心素养的教学目标叙写［J］. 中学生物学，2020，36（6）：23-25.

常的人参加生存活动并有所认识便可获取。初期人类关于自然与社会的知识是一个囫囵含糊的整体，是混沌的、零散的、经验式的、没有具体形态的，具有偶然性、神秘性、经验性等。这种知识缺乏一定的普适性、科学性和规范性，因此，这些由早期经验形成的知识累积不能称为"学科"。随着人类对自身、自然和社会的不断探求，人类的认识也不断科学化，人类开始有目的地依据知识的性质、种类等对已有经验与知识进行总结与分类，并对分类的知识进行有计划的研究、管理与保存，由此系统性学科的不断分化逐渐形成。在这种背景下，"学科"产生了，人类知识的历史发展进入了学科期。学科分类的产生最初是为了知识的保存、使用、发展和传播。哲学从一门学科退出，意味着这门学科的建立；数学进入一门学科，意味着这门学科的成熟。17世纪，英国哲学家、科学家弗兰西斯·培根尝试用"知识树"进行图解；18世纪末诞生自然科学诸多学科，社会科学渐渐从道德哲学中分离产生，成为一门单独的学科；19世纪自然科学诸多学科进入大学取得长足发展，出现了学科分化与综合。

学科是系统化、有边界的知识体系，是一种创造活动，是一个集学科精神、学科风格、学科价值、学科内容、学科方法、学科模式、学科素养、学科优势等于一身的统一体。学科有三种形态，即知识形态（核心）、活动形态（基础）和组织形态（表现形式）。学科暗含规则，可能负载权力，知识的分类孕育新学科的产生。学科专家眼中的学科是"研究中的学科"，侧重学科知识的产生与发展；教育家眼中的学科是"教育中的学科"，强调知识发展与学生心理认知规律的契合。我们现在谈的高中生物学科其实是高中教育中的生物学，教材编排体系及其教学实施要遵循高中生的心理认知规律。高中生物学虽然是学科，但毕竟属于基础教育中的学科，故课程的宗旨是发展全体学生的核心素养，为需要在大学继续学习生物学的学生打下坚实的学科基础。

要成为一门独立的学科，必须有其专门的概念、术语和符号，可以把学科相关内容表达得简洁、准确、规范。有时同一词语或符号在不同学科中代表着不同的含义，例如，"基因"在生物学科中是指"控制生物性状的基本遗传单位，是具有遗传效应的DNA片段，部分病毒如烟草花叶病毒、HIV的遗传物质是RNA"，但在思政领域，"红色基因"中的"基因"沿用生物学"基因"的文化意象，所指的具体内容显然不是同一回事。符号P，在交通法规中代表停车场，在化学中代表磷元素，在遗传学中代表亲本。又如符号$\otimes$，在交通法规中代表禁止通行，在物理学中代表灯泡，在遗传学中代表自交。所以，在高中生物学教学过程中，要减轻学生学习的负担，首先务必关注学生对生物学专门概念、术语和符号内涵与本质的把握。

所谓"术语"，是指特定领域里使用的专业用语，是引证解释各门学科中用以表示严格规定的意义的专门用语。术语是在特定学科领域用来表示概念的称谓的集合，是通过语言或文字来表达或限定科学概念的约定性语言符号，是思想和认识交流的工具。简单点说，就是专门学科的专门用语，某学科规定某个词语在该学科中的特定意义，也就形成了该学科的术语。术语具有专业性（表达各个专业的特殊概念，所以通行范围有限，使用的人较少）、科学性（语义范围准确，它不仅标记一个概念，而且使被标记的概念精确，与相似的概念有所区别）、单义性（与一般词汇的最大不同在于它的单义性，即在某一特定专业范围内是单义的。有少数术语属于两个或更多专业，如汉语中"运动"这个术语，分属于政治、哲学、物理和体育4个领域）和系统性（在一门科学或技术中，每个术语的地位只有在这一专业的整个概念系统中才能加以规定）等特征。术语通常还具有简明性，这样可以提高信息交流效率。

术语，其实就是一个词或符号，它并不是一个概念，只是代表或者标记概念的一个符号而已。术语比较简练，是概念的一个重要传递形式，非常有利于新概念的学习。

概念是用语词来反映客观事物本质的思维形式。正如我们常说的一句话："语言的内核是思维。"一个人的语言表达能力，往往深刻体现了他的思维能力，不论是说话严谨、漫无边际，还是前言不搭后语，都反映出说话者的思维能力。概念是语词的思想内容，语词是概念的语言形式，语词可以说是概念的躯壳。而对于整个思维体系大厦来说，概念则像一块块砖石，是构成思维的基本材料。对于现代人而言，我们的思考在大脑里面也是以语言为工具进行的。

概念是抽象思维的起点，是判断推理的基础，生物学教学中的概念亦是如此。科学认识的成果是通过概念来概括和总结的，科学中的原理、规律等都是以概念为基本组成单位的。列宁曾说过"概念是帮助我们认识和掌握自然现象之网的网上扭结"，可见概念在人们认识世界中的重要性。但学生在学习过程中经常会出现一系列判断、推理及结论方面的错误，究其原因，都是由于学生没有掌握概念学习的要领，而出现"概念不清楚""概念掌握不完整"或"概念理解错误"等问题。

现在，概念教学是一个热门的研究话题，它注重学生的前概念，并基于学生的认识来设计教学，帮助学生建构概念，以纠正、补充、完善学生的前概念，建构正确的认知，意在对学生的日常生活、学习及以后的人生产生有意义的影响。一个好的概念教学要让学生充分经历概念形成的过程，而思维是贯穿其中的主线。事实上，学生对于概念的学习，需要经历感知活动、思维加工、理解应用、形成结构四个步骤，在每一个步骤中教师都要适时地进行引导。学生学习概念时往往会因为感性认识不足、思维方法不当、思维定式的消极影响、相关概念的干扰等出现学习困难。因此，教师在开展概念教学时，需要做到以下几点：①使学生获得丰富的感性认识，在给学生提供例子的时候，一定要做到变式全面，让学生从一系列丰富的例子中抽象出本质特征；②使学生掌握建立概念的思维方法；③使学生明确概念的内涵和外延；④让学生学会运用概念解决实际问题。❶在具体的教学过程中快速而且准确把握高中生物学概念内涵与本质有如下几种方法。

一、理解基本概念的内涵，让学生把握概念的本质

从逻辑上讲，概念是指某一领域中因具有共同特征而被组织在一起的特定事物。生物概念的内涵是指反映生命现象和生命活动规律的本质特征。准确理解概念的内涵是掌握概念的先决条件。例如，酶的概念：酶是活细胞产生的具有催化作用的有机物，其中绝大多数的酶是蛋白质，少数的酶是 RNA。"活细胞产生""催化作用""有机物"是酶概念的内涵，体现了酶的本质属性——只有活细胞（又指全体活细胞）能产生与无机化学催化剂功能相同的有机物。蛋白质从化学成分上界定了酶的范围（酶一般为蛋白质，RNA 也能起到酶的作用）。在对酶的概念的考查运用过程中，变化的形式可以有很多，但都是围绕其内涵展开命题的，如能够催化水解脂肪酶的物质是什么？学生通常凭第一感觉从字面意思上直接选择脂肪，实际上只要学生能抓住核心点——脂肪酶的本质是蛋白质，那么问题就迎刃而解。又如环境容纳量的概念：在环境条件不受破坏的情况下，一定空间中所能维持的种群最大数量。其中有三大要素：环境条件不受破坏、一定空间、种群的最大数量。对于问题"种群的值变不变呢"，教师应联系之前讲解的种群受气候、食物、空间等多种因素影响，让学生分类讨论，什么情况下可能变大，什么情况下可能变小。通过这样的剖析，学生就容易理解并掌握环境容纳量的概念。

❶ 王长江，胡卫平. 中学物理"思维型"课堂中概念的教学探讨［J］. 物理教师，2015，36（7）：2-12.

二、分析概念的构成要素，解剖概念

一个完整的概念往往由几个要素构成，教师要引导学生找出概念的要素，从而理解、掌握概念。怎样准确找出概念的要素呢？在概念的内涵和外延中，有些词语反映了事物最本质的特征。教材在表述概念时，具有简练、明确、严谨的特点，而且表意也十分准确、完整，确定概念的范畴也十分严格。根据这些特点，教师在教学中应着重分析概念的语句，使学生明确概念的内涵和外延，为正确使用概念、准确进行推理判断奠定基础。教师可以在教学过程中采取划分句子成分的方法来解析概念。

三、运用生活实例，构建生物科学概念

既然概念是对事物本质特征的抽象概括，理解起来自然就会有一定的难度。有经验的教师总是善于联系学生的日常生活，举出学生熟悉的具体事例，把一些抽象的生物概念和具体的事例联系起来，逐步引入概念。在学生通过实例获得比较丰富的感性认识后，要及时引导他们进行比较、分析、综合、抽象、概括等，以便形成生物科学概念。

四、针对不同的概念，精心选择教学方法

生物学中很多概念是按照它实际的特有含义来命名的，如"染色体"从名称上看就知道是染上颜色的物质，具体含义是细胞核内容易被碱性染料染成深色的物质。再如"质壁分离"，"质"是原生质层（不能理解为细胞质），"壁"是细胞壁，放在一起就是原生质层与细胞壁分离的现象，同时要知道，当细胞液浓度小于外界溶液浓度时，细胞失水，由于原生质层的伸缩性比细胞壁大，所以会发生质壁分离。类似的概念还有自由水/结合水、分泌蛋白、伴性遗传等。

五、强化对生命本质的认识，在教学中修改某些概念

教材在介绍某一生物学规律（概念）时，有时为了使前后内容照应，会将某些规律（概念）归纳成在前述某个内容限制下的规律，忽略了相应限制之外仍可能存在的情况。如教材在讲述"基因分离定律"实质时，由于前述内容是以杂合子为例来展开介绍的，所以后面是这样概括其实质的：在杂合子的细胞中，位于一对同源染色体上的等位

基因，具有一定的独立性。生物体在进行减数分裂形成配子时，等位基因会随着同源染色体的分开而分离，分别进入两个配子中，独立地随配子遗传给后代。从该概念上看，"基因分离定律"好像只适用于"杂合子的细胞""位于一对同源染色体上的等位基因"的情况。实则不然，"基因分离定律"对于"纯合子的细胞""位于一对同源染色体上的相同基因"也是适用的。所以在教学中，为避免学生产生认知上的偏差，应该对"基因分离定律"进行修改。同样，"基因的自由组合定律"内容也存在着类似现象，教学中可进行相同形式的修改，以此使学生全面、准确地认识规律、概念，避免产生认知上的偏差。

六、考虑实际情况，在教学中适时补充某些概念

由于地区差异性，生物学在有些地区未被列入中考考试范围，所以这部分刚升入高中的学生其生物学基础普遍比较薄弱，再加上高中生物学与初中生物学在内容上衔接不畅，以致高中生物学教学中常出现概念脱节现象。如在学习"细胞是生命活动的基本单位"一节时，教材未介绍"原生质"这一基本概念，而该概念在一些初中生物学教材中也未涉及。教师在教学过程中应根据实际情况加以补充，帮助学生衔接初中生物学知识，为后续课程学习排除障碍。

另外，教材在介绍某些生物学规律（概念）时，考虑到自然状态下的生命现象与高科技生物技术参与下的人工生命现象的区别，为保证生物学规律的纯生物（自然）性，而将某一生命规律（概念）添加了限制语，缩小了概念的外延，但是这样有时会影响学生对生物学规律（概念）的全面认识。教师在实际教学中应充分考虑课程标准的要求及该概念同生活实际结合的紧密程度，加以适当的扩充。

在生物学概念教学中还有许多值得借鉴的方法，如弄清概念抽象产生的过程，厘清概念的内涵和外延，掌握概念的定义原则、定义符号、语言文字之间的关系等。掌握概念的内涵还可以尝试其他不同的方法，如把概念进行对比记忆。例如：生长素与生长激素，原生质、原生质层与原生质体，赤道板和细胞板，先天性疾病和遗传病，DNA连接酶和DNA聚合酶，启动子和起始密码子，终止子和终止密码子，等等。

第四节　知识的结构化处理

奥苏伯尔认为认知结构是有意义学习的结果和条件，是书本知识在学生头脑中的一种再现形式。他认为在学习过程中概括性强、清晰、牢固、具有可辨别性和可利用性的认知结构有着十分重要的作用，并认为教学的主要任务是帮助学习者建立对教材的清晰、牢固的认知结构。布鲁纳认为，学科基本结构是学习者必须掌握的内容，是教学过程的核心。所谓学科基本结构，是指该学科的基本概念、原理及其相互之间的关联性，是指知识的整体性和事物的普遍联系，而非孤立的事实本身和零碎的知识结论。[1]结构化思维是用分类的方法去处理知识，让知识处于一种有序状态的思维方式。世界上的知识（信息）是杂乱无章的，人们用结构化的思维让知识变得有序，用它来认识世界、分析数据、预测未来。这样一个相当有用且高效的工具，一方面能够帮助记忆，因为相关的知识都放在一起了，容易产生新旧知识间的关联，使记忆更深刻；另一方面能加快检索速度，当我们调取记忆时，有一个清晰的脉络，会使检索速度更快；此外还能帮助看清事物本质，树状结构能使自己有一个大局观，遇到问题能找到其本质从而进行有效处理。

虽然教材是根据知识结构的特点进行编排的，但是知识本身的结构性并不等同于学生认知的结构化。同时，教材是静态呈现的，不可能充分满足学生学习的动态要求。所以，教师必须根据学生的实际情况对教材进行加工。教材所呈现的知识结构与学生头脑中的认知结构既有联系也有差别。生物学科的知识结构是由生物学概念和原理构成的知识体系，它以简约的方式反映生命现象的规律，是科学真理的客观反映；学生的认知结构是一种经过学生主观改造了的生物学科知识结构，是生物学科知识结构与学生的心理结构相互作用的结果，这里既有客观的成分也有主观的成分。生物学科知识结构+学生心理结构=生物认知结构（图3-6），这里的"+"表示相互作用，即生物学科知识结构和学生的心理结构相互作用形成学生特有的生物学科认知结构[2]。

---

[1] 钟志贤. 大学教学模式革新：教学设计视域［M］. 北京：教育科学出版社，2008：233.
[2] 张大海. 结构的魅力：高考复习中知识结构化加工策略［J］. 中学生物教学，2014（10）：22-24.

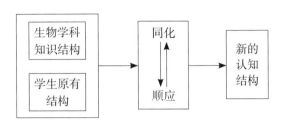

图3-6　生物学科认知结构模式图

所谓"同化"，是指在教学主客体的相互作用下，新的刺激与学生原有的认知结构相符合，并被纳入原有的认知结构中。通过同化可以充实和完善学生原有的认知结构，构建合理的认知结构。所谓"顺应"，是指当学生原有的认知结构不能与新知识同化时，就需要进行调整甚至改组，重建新的认知结构。学生的认知结构就是在这样的同化和顺应过程中逐步建构并不断丰富和发展的。常用的认知结构有两种：分类结构和关系结构，如图3-7所示。

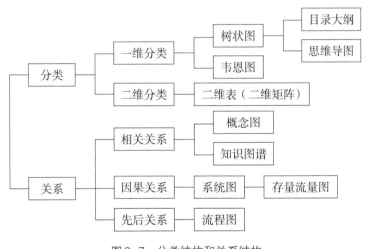

图3-7　分类结构和关系结构

下面就高中生物教学中常见的几种知识的结构化处理方式展开讨论。

一、目录大纲

所谓"大纲"，类似教材目录，是按教材知识呈现的顺序提纲挈领、整体概括呈现的知识体系，是传统教学中教师进行板书设计或学生做学习笔记的依据，具有知识检索和记忆提点的作用。例如"遗传因子的发现"的大纲如下：

第一章 遗传因子的发现

一、孟德尔简介

二、杂交实验（一）

1. 选材

豌豆（自花传粉、闭花受粉、纯种、性状易区分且稳定、真实遗传）。

2. 过程

一对相对性状杂交（正交、反交），F_1自交。

F_1（子一代）纯合子、杂合子。

F_2（子二代）分离比为3：1。

3. 解释

①性状由遗传因子决定。②遗传因子成对存在。③配子只含每对遗传因子中的一个。④配子的结合是随机的。

4. 验证

测交F_1是否产生两种比例为1：1的配子。

5. 分离定律

在生物的体细胞中，控制同一性状的遗传因子成对存在，不相融合；在形成配子时，成对的遗传因子发生分离，分离后的遗传因子分别进入不同的配子中，随配子遗传给后代。

三、杂交实验（二）

1. 组合

亲组合。

重组合。

2. 自由组合定律

控制不同性状的遗传因子的分离和组合是互不干扰的；在形成配子时，决定同一性状的成对的遗传因子彼此分离，决定不同性状的遗传因子自由组合。

四、孟德尔遗传定律

1. 史实

①1866年发表。②1900年再发现。③1909年约翰逊将遗传因子更名为

"基因"。

2. 基因型、表型、等位基因

基因型是性状表现的内在因素，而表型则是基因型的表现形式。表型=基因型+环境条件。

二、思维导图

思维导图由英国非常有名的心理及教育学家东尼·博赞于1860年左右创造。东尼·博赞在研究大脑潜能的过程中感觉到达芬奇的强大思维可能与他特别的做笔记方式有关，他的笔记会经常使用图像、符号和线条等元素。在直觉的指引下，东尼·博赞创造了思维导图这种影响世界的思维工具。思维导图是众多思维工具中的一种，它能将我们放射性思考的内容通过文字、颜色、线条、图画等元素创造性地变为具体化、可视化的具有高度组织性的导图。创造性思维理论认为创造性思维是一种实现知识或信息增值的思维方式。人们通过科学研究发现，抽象思维的方式不贴近人类思维的本质，这种思维方式不能激发出人们的潜能。如果人们在思考问题的时候，能把抽象思维方式转化为形象思维的方式，人们的潜能将会得到有效激发。思维导图就是应用这种科学结论创造出的一种思维方法，人们应用这种思维方法的时候，只需要在纸上绘制思维导图，自身的潜能就能被激发。教师若能应用思维导图的方式帮助学生构建生物学概念，将会使生物学概念教学高效化。思维导图的应用原理：用一张纸、一支笔，确定一个联想的主题。人们围绕该主题开始发散思维，在发散的过程中，只需用一个词语、一个短句、一个符号等绘制自己联想的事物[1]。在思维发散的过程中，人们只需尽情想象，而不必去想事物和事物之间的联系。等到人们联想完之后，需应用几根线把联想的事物关联起来，使之成为一个主题系统。思维导图是一种把抽象记忆转化为直观表现的图形，人们应用这种图形，能使记忆和记忆之间形成互动。因此，教师在开展教学的时候，可引导学生应用思维导图的方式学习生物学概念，进而促进教学效率的提升。例如，在"降低化学反应活化能的酶"一节教学中，教师引导学生建构图3-8所示的思维导图。

---

❶ 金鑫. 基于思维导图促进高中生物概念建构的应用研究［J］.新课程导学，2015（11）：97.

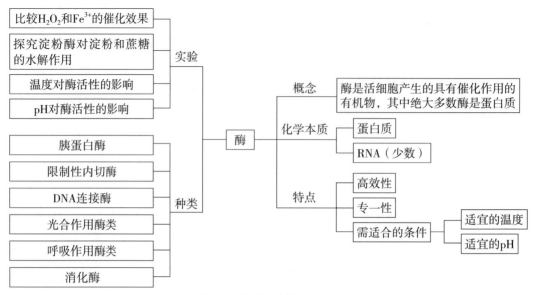

图3-8　与酶相关的思维导图

由此可见，思维导图与目录大纲都是树状图，目录大纲是一行一行向下伸展，通过缩进体现层级，而思维导图是横向拓展层级，纵向铺开同级要点。目录大纲在结构呈现上远不如思维导图清晰，尤其是列表特别长的时候，思维导图结构一目了然。

三、韦恩图

韦恩图，也叫文氏图，即用一条封闭曲线直观地表示集合及其关系的图形。由英国逻辑学家韦恩提出。

通过韦恩图的展现，教材中的相关概念，特别是概念的相互关系一目了然，便于学生长久记忆。例如自然界的元素与组成生物体的元素的包含关系可用图3-9表示。

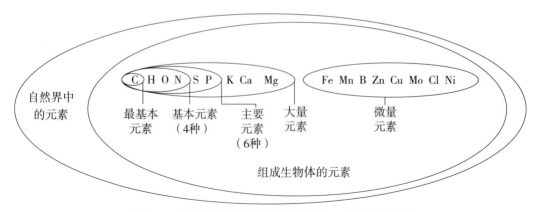

图3-9　自然界的元素与组成生物体的元素的包含关系

四、概念图

概念图是20世纪60年代由美国康奈尔大学的教育心理学家诺瓦克博士等人在研究儿童对学科知识的理解时根据奥苏伯尔的有意义学习理论提出的一种新的教学技术，20世纪80年代被学术界正式确定。它是利用图表的方式将人脑中的概念、原理、规律等隐性知识显性化、可视化，便于人们思考、交流和表达，是目前中学教学中常用的方法，教学效果明显。

概念图源于奥苏伯尔的有意义学习理论，该理论最本质的观点是只有在明白学习者已知的内容后，才能进行相应的教学。其实知识体系中本就存在着概念与概念间的固有关系，概念图可以很大程度地缩小学习者自身认知结构与知识体系的差距，从而有效地完成学习。把一个重要的概念放在椭圆形或长方形的框里，并且将概念与概念用线条（可带箭头）相连，连线上注明概念间的关系，这就是概念图的一般呈现方式。因此，它是节点与节点的直接连接，呈现出网状结构。

概念图的结构包括概念、命题、连接和层级结构。概念是感知到的事物的规则属性，通常用专有名词或符号表示。命题是对事物现象、结构和规则的陈述，在概念图中，命题是两个概念之间通过某个连接词而形成的意义关系。连接表示不同知识领域概念之间的相互关系。层级结构是概念的展现方式，一般情况下最具概括性的概念置于概念图的最上层，从属的概念安排在下层。各部分说明及关系如图3-10所示。

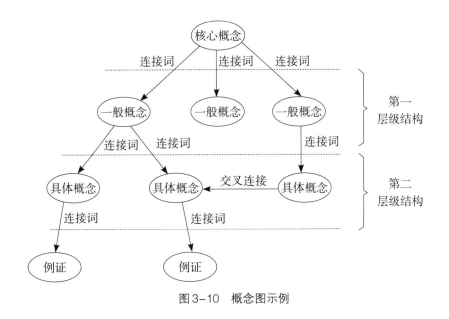

图3-10　概念图示例

人教版高中生物学新教材会以补充概念图的形式对学生进行考查，以此帮助学生梳理所学知识，建立良好的知识结构。如必修1《分子与细胞》第60页"复习与提高"部分要求学生将图3-11所示概念图补充完整。

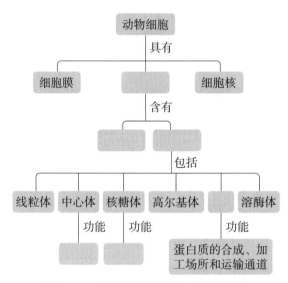

图 3-11　动物细胞的结构和功能概念图

五、流程图

流程图是由一些图形、符号和文字说明构成的图示，它具有简单明了、直观形象等特点，可以直观、明确地表示动态过程从开始到结束的全部步骤。一个明确的步骤构成流程图的一个基本单元，基本单元之间通过流程线产生联系。基本单元中的内容要根据需要确定，可以在基本单元中具体地说明，也可以为基本单元设置若干子单元。现代教育心理学理论根据功能将知识划分为陈述性知识和程序性知识。陈述性知识，也叫描述性知识，这种知识具有静态的特征，我们一般可以用概念图表示。程序性知识，又叫操作性知识，是个人在没有意识的情况下提取的知识线索，因而它的存在只能借助某种作业形式间接地呈现。在西方心理学中，程序性知识亦称为"知道如何"的知识或实践的知识，是一种关于如何去做的知识，是可进行操作的实践性知识。这种知识具有动态的性质。程序性知识的一般表现形式为产生式系统。产生式系统以"如果……就……"的形式存在，即满足某个条件的时候做出某个行动。因此，我们可以认为流程图是程序性知识表现形式（产生式系统）的简化。流程图是学习程序性知识的一个非常有效的方式。

生物学过程是一个动态过程，而且生物学过程具有复杂、微观等特征。如果仅仅用文字介绍，对生物学过程的描述就会冗长、抽象，难以理解。如果利用流程图表述生物学过程，可以化抽象为具体，易于理解和记忆。例如在表述光合作用和呼吸作用时，一线师生广泛接受的两张经典流程图（图3-12），将复杂的生物学程序性知识简约有效且逻辑清晰地呈现出来。

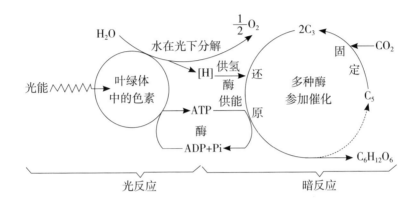

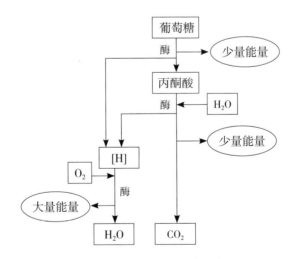

图3-12 光合作用与呼吸作用流程图

在生物学实验中，流程图同样应用非常广泛。例如在观察细胞有丝分裂的实验中，将制作洋葱根尖装片的过程用图3-13表示，既简单明了又便于理解。

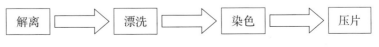

图3-13 制作洋葱根尖装片流程图

再如，绿叶中色素的提取和分离实验可用图3-14所示流程图表示。

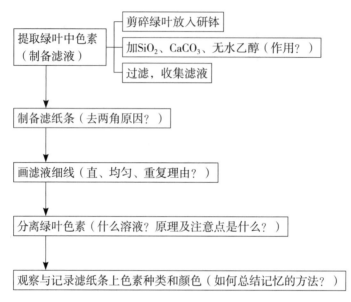

图3-14　绿叶中色素的提取和分离流程图

流程图可以将某一题材的内容按照课程标准的要求和知识之间的相互关系连接成一条线索，便于学生形成这一专题知识的整体架构。如有关"基因"专题知识的复习可归纳成图3-15所示的流程图。

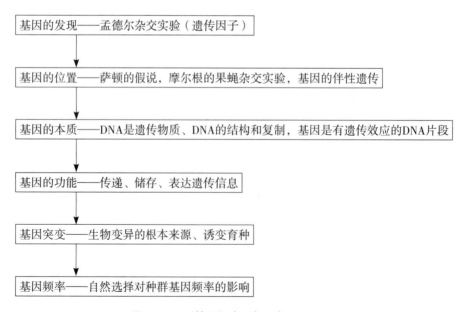

图3-15　"基因"专题知识复习流程图

流程图也可以在新授课中涉及不同类型的区分时加以应用，例如，有关生物新陈代谢类型分类的内容可作如下处理（图3-16）。

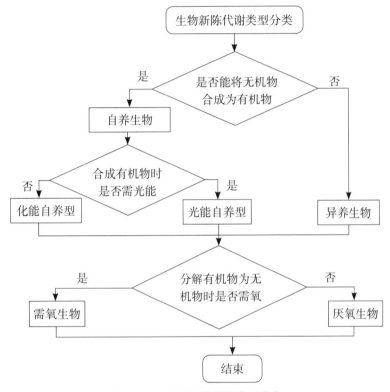

图3-16　生物新陈代谢类型分类

第五节　教学过程简化自然

教学过程是指教师根据课程目标的要求和学生身心发展的特点，借助一定的教学条件，使学生积极主动地进行认知活动的过程，是教与学相统一的过程。课堂教学的过程是指在一节课内师生、生生多边活动的全过程。教学过程体现在教学设计及其实施的各个教学环节中，教学环节是实现某一具体教学目标的载体，是课堂教学的阶段性活动表现。

我们在听课调研中发现，目前课堂教学环节设计复杂、结构繁杂、程序冗杂的情况越来越多地充斥着高中生物学课堂，其结果是在"天衣无缝、环环相扣、层层递进"的教学环节中学生忙于追赶、疲于应付，变得茫然不知所措、忙碌而无所作为。学生根本没有思考的时间和空间。作为高中生物学课堂教学的组织者，教师没有必要将教学环节设计得"峰峦叠嶂"，也没有必要故意设置过多的学习障碍或陷阱。要知道学生是单纯的，他们怎么可能在教师精心安排的复杂、玄奥的生物学问题中一次又一次地化险为夷呢？长此以往，学生会不堪重负，他们的探究精神与探究乐趣也会在这样的折磨中被磨蚀掉。心理学研究表明，学生的课堂注意力普遍只能维持二十分钟左右，除了利用兴趣提高学生的注意力，最主要的还应是简化教学过程，将学生从纷繁复杂的课堂环节中解放出来。教学过程应简化自然，而非纷繁复杂。若是过多地设计一些花里胡哨的环节、不切实际的情境，不但不利于调动学生的学习积极性，而且会让学生觉得教师虚伪，与现实格格不入。教学过程中，任何教学环节的初衷，都是为了课堂教学活动的顺利开展，为了课堂教学效率的提高，为了使学生能够更高效地投入学习、体验和交流中去。教学环节不在于多，而在于精、在于简，在于顺应知识发生和学生认知逻辑相切合的自然。所以，对于教学环节的预设，我们应追求简洁、自然、具有四两拨千斤功效的流程，谨防舍本逐末、喧宾夺主的做法。简约教学强调过程的简化，明确围绕主要认知矛盾展开多层次教学活动，使学生有充分的时间进行探索、交流，而且活动环节注意层次性，每个活动环节都应深入、充实，不流于形式。

简言之，简化教学过程具有以下几方面的意义：第一，有利于突出课堂教学的重点；第二，有利于分散课堂教学的难点；第三，有利于厘清头绪，使课堂教学目标更加明确；第四，有利于学生积累知识，提高能力；第五，有利于提高课堂教学效率。

一般来说，教学过程的设计包括如下几个基本要素：确定教学目标、组织教学内容、选择课堂教学的结构和组织形式、选择教学方法和教学手段。教师简化和优化这些基本要素及具体操作时的一些细节，如教态、语言、板书、环境等，必将对提高课堂教学效率产生影响。每个教师都应努力发挥自己的个性，简化和优化教学过程，力求在课堂中通过最有效、最简化的手段达到最佳的教学效果。只有简化了教学过程，教师才能留给学生更多的时间和空间，才能把自己从烦琐的教学中解脱出来，才能有闲暇去琢磨学生的所想所思，帮助学生有效地构建知识体系。

理想状态下的简化教学过程应该是这样的：课堂结构——清晰、明快、整体感强；教学素材——经济、高效、少而精练；节奏控制——匀称、舒缓、张弛有度；活动展开——自然、流畅、环环相扣；教师上课——轻松、自如、胸怀全局；学生学习——愉快、主动、学有成效。❶简化是返璞归真的、本色的教学，摒弃一切不必要的奢华与作秀。简化不是简单意义上的减法，而是来源于对教材的深度解读与加工，来源于教师丰厚的修养与巧妙的教学艺术。教师在备课时应该为教学内容设置中心问题，主要问题由讲授分析得出，将次要问题交给学生讨论总结。这样，既可以体现教师对教材的驾驭，又可以充分调动学生的积极性，避免出现课堂"一窝蜂"、课下"一锅粥"的现象。

教师在简化教学过程时还应注意以下几个方面：第一，教学目标的确定既要考虑课程目标又要考虑学生的实际情况和自己的教学实情，不能为了简化教学过程而随意确立目标。第二，在根据具体的教学实情简化教学过程时，还要考虑师生关系和生生关系，以及学生主动性和合作性的发挥。第三，学科特性不能缺失，且应尽量保持和发扬光大。第四，教师在备课时，一定要仔细推敲自己的教案，通过对比分析，选择最恰当的教案。第五，导入语和课外延伸拓展的设计要因地制宜、因生制宜、因课制宜。

第六节　教学情境简洁真实

新课标明确指出，生物学学科核心素养是学科育人价值的集中体现，是学生在解决真实情境中的实际问题时所表现出来的价值观念、必备品格和关键能力。它强调选择真实情境，促进学生"在真实的情境中解决真实的问题，促进学生真实地发展"。可见，发展核心素养的目标是解决真实情境中的问题，真实情境是发展核心素养最优的载体。生物学科的基础是实验，其与生产生活有着非常紧密的联系。人们在生活实践、科学研究和时事热点中均有可能接触大量的生物学教学素材。本轮新课程改革的核心实质是将知识转变为素养的实践过程，真实情境是推动学生主动完成转化的催化剂。

一、情境

关于情境，《现代汉语词典》中的解释是情景、境地；《辞海》中的解释是"一个

---

❶ 赵旭阳. 浅谈如何简化教学过程，提高课堂教学效果［J］.消费导刊，2017（19）：75.

人在进行某种行动时所处的社会环境，是人们社会行为产生的具体条件"。从教育学的角度来看，情境是学生在从事学习活动、产生学习行为时的环境和背景❶。真实情境是指真实世界中与学生日常生活或知识背景相关的、有社会现实意义的现象。认知学习理论认为知识是有情境的，知识是以情境作为背景支撑而产生的，不存在无情境的知识。建构主义理论强调学生主动建构知识的能力，而这一能力的具备就需要学生借助真实的问题情境。问题情境本身是复杂的，它是学习者将以往的经验整合后，在面临新的认知冲突时所处的主观环境。

二、情境教学

在我国，情境教学最早由著名特级教师李吉林提出。李老师经过四十多年情境教学实践和研究，结合我国传统文化提出"意境说"，强调"形真""情切""意远"和"理寓其中"的情境教学。她所提出的理念也为其他学科运用情境提供了借鉴，在这种形势的带动下，情境教学不断地在其他学科的教学中得到运用。

关于情境教学的定义有很多，不同学科对情境教学的定义也不同。有人认为情境教学是指从教学目的出发，创设基于现实世界的、与教学内容相适应的场景，渲染一种教师与学生之间、学生与学生之间的良好的情感氛围，在积极的情感和优美的环境中展开教学活动❷。学科教学的场景一般是指在固定时间和空间的课堂教学活动中创设的教学场景或者片段。毕华林等强调教学情境应该具有揭示知识产生的背景和条件、明确学科知识的指向性、引发学生积极开展思维活动，并且能够产生具有迁移价值的一般性知识的功能❸。杨玉琴等提出教学情境要蕴含学科问题、建构学科知识、迁移所学知识以及弘扬学科价值❹。王伟等认为情境教学是教师预设的教学过程和学生的学习活动，具有认知属性、学科属性、社会属性、交往属性、过程属性、发展属性和生成属性❺。综上所述，结合高中生物学新课标要求，本书认为情境教学是围绕教学目标，在学生已

❶ 李国华. 教师需要创设什么样的教学情境［J］. 教育科学研究，2007（10）：39-42.

❷ 冯卫东. 情境教学操作全手册［M］. 南京：江苏教育出版社，2010：31.

❸ 毕华林，卢珊珊. 化学课程中情境的类型与特征分析［J］. 中国教育学刊，2011（10）：60-63.

❹ 杨玉琴，王祖浩. 教学情境的本真意蕴：基于化学课堂教学案例的分析与思考［J］. 化学教育，2011，32（10）：30-33.

❺ 王伟，王后雄. 学科教学情境的评价标准研究：内涵、意义及其生成［J］. 河北师范大学学报（教育科学版），2018，20（6）：107-112.

有知识经验基础之上，将教学素材转化为教学情境，利用情境问题激发学生的认知冲突并引导学生思考，从而使学生获得学科知识、形成学科核心素养的一种有效的教学方法。

三、高中生物学教材中的情境

高中生物学教材增加了丰富的真实情境素材，不同类型的真实情境在形成学科核心素养上有不同的教学价值。这就要求教师能够通过真实情境对教学内容进行结构化设计，开展多样化的探究活动，增加学生的学习机会，促进学生思维和学习模式的转变。

（一）主题型

该类真实情境在教材中呈现的形式多种多样，但内容均与同一主题有关。真实情境可以帮助学生实现零散知识的有效整合，聚焦学科大概念，提炼和升华生物学知识，形成生命观念。例如，"细胞是生命活动的基本单位"一节中以"大熊猫和冷箭竹"真实情境贯穿整节，先在问题探讨处以任务型情境——"提供证据说明大熊猫和冷箭竹都是由细胞构成的"驱动学生思考二者的统一性，之后又以大熊猫和冷箭竹为例讲述动植物在生命系统结构层次和遗传上的差异，体现了结构和功能观。又如，"细胞中的糖类和脂质"一节中出现了3处与肥胖有关的真实情境，分别是"过度摄糖与肥胖的关系""脂肪的摄入与健康的关系"及"北京鸭的疑问：为何每天吃玉米谷物却长一身肥肉"，素材真实有趣又层层递进，能引导学生在真实情境中自主建构糖类和脂质的联系，同时关注过度摄糖对身体健康的影响，既体现了稳态与平衡观，又能引导学生养成并传播健康的生活方式，形成一定的社会责任感。北京鸭真实情境视域开放，往往多因素共存，具备复杂性和多样性，适合多角度挖掘，容易引发学生进行多角度的思考，在培养学生高阶思维及发展生物学学科核心素养的过程中有其独特的价值。但需要注意的是，开放性的提高往往会带来可控性的降低，建立在真实情境中的课堂也是多变的，其教学效果往往也是联动的。

（二）问题型

以问题的形式呈现真实情境，多取材于学生的生活实际或人们的生产实践。这类情境可以有效拉近知识内容与学生思维之间的距离，激发学生的学习动机，引导学生从生物学角度关注日常生活和生产实践，发现问题并合理运用证据判断问题，同时产生知识与情感上的共鸣。例如，第5章"细胞的能量供应和利用"的章首页导语，以"岩石遭到暴晒后变得滚烫而岩石旁的绿植却没有发烫"作为问题情境引导学生思考光能和绿色植物间的关系，将微观知识与日常现象联系起来，以此激发学生进行科学探究的兴趣。又如，第5章第3节"细胞呼吸的原理和应用"以"培养酵母菌时，有时需要通气，有时却需要密封"作为问题情境，引导学生思考培养酵母菌时通气和密封的原因，从而导入细胞呼吸的相关知识，并引导学生关注生产实践，思考其背后的生物学原理。

（三）任务型

以任务的形式呈现真实情境，多有明确的学科核心素养培养导向。这类真实情境的整合度较高，教师可通过任务驱动学生在真实情境中应用学习资源，展开自主探索或协作交流，实现从知识到素养的转化。例如，"细胞是生命活动的基本单位"一节练习与应用中要求学生简要阐述细胞学说是否能支持生物进化的观点，该任务既能进一步加深学生对细胞学说的理解，又能引导学生建立结构功能观与进化适应观之间的联系，培养结构与功能相统一的生命观念。又如，"蛋白质是生命活动的主要承担者"一节的拓展应用中要求学生对"吃什么补什么"的说法进行评价，该任务基于真实情境，要求学生运用生物学知识对生活常识进行理性分析和判断，有明确的社会责任培养导向，对学生批判性思维的养成也有一定帮助。

（四）实践型

以实验探究的形式呈现真实情境，多取材于科学研究过程。教师可以通过对该类真实情境的合理开发，设计相关探究活动，在真实的探究过程中培养学生的科学思维能力和实验设计及分析能力，有助于发展学生的科学探究能力。例如，"细胞核的结构和功能"一节以"克隆牛的培养过程"作为真实情境，引导学生根据实验结果分析细胞核的功能，以培养学生的实验分析能力。又如，"主动运输与胞吞、胞吐"一节的课后习题部分围绕强耐盐植物柽柳创设真实情境，让学生设计实验探究柽柳吸收无机盐离子的方式，既呼应了本节的主要知识内容，又能培养学生的实验设计能力，为学生实现从知识到素养的转化提供了极佳的素材。

四、生物学高考评价体系中的情境

高考评价体系中所谓的"情境"即"问题情境"，指的是真实的问题背景，是以问题或任务为中心构成的活动场域。"情境活动"是指人们在情境中所进行的解决问题或完成任务的活动。根据目前高考的考查方式，高考中的问题情境是通过文字与符号描述的方式即纸笔形式进行建构的，而情境活动也同样是通过文字与符号描述的形式进行的。高考评价体系中的情境可以分为两类。第一类是生活实践情境。这类情境与日常生活以及生产实践密切相关，考查学生运用所学知识解释生活中的现象、解决生产实践中的问题的能力。第二类是学习探索情境。这类情境源于真实的研究过程或实际的探索过程，涵盖学习探索与科学探究过程中所涉及的问题[1]。

试题情境是实现考查目标的载体，其合理创设能有效激发考生思考作答。结合生物学的学科特点，生物学试题情境包括三类：生活、学习和实践情境，科学实验和探究情境，生物科学史情境[2]。

（一）生活、学习和实践情境

生活、学习和实践情境，是指学生在日常生活中或社会实践中常见的生物学现象或问题。例如：光能通过绿色植物转化为支撑生命活动所需的化学能，设施农业、施肥、浇水等栽培措施与植物生长发育、产量的关系，细胞、染色体、DNA模型构建，物理或化学因素导致的生物变异，生物个体的来源和延续，不同疾病（含遗传病）的表现和可能的病因，劳动或运动时机体水分、盐分的调节，动物机体遇到刺激后的反射，营养物质、激素、抗生素等物质与人体健康的关系，动植物的结构与功能的关系，生态系统中的动植物种类、分布和调查方法等。利用这些熟悉的生物学现象或事实作为试题情境，提出问题，引发学生思考，有利于学生增强热爱生活、珍爱生命、热爱自然、崇尚科学的意识。

（二）科学实验和探究情境

生物学实验在生物学的发展中具有重要的作用，培养学生实验能力和科学探究精

❶ 教育部考试中心. 中国高考评价体系说明［M］. 北京：人民教育出版社，2019：35-37.
❷ 杨帆，郭学恒. 基于高考评价体系的生物科考试内容改革实施路径［J］. 中国考试，2019（12）：53-58.

神是生物学教学的重要内容，也是生物学考试的重要内容。科学实验和探究情境主要来自真实的生物学研究的内容以及由这些内容进行知识迁移设定的情境或提出的问题。例如：根据植物细胞质壁分离实验，提出实验材料的替代、实验结果分析等新情境；对影响酶活性的因素进行探究，并用于指导生产实践；根据细菌转化证明 DNA 是遗传物质的实验，建立其与现代基因工程概念之间的关联；根据遗传学普适性规律，对生产实践中的特定品种需求提出研究方案；对动植物的性状做出预测，对某些人类遗传病的发病做出预判，对其预防提出合理的建议；根据"群落演替"的一般规律，对生态修复提出合理建议。利用这些学生学习过的现象或问题作为试题情境，在考查学生科学探究能力的同时，激发学生进行科学探究的热情，有助于培养学生严谨的科学态度和勇于探索的科学精神。

（三）生物科学史情境

生物科学史述说生物学科发展的脉络轨迹，是生物学知识体系的重要组成成分，含有丰富的生物学知识、生物学研究思路和方法以及独特的社会价值。生物科学史也是一部人类适应自然、认识自然、利用自然和改造自然的历史。例如：DNA 双螺旋结构的发现使生物学研究进入分子生物学时代，在认识自然的历程中迈出重要的一步；基因工程的建立实现定向改造生物学特性的目标，可通过 DNA 重组和定向编辑技术使生物体获得新的遗传特性，提高生物技术在农业生产、生物医药中的工作效率。用生物科学史中的重要事件作为试题情境，学生能够在科学研究精神和科学研究方法方面得到启迪，学会继承、借鉴和创新。

五、高中生物学情境教学研究进展

生物学是自然科学中的一门基础学科，是研究生命现象和生命活动规律的科学。生物学教师的任务不仅是要传授生物学知识和相关技能，还要培养学生对科学的好奇心，并将这种好奇心转变成对科学的正确态度。通过设置情境，激发学生的学习兴趣，促进学生对身边生命现象的关注和探索，最终提高学生的科学素养，这就是情境教学法的目的和价值所在。情境教学已经成为生物学课堂教学的重要方法。一线生物学教师不断尝试和探索情境教学，使得情境教学在生物学课堂教学中取得了丰硕的成果。张永从情境教学的实施策略和实施效果两个方面进行了研究，其统计的情境教学实施效果如

图 3–17 所示[1]。

图 3-17 情境教学实施效果

情境教学能够在生物学课堂中取得这么多的成果，离不开教师对情境教学策略和方法的探索。有效的情境教学策略能够保障达成相应的情境教学效果。张永总结的情境教学的实施策略主要包括教学建议、应用策略、教学对策、改进措施，具体如图 3–18 所示。

图 3-18 情境教学实施策略

研究者们对情境教学在课堂教学中应用的研究是不断深入的。第一个阶段是尝试。这个阶段主要是教师在生物学课堂教学过程中开始尝试使用情境教学法。教师主要利用情境教学法提高学生学习生物学的兴趣，加深学生对生物学知识的理解。第二个阶段是调整。这个阶段主要是教师对情境教学的理念、策略、教学方式、使用目的、创新意识等开展更深入的研究。第三个阶段是深入。情境教学不仅是激发学生兴趣和好奇心的环节，也是引导学生不断提出问题和解决问题的思维过程。这个阶段主要是提升学生的核心素养，比如学生的深度学习能力、科学思维能力、社会责任感。

❶ 张永. 基于大概念的高中生物学情境教学评价研究 [D]. 合肥：合肥师范学院，2021：4.

六、高中生物学情境教学实践中存在的问题

目前，情境教学法在生物教学中的具体实践主要包括：使用语言或情感创设生活情境，让学生认识生物学的重要性，产生或增强对该学科的兴趣[1]；利用生物科学史中所蕴含的科学知识、方法与精神，及其与科学、技术、社会三者的密切关系，培养学生的科学素养[2]；引用各种社会热点问题，创设社会情境，体会并领略科学家的创新精神，透过生命现象去理解生命本质，提高学生生物科学素养[3]。以上实践，使用情境激发和增强学生兴趣的很多，使学生产生情感触动的不多，发展学生理性思维的较少[4]。笔者在听课中发现，部分教师过于注重教学的情境化，为了创设情境可谓冥思苦想，好像脱离了情境，就脱离了学生的生活，就不是新课程理念下的生物课。有些教师苦苦创设的情境，并没有起到预期的作用，学生往往被教师创设的情境所吸引，而久久不能进入学习状态。有些教师创设的教学情境只是比较牵强地把生活中的一些事例搬入课堂。一些教师认为情境教学仅仅具有吸引学生兴趣、引入教学内容的作用。比如教师在课堂开始后，出示一袋加酶洗衣粉的图片并提出问题：加酶洗衣粉为什么能够更好地清除污渍呢？教师的主要目的是利用加酶洗衣粉导入新课"降低化学反应活化能的酶"。之后，加酶洗衣粉情境就再也没有在课堂教学中被提及，与教学内容的相关性不够。在实际教学中，教师对情境教学理论观念的理解偏狭隘，选择的情境素材与课程内容关联性不强，设计的情境问题难以激发学生的认知冲突。还有些情境教学是虚拟的，虽有趣生动，但与学生的真实生活相去甚远。当前，高中生物学教学缺乏对教师设计的情境教学的评价标准，以致设计的情境教学良莠不齐。

七、高中生物学情境设置倡导简洁真实

生物学情境是联系生物学与现实世界的纽带，是沟通生物学与现实生活的桥梁。创设得当的教学情境能够给予学生适时的启发、引导，为学生创造良好的学习环境。但是，过多的无关信息，花里胡哨的情境，不仅不利于学生知识的掌握和能力的培养，而

[1] 徐苹. 情境教学模式在生物教学中的应用 [J]. 生物学通报，1996，31（9）：36-37.
[2] 胡丽芬. 生物课堂教学情境创设的策略研究 [J]. 中学生物学，2012，28（4）：19-20.
[3] 王丽. "情境式教学法"在高中生物学教学中的应用 [J]. 生物学教学，2016，41（5）：9-11.
[4] 吴丹丹. 高中生物学情境教学的实践研究 [J]. 中学生物学，2016，32（12）：12-13.

且会模糊学生的思维，给学生的学习和教师的教学带来困扰，甚至会分散学生的注意力，失去情境创设的价值。

高中生物学情境设置倡导充分联系学生已有知识基础和学习经验，做到简洁真实。教学情境的创设是为了教学活动的有效开展，教学情境应该建立在真实的学习起点上，只有真实的情境才会与学生已有知识基础和学习经验发生联系，激活个体认知。简约教学讲求教学情境的简洁明快，直奔主题。简约化的情境，要求在教学中首先考虑其与知识的相关性及所包含内容的丰富性与深刻性。将各种疑难问题融入情境中，有利于化繁为简。只要融入学生的生活实际问题，课堂便有了活跃的气氛，课堂品质便有了思维和讨论的内涵。创设情境要有真实性，真实的情境有利于培养学生的观察、思维和应用能力，有利于培养学生真实的情感和态度。因此，引入课堂的情境必须是在现实生活中真实存在的。

生物学情境不是装饰，也不仅仅是为了激发学生的兴趣，情境的创设应该与所要探索的知识有内在的联系。只有主次分明、有机结合，才能使情境更有价值。情境的创设不能冲淡教学主旨，应该为生物学教学服务，有时三言两语的情境描述或提问能从生活原型引入，就无须复杂的多媒体课件。有时，简洁明了的情境，反而能使学生产生认知的不平衡，引起学生的思维冲突，唤起学生的已有经验。这样真正能使学生展开思维的情境才是高中生物学课堂所需要的。为此，高中生物学情境设置要关注如下四个问题。

（一）针对性的问题

生物学课堂教学中情境创设的活动不是越多越好，而是要注意质量及目标性，提高情境创设的针对性。教师在创设情境时，一方面要紧扣课堂主题，以此引导学生深入反思与感悟其中的深层内涵；另一方面，要控制好学生的情绪。因此，要深入了解学生的情绪状态，在学生情绪低落时，努力创设情境，调动学生的情绪，使学生兴奋起来。例如，在组织"DNA 的结构"一节教学时，为了设置疑问激发学生的学习兴趣，从而引入本节课题，有教师播放了"9·11"恐怖袭击事件的视频，并展示了大量人员伤亡的图片，意在通过死亡人员的查找识别，激发学生学习 DNA 分子结构相关知识的兴趣。但是，此举却将学生关注的重点引向了世界反恐战争的争论与反思，学生小组讨论的重点集中在恐怖袭击的原因及灾后重建等问题上。热闹的课堂氛围、多样的课堂组织形式和学生的主体参与，并没有赢得听课专家的高度评价，原因就在于课堂活动偏离了本节课的教学目标❶。其实，在本教学环节中，教师可以将其改为简短的讨论："'9·11'恐怖袭击事件造成了大量人员伤亡，通过 DNA 对这些死亡人员进行鉴定识别是利用了 DNA 的什么性质？"目标直指本节内容，这就是教学情境简洁的魅力。

（二）本质性的问题

教师在对核心知识的科学发展史进行教学时，往往会出现重学科知识而轻由原始问题到学科知识的形成历程的情况。例如，在组织学生学习"酶的作用和本质"时，有位教师先用多媒体展示几张葡萄酒图片，并配以唐诗"葡萄美酒夜光杯，欲饮琵琶马上催。醉卧沙场君莫笑，古来征战几人回。"再设问："同学们，葡萄酒的酿造过程充满了哪些坎坷？请阅读教材'思考·讨论'中关于酶本质的探索，体验科学探究的艰苦历程。"这样的教学情境设置没有体现学科本质性的问题，让学生感到无所适从。教师在组织生物学科史实的学习时，要带领学生关注原始本质性的问题。同样是"酶的作用和本质"一节的教学，教师其实可以通过展示酿酒过程中酒变酸的现象，让学生直面生产实际，并据此提出问题：糖类是怎样变成酒的？葡萄酒为什么会变酸？让学生阅读教材"思考·讨论"中关于酶本质的探索并完成图 3-19 所示的内容。然后向学生提问：他们的观点各有什么意义及局限性？若自己是科学家，又该如何设计实验去探究酶的化学本质呢？通过呈现图片、阅读资料和互换角色等方式，让学生以科学家的身份走进历史的真实情境，体验其中艰辛探索的历程，体验科学探究的过程和方法，树立正确的价值观。

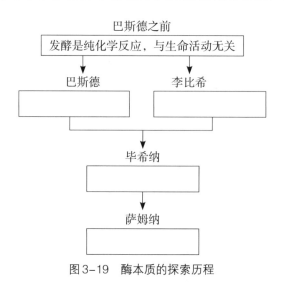

图 3-19　酶本质的探索历程

❶ 张建. 例谈高中生物学情境教学中的几个误区 ［J］. 中学生物教学，2018（1-2）：46-48.

（三）共情性的问题

创设情境时，一定要在了解学生认知水平和已有经验的基础上进行共情性创设。忽视学生实际水平而将自身经验强加给学生的情境创设，不仅不能激起学生的学习兴趣，而且会打击学生的积极性和自信心。例如，在组织"免疫调节"一节教学时，有位教师创设了如下的问题情境："同学们，你们都看过科幻片《世界大战》吗？外星人最后是被谁消灭的？为什么地球人能打败外星人？"教师意在引导学生回答无免疫能力的外星人是被地球上的细菌和病毒打败的，从而引出本节内容。但是，这样的情境创设效果并不理想。学生面带茫然，教师只好自问自答。因为绝大多数2005年后出生的学生没有看过这部2005年就上映的电影，也就不能引起他们的情感共鸣。教师只是从自己的经验出发采集情境教学资源，没有从学生的认知水平和生活经验出发，这样的教学情境设置无疑是失败的。其实，在进行"免疫调节"一节的教学时，教师可以从学生熟悉的艾滋病入手，围绕艾滋病设置几道抢答题（艾滋病的防治在初中阶段已提及，媒体也有广泛的宣传，高中生对于艾滋病并不陌生），让学生分组抢答，以调动学生自主参与课堂教学的热情，激发学生学习兴趣，再从艾滋病与免疫系统的关系，自然引入本节内容。

（四）贯穿性的问题

除了在课堂导入时被零星运用，贯穿性的情境更能加深学生的理解，更能让课堂教学走进学生的内心。教师要将教学内容与情境连贯成体，在情境中推动教学内容的延续。例如，在开展"细胞器之间的分工合作"教学时，先利用教材开篇的"问题探讨"创设"工厂与车间"的情境。将线粒体比作动力车间，高尔基体比作发送站，核糖体比作生产蛋白质的机器，溶酶体比作消化车间，学生更乐于接受这样恰如其分的比喻。并且在组织"细胞器之间的协调配合"教学时，延伸"工厂与车间"的情境，将豚鼠胰腺腺泡细胞分泌物的形成过程比喻成工厂生产汽车的过程。汽车的品牌为蛋白质，生产汽车的原料是氨基酸，其中一种为亮氨酸。将用 ^3H 标记亮氨酸比作为汽车安装定位系统，这样无论汽车到哪个车间都可以被检测到。原料在核糖体初步合成汽车的雏形，进入内质网加工成尺寸合适的汽车，再通过内质网派出的运输工具囊泡运输到高尔基体车间，汽车在这里打磨、喷漆打蜡，再由囊泡运输到细胞膜边界，完成出厂。线粒体为车间机器等工具的运作提供能源。这样的情境创设能使学生易于理解本节内容，形成连续贯穿的思路与知识结构，达到事半功倍的效果。

八、高中生物学教学情境的评价维度❶

　　教学目标是情境教学设计的出发点和落脚点。教学目标指引着教师搜集素材和设计情境问题。教师利用情境素材和情境问题，创设情境活动发展学生的学科核心素养。情境素材是实现教学目标的基本载体。情境问题是连接静态的情境素材和学生学习活动的桥梁❷。教师借助问题线索有逻辑地开展情境教学。解决核心问题是实现从情境素材到教学情境的关键❸。学生在特定教学情境中解决问题、完成任务是将所学学科内容与真实情境联系起来。学生通过观察分析、合作探究解决情境问题，理解学科本质，发展学科核心素养，适应未来的社会生活。情境教学的评价维度如表3-3所示。

表3-3　情境教学的评价维度

评价维度	维度内涵
情境素材	提供与高中生物学内容相关的真实材料，如图文信息、数据资料，为构建概念提供事实支撑
情境问题	提出与学习任务相关的学科本体问题和应用问题，引导学生讨论和交流，为构建概念提供脚手架

　　通过选择情境素材和设计情境问题，引导学生深刻理解和应用重要概念，进而引导学生将重要概念抽象为大概念。为了达成课堂教学目标，教师应搜集相关的图文信息、数据资料，或影像资料，然后提出与学习任务相关的学科问题❸。高中生物学情境素材是学生理解生物学重要概念的事实性基础。高中生物学情境教学应注重素材内容和素材特点，具体如图3-20所示。

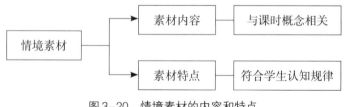

图3-20　情境素材的内容和特点

❶ 张永. 基于大概念的高中生物学情境教学评价研究［D］. 合肥：合肥师范学院，2021：15.

❷ 杨玉琴，倪娟. 从情境素材到教学情境：如何创设富有价值的问题情境［J］. 化学教学，2020（7）：10-15，22.

❸ 王伟，王后雄.《普通高中化学课程标准（2017年版）》中"情境素材建议"内容特点及使用建议［J］. 化学教学，2018（10）：15-19，26.

从情境素材到教学情境需要在教学目标的导向下进行恰当加工，将其转化为一个能够承载核心知识的情境问题。教师组织情境教学是利用情境问题思考情境素材，引导学生深入讨论和交流，并理解生物学事实背后所蕴含的大概念。情境问题起到了连接情境素材中实践与学习任务、活动的关键作用[1]。设计情境问题时应注重情境问题的功能和特点，具体如图3-21所示。

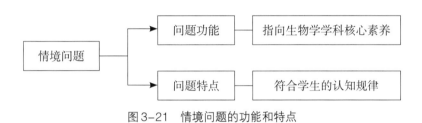

图3-21 情境问题的功能和特点

在情境素材维度下，设立5项指标——真实性、相关性、连贯性、兴趣性、多元性；在情境问题维度下，设立5项指标——适宜性、层次性、激发性、思维性、迁移性，以此对情境教学进行评价，具体见表3-4。

表3-4 基于大概念的情境教学的评价指标及内涵

维度	指标	具体内涵
情境素材	真实性	情境素材来源于科学研究、科学史、生活生产等真实材料
	相关性	情境素材与概念内涵相关，为构建大概念提供事实支撑
	连贯性	情境素材之间具有连贯性，逐渐构建大概念内涵
	兴趣性	情境素材贴近学生的前概念，能引起学生探究情境的兴趣
	多元性	情境素材以图像、视频等多元形式呈现，突出本质信息
情境问题	适宜性	情境问题水平符合学生的最近发展区
	层次性	情境问题之间具有一定的逻辑关联，依次递进深入
	激发性	情境问题激发学生前概念与情境之间产生认知冲突
	思维性	情境问题引导学生运用思维方法揭示生命活动规律
	迁移性	情境问题引导学生运用大概念审视或者论证生物学社会议题

---

[1] 杨玉琴，倪娟. 从情境素材到教学情境：如何创设富有价值的问题情境［J］. 化学教学，2020（7）：10-15，22.

（一）情境素材的评价指标内涵

1. 真实性

大概念是对学科知识、原理、技能、活动等的有效整合，反映大量生物学事实背后蕴含的学科本质和学科原理。高中生物学情境教学的情境素材是对应课时重要概念的典型生物学事实，比如生物实验数据、生物科学史、与生物学现象相关的社会热点、与生物学相关的生活生产实践等。情境教学由对情境素材的加工而来，而情境素材必须是真实的。生物学科的研究对象具有独特性，主要是生命现象和生命活动规律，这决定了选择的情境素材要准确、真实地反映相应生物的真实生命现象和生命活动规律。

2. 相关性

情境素材为建构概念提供了学习背景和在生产生活中的实际应用条件。教师为了帮助学生形成概念，应精选丰富、典型的生物学事实。谭永平指出构建概念、提炼观念、训练思维的情境素材应利用生产生活中的事实或者现象作为学习的支撑材料，引起学生的学习兴趣，联结学生已有的知识和经验，让学生从情境素材中发现与生物学相关的问题。学生在真实情境条件下理解学科概念，知道学科概念在实际情境中应用的条件，从而更加深刻地理解和应用概念。情境教学的资料内容要具体，且与新课内容联系紧密，能够吸引学生，激发学生学习新课的欲望[1]。

3. 连贯性

高中生物学课堂教学通常需要创设多个情境环节，这往往会造成情境与情境之间是隔断的，情境与情境之间没有关联。大概念是学科概念的文件夹，能够把相应的概念、原理、生物学事实纳入框架之中[2]。单个情境教学是为了构建概念的某个内涵，而大概念强调概念与概念间产生一定的关联，因此情境与情境之间也应有关联，小情境的创设服从一节课的大情境。通过将情境串联起来，实现情境教学层层递进。前后情境互相支持、呼应。连贯的情境教学能引导学生利用学科概念解决问题，易于学生理解知识的来龙去脉，清晰地理解概念内涵之间的联系，从而理解大概念。

---

[1] 钟能政，吴俊伟，宋银，等. 人教版高中生物学教材必修3中"问题探讨"栏目使用情况的调查研究［J］. 中学生物教学，2016（7）：7-9.

[2] 李刚，吕立杰. 大概念课程设计：指向学科核心素养落实的课程架构［J］. 教育发展研究，2018，38（15）：35-42.

4. 兴趣性

除了被动地接受情境素材中的信息，学生还需要理解、加工情境素材中的信息，从而构建知识。情境素材不仅能提供生动、丰富的学习材料，而且能够激发学生学习生物学的好奇心和求知欲，点燃学生的学习激情，使学生主动探索和发现所学的高中生物学重要概念，体验学习生物学的乐趣。

5. 多元性

利用多元的现代教学媒体能够凸显生物学内在的、重要的、本质的东西，在屏幕上实现微观放大、宏观缩小、动静结合，突破时空限制，促进学生高效学习。对情境素材进行有机组合、巧妙呈现，有利于调动学生的积极性，优化教学情境。

（二）情境问题的评价指标内涵

1. 适宜性

新课标强调课程内容聚集大概念，但是学生理解大概念不是一蹴而就的。学生通过对典型的生物学事实进行抽象归纳，探究出生物学科知识背后的学科本质原理。在一段时间内，学生对生物学概念的学习是一步步发展的（从简单到复杂、从低水平到高水平、从新手到专家），表现为一定知识、技能、能力的潜在发展序列❶。情境问题能够引起学生对情境素材进行持续深度地思考。情境问题是学生思考的台阶。对学生来说，其难度水平应符合学生的最近发展区，是学生"跳一跳"就可以解决的。

2. 层次性

高中生物学是围绕几个大概念展开的。大概念居于学科的中心，体现了学科结构和学科本质。概念层次按照抽象程度可以分为大概念、重要概念和次位概念。大概念是对重要概念的抽象归纳，重要概念是对次位概念的抽象归纳。情境问题启发学生持续进行深度学习，激发学生继续探索的求知欲。通过将核心问题分解成具有逻辑关系的子问题，引导学生理解知识的来龙去脉，在知识与情境之间建立联系，便于知识的存储与记忆、提取与应用。情境教学逐步地扩展、深入，让学生的思维不断走向深入❷。

---

❶ 李高峰，刘恩山. 前科学概念的研究进展［J］. 内蒙古师范大学学报（哲学社会科学版），2007，36（4）：62-67.

❷ 杨玉琴，倪娟. 从情境素材到教学情境：如何创设富有价值的问题情境［J］. 化学教学，2020（7）：10-15，22.

3. 激发性

波斯纳提出概念转变的条件是对已有概念的不满、新概念的可理解性、对新概念的不满以及新概念的合理性。概念转变的内驱力是学生已拥有的前概念与科学概念是冲突的。为了使学生产生改变前概念的内驱力，需激发学生发生认知冲突，动摇学生的前概念，从而转化前概念为科学概念❶。在概念教学之前，学生会依据已有的知识与经验对生物学现象作出解释。在遇到新的生物学现象与原有的认知有冲突的情境时，学生会不断调整自己的认知结构，从而理解生物学重要概念。

4. 思维性

在高中生物学的情境教学中，教师需要引导学生根据事实材料，遵循一定的生物学科逻辑规律和规则形成抽象认识，然后作出判断和推理，获得生物学重要概念、规律和理论等❷。在此基础上，进一步将其提炼和升华为大概念。在面对情境素材中的生物学事实时，学生利用抽象思维深刻地认识事物的本质特征和内在联系，从而形成生物学重要概念。当学生形成生物学重要概念以后，需要运用科学思维将概念系统化，建立概念体系，形成大概念。概念是人类思维形态，是思维的产物，也是思维工具，是进行判断和推理的基础❸。

5. 迁移性

学科教学不仅是让学生掌握知识与技能，更为重要的是让学生关注学科知识的起源、发展、价值和意义以及学科的内在本质和规律，从学科的视角理解和分析世界，形成学科意识和思维习惯❹。学生对生物学事实进行抽象概括后，领悟到生命现象和生命活动的本质规律，形成大概念。学生形成抽象程度更高的概念以后，将以更高维度视角看待事物。大概念有助于学生深刻理解学科本质与规律，引领学生将习得的学科知识和技能应用到新情境中。

---

❶ 李高峰，刘恩山. 前科学概念的研究进展［J］.内蒙古师范大学学报（哲学社会科学版），2007, 36（4）：62-67.

❷ 钟能政，雕玲. 试论生命观念与科学思维的教学融合［J］.课程·教材·教法，2019, 39（8）：118-123.

❸ 赵占良. 概念教学刍议（一）：对概念及其属性的认识［J］.中小学教材教学，2015（1）：40-42.

❹ 吕立杰，韩继伟，张晓娟. 学科核心素养培养：课程实施的价值诉求［J］.课程·教材·教法，2017, 37（9）：18-23.

第七节　教学方法简朴灵活

教学方法是教师与学生为实现教学目的和教学任务要求在教学活动中所采取的行为方式的总称。教学方法包括教师教的方法（教法）和学生学的方法（学法）两大方面，是教法与学法的统一。教法必须依据学法，否则便会因缺乏针对性和可行性而不能有效达到预期目的。但由于教师在教学过程中处于主导地位，所以在教法与学法中，教法处于主导地位。

教学方法有不同的分类。例如，巴班斯基依据对人的活动的认识把教学方法划分为三大类：组织和自我组织学习认识活动的方法、激发学习和形成学习动机的方法、检查和自我检查教学效果的方法。拉斯卡根据新行为主义的学习理论（刺激–反应联结理论）及其在实现预期学习结果中的作用，相应地归类为四种基本的或普通的教学方法：呈现方法、实践方法、发现方法和强化方法。威斯顿和格兰顿依据教师与学生交流的媒介和手段，把教学方法分为四大类：以教师为中心的方法，主要包括讲授、提问、论证等方法；相互作用的方法，包括全班讨论、小组讨论、同伴教学、小组设计等方法；个体化的方法，如程序教学、单元教学、独立设计、计算机教学等；实践的方法，包括现场和临床教学、实验室学习、角色扮演、模拟和游戏、练习等方法。我国李秉德教授按照教学方法的外部形态以及相对应形态下学生认识活动的特点，把中国的中小学教学活动中常用的教学方法分为五类：以语言传递信息为主的方法，包括讲授法、谈话法、讨论法、读书指导法等；以直接感知为主的方法，包括演示法、参观法；以实际训练为主的方法，包括练习法、实验法、实习作业法；以欣赏活动为主的方法，例如陶冶法等；以引导探究为主的方法，如发现法、探究法等。黄甫全教授从具体到抽象，把教学方法分为三个层次：第一层次是原理性教学方法，解决教学规律、教学思想、新教学理论观念与学校教学实践直接联系的问题，是教学意识在教学实践中方法化的结果，如启发式方法、发现式方法、设计教学法、注入式方法等；第二层次是技术性教学方法，向上可以接受原理性教学方法的指导，向下可以与不同学科的教学内容相结合构成操作性教学方法，在教学方法体系中发挥着中介作用，例如讲授法、谈话法、演示法、参观法、实验法、练习法、讨论法、读书指导法、实习作业法等；第三层次是操作性教学方法，指不同学科教学中具有特殊性的具体的方法，如语文课的分散识字法、外语课的听说法、美术课的写生法、音乐课的视唱法、劳动技术课的工序法等。

教无定法，贵在得法。不提倡一线高中生物学教师花费大量时间去研究教学方法的分类，花费大量精力追求标新立异的教学方法。主张一线高中生物学教师知道常用的教学方法，理解其原理，并能根据教学内容、学生情况和教学条件选择、组合、运用合适的教学方法。什么是最好的教学方法？合适的才是最好的。简约教学理念下的教学方法倡导朴实简明，根据教学目标达成的需要灵活选择、组合改装，不拘泥于僵化的模式和流程环节，一切以学生参与、内容掌握、学法指导为前提。教学方法是达成教学目标的工具，简约教学理念主张最好的教学方法是不留痕迹的，不会让学生注意方法本身。如同吃饭用的工具——筷子一样，吃饭的人不会把主要精力集中在筷子身上。如果教学中，出现花时间去掰扯教学方法或学习方法的现象，说明教学偏离了学科教学目标需达成的方向。

根据笔者近三十年一线教学经验，高中生物学要达到简约教学的理想境界，下面的一些教学方法是经常会用到的。

一、直观教学法

直观的事物和现象总是更能冲击人的视觉，并能起到快速记忆的功效。高中生物学教学中直观教学法往往是采用实验现象、实物、生物标本、图像、视频、图表、模型等，将微观、抽象的生物学事实和现象进行宏观、具象化表达，让学生易于理解，快速掌握。在教学中采用直观教学法，将生物变化直观地展现在学生面前，让学生从例证中观察生物现象的变化，这样的教学方法有助于学生的理解，并增强他们的记忆力。在运用直观教学法时，教师所采用的例证和图片等资料，必须是能反映事物本质特征而且具有一定规律的，以便学生在观察时能从表面深入内部、从感性上升到理性，实现对知识的升华和深化。

图表法是一种高度概括、形象直观的教学方法，它具有归纳、展示、比较等多种功能。所谓图表法，就是根据知识的内在联系，把某一内容或相关内容归纳成一个图或表的方法。常用的类型有箭头式、括号式、表格式、坐标式、流程式等。高中生物学内容广泛繁杂，知识点多且零碎，要学好确实不容易。运用图表法教学，教师省时省力，学生听得清楚，学起来轻松而有效。图表能让学生看清相关知识的内在联系，也能让学生把容易混淆的概念或生理过程明显地区别开来；图表可以化"零"为"整"，有利于学生集中注意力。概念图直观、形象、生动，可以将知识系统化，便于有序学习。但是，在运用图表教学时，教师不能牵强附会，避免误导学生。设计的图表类型应根据教学内容及特点而定，不能千篇一律；应力求简洁，杜绝拖泥带水。

　　模型法在高中生物学课程中具有重要的作用，许多生物学概念和实验过程都需要运用建构模型的方法去解决。教师在教学过程中若能很好地运用模型法，对提高学生生物学素养会有很大帮助。模型就是通过分析现象，利用研究得来的机理，吸收主要因素，略去次要因素所创造出来的图画，是形象化了的自然现象。生物学是研究生物体的生命现象、活动规律的科学，其研究对象复杂，涉及因素较多。为便于探究问题的本质，从复杂的现象中抽象出研究对象的简化描述称为生物模型。它具有抽象性、代表性、直观性等特点，可以帮助学生理解和掌握生物科学知识，同时为学生认识事物提供一种思路和方法。高中生物学课程中涉及的模型主要包括以下几类：天然模型——生物课堂上选择动物或植物体来对照说明研究对象的结构或特征；人工模型——由专业人士制成的以实物为参照的仿制品；概念模型——通过分析大量的具体形象，用文字和符号表达对象的主要特征和联系；数学模型——对研究对象的生命本质和活动规律进行具体的分析、综合，用数学方程式、关系式、曲线图等来表达，并作出判断和预测。计算机技术使生物数学模型直观化、形象化、高效化，具有解释、判断、预测等重要功能。多媒体的介入可以使学生对相应的知识产生深刻的认识，大大提高教学的效率。模型是学生学习科学知识的重要手段，掌握模型法不仅能更透彻地理解科学知识，而且可以培养发散思维，大有裨益。生物模型可以将生物理论知识的学习和实践置于游戏之中，既体现生物学知识的科学性，又具有直观、易于理解的特征，能够激发学生的学习兴趣。

二、比较教学法

　　比较教学法，是指按照事物对立统一规律和人的认识规律将复杂多样的生命现象和本质进行分析鉴别和综合比较的教学方法。比较法是研究生物学的重要方法，也是生物教学的重要方法，是生物教学中培养学生能力、开发学生智力的重要手段。任何事物的特点必须在相互比较中才能充分地显示出来。因此，采用比较教学法，可使学生在已知概念的基础上，迅速而准确地由此及彼去认识未知概念获得新的知识，并扩大原有知识的范围，加深对原有知识的理解。比较教学法的基本含义是，教学过程中教师在同一教学时间内向学生呈现两种材料或引导学生观察两种事物，要求学生求同寻异或求异寻同，促进和加深学生对知识的理解。通过对不同事物进行外部及内部的比较，最终在厘清二者关系的同时，也认识到它们之间相互转换的过程。这是对学生观察能力和分析总结能力的训练，对学生的思维成长作用重大，高中生物学教师应该注意在教学中适时采用比较教学法。心理学研究表明，意义记忆比机械记忆效果更好，能识记得更快，保持时间更长久。用比较教学法可以把复杂的知识简单化，把难懂的材料容易化，使学生懂得知识间的区别和联系，了解知识的本质特征，从而实现意义记忆，有助于学生对知识的巩固。如学生对染色体、DNA、基因这三个概念的认识比较模糊，通过比较可以发现三者在成分上是相互联系的：染色体主要是由 DNA 和蛋白质组成的，每个染色体含有 DNA 分子，每个 DNA 分子上会有很多基因。染色体、DNA 和基因都是遗传的物质基础，其中染色体是遗传物质——DNA（包括基因）的主要载体，DNA 是主要遗传物质，而基因又是染色体上具有遗传效应的 DNA 片段。三者在功能上也有联系，基因是控制性状的遗传物质的结构和功能单位，它要通过 DNA 和染色体的自我复制以及 DNA 控制蛋白质的合成才能实现对性状的控制，学生在比较中能较准确地理解染色体、DNA、基因三者之间的联系以及各自概念的含义。比较教学法有助于学生突破难点，明确事物的本质特征，弄清混淆不清的概念。通过比较不仅可以使学生对所学的知识理解透彻，掌握牢固，而且能使学生逐渐总结出比较的一般方法。例如依据被比较对象可把比较法划分为纵向比较法、横向比较法、同类比较法和相异比较法等；依据比较的途径可把比较法划分为列表法、图示法、实物对照法和实地观察法等。一旦掌握这样的方法，将有助于促进学生智力的发展。

三、类比关联法

类比关联法，简而言之，就是将某一事物所呈现的原理与另一事物相比较，从中找出一些相似点和不同点。这种类比可以是相同事物的比较，也可以是两种有差异的事物的对比。类比关联法教学是近年来逐渐兴起的一种教学方式，它能通过将学生周围最直接的例子与生物课程中的难点进行比较，从而列出两种事物的共同点和差异性。这种方法能够帮助学生形成自己的学习方法，将生物难题化解成较为简单、便于理解的问题，从而激发创造力和想象力，提高学习能力。教师要及时准确地找到和所讲解生物知识最契合的实例，通过类比关联法将抽象的生物学知识生动化、具体化、形象化，从而最大限度地向所要达成的教学目标靠拢。例如，在建立氨基酸的结构模型时，可以形象地把自己看作一个氨基酸模型，人立正站立，双手左右平伸，此时可以作如下类比：人的躯干是中心碳原子，一只手为氨基，另一只手为羧基，立正并拢的双腿为氢原子，而人的头部为R基。人的两只手可以分开与其他人的手牵在一起，这就相当于氨基酸之间形成肽键；人与人之间的不同，可以通过头部的脸型来快速识别判断，同样类比得出氨基酸之间的不同主要是R基的不同。R基有简单和复杂之分，一般情况下具有简单R基的氨基酸为非必需氨基酸，具有复杂R基的氨基酸为必需氨基酸❶。上述例子将一个看不见的微观结构（氨基酸的结构）与一个学生熟知的看得见的模型（站立的人）进行类比，可以形象地描述氨基酸的结构模型，帮助学生理解氨基酸的结构特点，如图3-22所示。这样的类比在教学中应用得非常普遍，虽然所类比的结构内容不一定严谨，但能形象地反映所要解释的客观事物，帮助学生理解所要学习的概念。

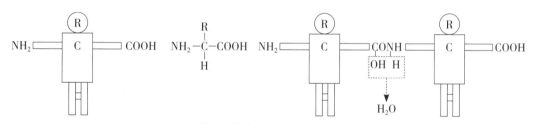

图3-22 利用人体类比氨基酸结构及肽键的形成

四、思维导图法

思维导图是大脑理论运用效果最佳的方法，思维导图充分发挥左右半脑的功能，左半脑负责逻辑、语言和符号，右半脑负责形式、颜色和形状。左右半脑相结合，需要学习的东西就会有效地以形象化的方式组织起来，便于形成长期记忆。思维导图往往基于某个概念展开，能够促使学生更易于接受新事物、更有创造力和想象力。思维导图是由学习者个人完成的，因此具有独一无二的属性。思维导图的建立主体是学生自己，但必须在教师的引导下有目的地、有针对性地开展。思维导图能够节省时间，重新组织学习

❶ 吴成军. 生物学学科核心素养的教学与评价［M］.上海：华东师范大学出版社，2020：108.

的内容、提高回忆的程度和调动创造力，从而加快学习的速度。在平时的课堂教学中，可以试着把思维导图的思想和方法与实际教学情况结合起来灵活运用，做到不盲目、不教条，运用自然合理。

五、实验探究法

生物学本身是一门实验学科，需要通过实验不断地证明理论的真实性，需要在实验中不断搜集科学事实，从而获得证明科学真理的证据。实验课是生物课程的重要组成部分，它是人类认识和研究生物科学的重要方法，也是生物学教学的一种重要手段。生物学实验是教师指导学生通过一定的仪器、设备或药品的处理，对生物体的形态结构和生理功能进行有目的、有重点地观察和研究的生物实践活动。生物学实验可以使学生获得对生物界的感性认识，培养学习科学的基本技能和综合运用生物学知识的能力，还可以激发学生学习生物学的兴趣，培养实事求是的科学态度。

通过生物学实验，学生在真切地掌握生物知识的同时也能学会生物学实验的方法，包括使用显微镜、制作临时装片等。这些方法不仅能帮助学生学会高中生物学知识，也为未来选择生物学相关专业的学生的发展奠定了基础。通过生物学实验的方式培养学生的探究能力也是非常有效的途径之一，生物学实验的主体是学生，在进行生物学实验前一切都是假设与未知，需要通过实验去验证，在此过程中学生处于一种探究的状态，其探究能力自然能够得到提升。实验教学方式可以让学生对生物教学内容产生兴趣，让学生对生物知识产生好奇，进而能够促使学生更加积极主动地探究生物知识。例如，在进行"细胞的多样性和统一性"的教学时，让学生了解不同细胞的形态的实验是其中的教学重点，教师可以围绕这一实验去培养学生的探究能力。首先，让学生将初中学习过的显微镜的使用方法与教材中提到的高倍显微镜的使用方法相结合，探究得出正确使用高倍显微镜的方法。然后，组织学生利用高倍显微镜进行细胞观察实验，并且在学生实验的过程中提出一系列探究任务，以此提升学生的探究能力。又如在"植物细胞质壁分离与复原"的实验中，教师在使用紫色洋葱鳞片叶完成实验后，可以让学生使用不同的材料进行实验探究。最终学生会发现采用绿色叶片的叶肉细胞也能够观察到实验现象。此外，用 KNO_3 溶液代替蔗糖溶液作质壁分离剂，也可以观察到明显的效果。有了这些探究经历，教师还可以让学生用不同的材料进行实验，看是否能得出一样的观察效果，即使学生的实验失败，这个过程也是一个学习探究的过程，能很好地锻炼学生的探究意识和探究能力。

六、逻辑推理法

生物学知识繁多且复杂、内容抽象，学生在学习中会遇到难以理解和区分的知识内容，这一问题不仅导致学生无法对生物学知识进行更深层次的学习和探究，而且会导致学生的生物学知识水平无法大幅度提升。逻辑推理法是指依据已有材料，按照逻辑思维的规律形成与研究材料相关的概念，作出判断和推理的方法。逻辑推理法在生物教学中是一种非常实用的方法，它能够引导学生自主探究所学生物知识，也能够让学生在学习生物理论知识的同时提高自身的思考能力、推理能力以及探究学习能力。

教师可以利用逻辑推理法中的归纳推理引导学生对所学生物知识进行比较、分类、分析和概括，进而优化其生物学知识结构。归纳推理是指从个别知识开始分析，由此得出一般性结论的思维推理过程。教师在教学时可以引导学生主动根据所获得的材料对某一知识点进行分析、概括和整理，以此得出与其相关的知识结论。学生在这一推理学习过程中既能对所学知识的框架有更清晰的理解，又能加强对知识的运用能力。教师利用逻辑推理法中的归纳推理帮助学生进行知识结构的优化，可以让学生夯实生物学基础知识，有助于他们以后更好地进行生物课程的学习。教师要想让学生更好地利用生物学知识思考并解决生活中的实际问题，就要培养学生的生物学思维。

教师还可以在生物课程的日常教学中将逻辑推理法中的演绎推理与教学内容结合，引导学生从生物现象出发进行推理，进而得出相关的知识概念或结论。演绎推理是指从一般的现象或前提出发进行推导，由此得出具体的概念或结论的推理过程。这一推理过程十分严谨，教师可以将其用于生物计算问题的教学中。学生通过演绎推理了解所学生物知识结论的由来，从而对所推理的知识有更深入的理解和记忆。教师利用逻辑推理法中的演绎推理进行生物教学，能够帮助学生培养较强的逻辑思维能力，同时也能使他们逐渐形成生物学思维，学会从生物学角度分析、解决问题，进而提升综合学习能力。

教师在进行生物课程教学时，要根据不同的教学内容选择合适的逻辑推理方法，这样才能让学生更高效地完成生物学科的学习任务，有效培养学生的逻辑推理能力，提高他们的综合学习能力。

七、任务驱动法

任务驱动教学法起源于20世纪70年代盛行的"做中学"的教学方法。印度语言学家勃雷泊首次将任务型教学体现在教学大纲和教学实践中，他将任务型教学细分为多种任务类型进而设计了多种任务，并将学生要学习的知识内容融入其中，让学生在完成任务的过程中进行学习。20世纪90年代，对建构主义学习理论的研究及应用大量展开，任务驱动教学法也随之被应用到各学科的教学中。将任务驱动教学法合理应用于生物学教学中，可以增加课堂教学的吸引力，提高学生的学习兴趣。任务驱动教学法以任务为核心组织教学，让学生基于已有知识和生活实践经验，通过参与、体验、互动、交流、合作等学习方式来完成任务，从而建构知识体系。任务驱动教学法能充分落实"自主、合作、探究"的学习方式，其特点是"任务主线、教师主导、学生主体"。在整个教学过程中，任务是联系教师和学生的重要纽带。如何设置任务，处理学生与教师之间"学和教"的关系十分重要。教师要利用一切教学资源，深入钻研教材，最大限度地利用教材，同时还要合理分析学生的特点，与学生形成"学习共同体"互动学习❶。合理地实施任务驱动教学法有利于调动学生学习的积极性。学生在教师的引导下进行探索式学习，通过完成任务获得精神上的喜悦。小组交流合作使不同的观点和想法相互碰撞，这样不仅可以培养学生的团队意识，也能培养学生用更全面的眼光看待问题的意识。

八、谐音口诀法

谐音记忆法，即通过相近或相同的读音把所记内容与已掌握内容联系起来进行记忆。如把需要记忆的知识通过谐音字组合到一起，再加上某种外部联系进行储存、记忆。特别是对难记忆的知识来说，通过谐音记忆法创设情境，可以使枯燥无味的内容变得生动有趣，达到"记中乐、乐于记"的效果。对大多数学生而言，高中生物学需要记忆的内容较多，专业术语太多，知识混淆不清。运用谐音记忆法和口诀记忆法等言简意赅、轻松诙谐的方法，既能调动学生的学习积极性，又能加强学生对教材基础知识的理解和记忆，让学生把学习当成一种乐趣，从而提高课堂教学效率。例如微量元素 Fe、Mn、B、Zn、Cu、Mo、Cl、Ni，谐音成"铁门碰醒铜母驴呢"；大量元素 O、P、C、

---

❶ 宋丽丽. 任务驱动教学法在中学生物学教学中的应用［J］. 中学生物教学，2019（6）：22-25.

H、N、S、Ca、Mg、K，谐音成"洋人探亲，丹留盖美家"；人体内8种必需氨基酸甲硫氨酸、赖氨酸、缬氨酸、异亮氨酸、苯丙氨酸、亮氨酸、色氨酸、苏氨酸，谐音成"甲来写一本亮色书"。

　　使用口诀记忆法记忆时生动有趣、朗朗上口，使人印象深刻。生物知识零碎，易混淆，需要教师做好归纳，找出知识间的共性与个性，抓住知识间的内在联系，妙用口诀记忆法，将知识化为小的记忆组块，用富于韵律的口诀来激发学生的学习热情，加深学生对知识的理解和记忆。通过加工整理，将教材中的重点和难点知识编成押韵的口诀，可以取得良好的教学效果。现列举部分口诀如下：显微镜操作——一取二放三安装，四转低倍五对光，六上玻片七下降，八升镜筒细观赏，看完低倍转高倍，九退整理十归箱；原核生物种类——一藻（蓝藻）二菌（细菌、放线菌）三体（支原体、衣原体、立克次氏体）；植物有丝分裂过程特点——染色体复制加合成（间期），两体（染色体、纺锤体）出现两核（核膜、核仁）消失（前期），形定清晰赤道齐（中期），点裂数增均两极（后期），两核（核膜、核仁）出现两体（染色体、纺锤体）消失（末期）；叶绿体中四种光合色素含量及层析的顺序——胡黄ab朝前走（意为从上到下为胡萝卜素、叶黄素、叶绿素a、叶绿素b），橙黄黄蓝黄绿色（色素颜色分别为橙黄色、黄色、蓝绿色、黄绿色），胡萝卜素最纤细，叶绿素a最宽壮（这两句是指胡萝卜素含量最少，叶绿素a含量最多）；根据系谱图判断遗传病类型——父子代传为伴Y，子女同母为母系，无中生有为隐性，女病父正为常隐，有中生无为显性，男病母正为常显；常见遗传病类型——常显多并软（多指、并指、先天性软骨发育不全），常隐白聋苯（白化病、先天性耳聋、苯丙酮尿症），抗D伴性显（抗维生素D，佝偻病），色友肌性隐（色盲、血友病、肌进行性营养不良），唇脑高压尿（裂唇、无脑儿、原发性高血压、青少年型糖尿病），特纳愚猫叫（特纳综合征、先天性愚型、猫叫综合征）。

　　美国学者杰罗姆说过："人类记忆的首要问题不是记忆，而是检索。"意思是说，我们要将零散的、杂乱无章的材料进行系统整理分析并归纳编排，真正纳入大脑已有的知识网络中去，只有这样才能使知识铭记于心，便于知识的迁移，有利于能力的提高。在高中生物学教学中，教师事先对知识进行梳理、联想，将关键词编成合仄押韵、朗朗上口的记忆口诀，实现知识点化繁为简、化难为易、化零为整，这样既可以营造良好的课堂氛围，激发学生学习生物的热情，又能让学生加深理解记忆，不易遗忘，还能引导学生充分发挥自己的主观能动性和创造力，尝试用谐音记忆法和口诀记忆法来巩固知识，增加记忆的准确性和灵活性，以达到高效学习的目的。

上面所列基于简约教学主张常用的教学方法，每一种都有其特定使用的教学环节和情境，不可一种教学方法用到底，甚至不顾实情照搬套用，否则课堂教学将僵化、失去活力。教师要根据教学目标、教学内容、课型特征、学生情况和教学资源及自身所长，灵活选择、组合使用教学方法。甚至，可以总结凝练创新出更好的教学方法。一堂好课，教学方法可以多样化，但须适合，如同举行一场丰盛的晚宴，餐具除了筷子还可以有勺子、叉子等，关键是适用、好用。

第八节　教学语言简练深刻

教学语言是教学时使用的语言，是教师完成教学任务的主要手段。教师以"舌耕为业"，教学语言是教师进行课堂教学最主要的工具，是连接教与学的主要媒介。无论时代怎样向前发展，科学技术怎样先进，教学手段怎样现代化，只要是教学就离不开教学语言。课堂教学中，只要有教师出现，就有教学语言存在。苏霍姆林斯基说："教师的语言修养在很大程度上决定着学生在课堂上的脑力劳动的效率。"所以，教师的良好语言修养是合理利用课堂教学时间的重要条件，要提高教学质量，就必须研究教学语言。一般而言，教学语言的清晰度和严密度对教学效果影响较大，学生的学习成绩与教师的讲解水平成正相关。教师良好的教学语言修养与表达技巧，常常使教学效果锦上添花。相反，如果教师教学语言表达不清，往往会导致教学的失败，直接影响教学的效果。教学语言艺术水平的高低，不仅影响教学效果，而且影响学生思维能力、语言能力和审美能力的发展。语言与思维发展有密切关系，教师的语言艺术水平反映其思维能力的强弱。语言信息是思维的原料，思维过程本身又是信息加工过程。语言信息越丰富，思维加工越有效。在教学中，教师对教学语言艺术的追求，促使其不断增加自身信息的储备，自觉训练语言组织能力，增强思维的敏捷性和准确性。久而久之，教师在提高语言能力的同时，自身的思维品质也会提高。

一、教学语言概要

（一）含义

所谓教学语言，是指教师在课堂上用来阐明教材、传授知识、组织练习、不断激发学生学习热情以完成教学任务所运用的语言。

（二）形式

教师的语言表达形式是多种多样的，包括课堂口语、书面语言、体态语言。课堂口语是课堂教学中语言表达的主要形式。

（三）课堂口语技能的构成

课堂口语技能由基本语言技能和特殊语言技能两方面因素构成。

1. 基本语言技能

这是在社会交际中，人人都必须具备的语言技能，是课堂口语的基础。它包括以下要素。

（1）语音和吐字。

语音是语言的载体。在教学中，对语音的基本要求是要使用规范的普通话语音。方言是交流的一大障碍，如"线粒体"→"细粒体"，"叶绿体"→"叶粒体"，"减数分裂"→"减速分裂"。这种时候最好借助板书来纠正。

与语音相关的还有吐字问题。吐字不清的主要原因是发音器官（唇、齿、舌）在发相应的字音时不到位。这种问题，只要有意识地矫正，并且经常练习，养成习惯，是完全可以解决的。

（2）音量和语速。

音量指声音的大小，声音过小听不清楚，声音过大没必要。音量应以在教室安静的情况下最后一排的学生也能听清楚为参考。音量大小和气息控制有关。要达到一定的音量，就要注意深呼吸，要注意有控制地用气。教学中，还要注意音量的保持，避免能听清前半句，听不清后半句，要把每一句的最后一个字都清清楚楚地送进学生的耳朵。

语速是指讲话的速度，耳朵有一定的承受力，超载就听不清。语速以每分钟讲200～250字为宜（播音员为350字/分钟）。

（3）语调和节奏。

语调是指讲话时声音高低升降、抑扬顿挫的变化。合适的语调可以加强口语表达的生动性。节奏是指讲话时的快慢变化。它和语速有联系，但不是一回事，每个字音长音短时间并不一样，句中句间长短不一的停顿就是节奏。教师应善于调节音程徐疾变化，形成和谐的节奏，以加强口语表达的生动性。

（4）词汇。

没有词汇就没有语言。一个人只有具备一定的词汇量并能正确、熟练地运用于口头表达中，才能具有一定的口语技能。在课堂口语中，对词汇的要求是规范、准确、生动。

（5）语法。

课堂口语要符合语法，否则学生会听不懂。此外，还要注意合乎逻辑规律。

2. 特殊语言技能

这是在特定的交流中形成的语言技能。教师的课堂口语技能是在课堂教学的特殊环境中形成的。在课堂上，教师要从特定的教学目标、教学内容、教学对象出发来组织自己的语言，这就形成了课堂口语的特殊结构。不同学科的特殊语言技能是不同的。特殊语言技能的发展，要求教师在不断加深专业知识和拓展非专业知识的基础上，经过长时间的训练，逐渐形成自己的风格。

（四）基本要求

1. 教育性

教学是有目的、有计划地增进人的知识技能、影响人的思想品质的活动，因此，教学语言当然要具有教育性。在运用语言开展教学时，要同时开展思想教育，把思想教育渗透在学问教育之中，培育学生积极的思想情感和爱祖国、爱人民、爱科学的品质。教学语言应该经过深思熟虑。能够给学生的心灵以震撼和启迪的教育性语言具有教书育人的双重作用。教师要避免讲粗话、脏话和假话，更不能恶语伤人，不能以讽刺和挖苦性的语言批评学生，这样会伤害学生的自尊心，影响学生的学习积极性，甚至会影响学生一生的发展。教师应该提高语言修养，重视教学语言的教育性，创设和谐的教学气氛，在民主、平等的师生关系的基础上教育学生，发挥教学语言的教育性作用。教学语言的教育性主要体现在以下几个方面：第一，教师所传授的学科知识有利于培养学生的科学素养和人文素养，健全人格，陶冶情操；第二，教师的启发性语言有利于培养学生的思维能力，优化学生的思维品质，促使学生主动进取、努力拼搏；第三，教师的指导性语言有利于引导学生认识规律、探索规律、掌握规律、举一反三，做学习的主人。

2. 准确性

教学语言的准确性指的是教学语言要准确、规范、精练，具有逻辑性和系统性。语言表达的准确性主要体现在以下几个方面：第一，教学语言要符合语法逻辑及修辞的规范，不带语病，不引起歧义；第二，教学语言要干净利落，不说废话，杜绝套话、半截子话和空话；第三，教学语言的准确性要求用学科的专业术语进行讲授；第四，教学语言的准确性还要求推理要富于逻辑性、论述问题要有系统性。

3. 条理性

教学语言应条理清晰、层次分明、论而有据、逻辑严密、分清因果关系，具有条理性，而不是东拉西扯、语无伦次、令人生厌。如果教师的语序颠倒、逻辑混乱，学生听后就会一头雾水、不知所云。教师在平常的教学中很好地注意语言的逻辑性，对学生思维能力的培养十分有益。教师设计的问题要有条理性，要能够让学生摸清思路，能够让学生沿着几个具有连续性的问题把思维引向深处。教师的教学语言既要符合教材的逻辑关系，又要遵循学生的认知规律，引导学生运用已知求得未知，由浅入深、由表及里。在教学中，教师应深入钻研、细致分析教材，使思路井然有序，课堂上先说什么后说什么、该说什么不该说什么都要事先加以考虑，做到心中有数，不能想到哪儿说到哪儿，这样才易于在学生头脑中形成系统的知识结构，进而使他们理解和把握所学知识。

4. 启发性

教师用语言教学，不只是简单地向学生灌输知识，还要引起学生的思考，使学生跟随教师语言叙述的思路思考问题、分析问题和解决问题，发展思维能力。这就要求教师的教学语言应具有启发性，教师一边提出有意义的问题，一边激发学生去思考探索。学生在教师的引导下，一步一步地寻求答案，获得真知。教学语言启发性不仅仅在于课堂中多提问，它更注重教师语言内在的启发因素，注重调动学生的积极性。教学语言启发性的关键在于把握"引而教"和"求而学"的原则和要求。"引而教"是指教师不把知识全部正面地从头到尾塞给学生，而是在教学中引导学生在已有知识的基础上思考得出结论，掌握要领。"求而学"是指学生在教学语言的激发下产生求知欲和主动性，目的明确地进行思考和学习。教学语言的启发性得以实现的途径有"五巧"：巧问，就教学内容的展开提出各种问题；巧点，恰当的点拨；巧停，在关键的地方故意停顿；巧示，巧妙的暗示；巧例，恰当的举例。

5. 口语化

教师要善于将备课讲稿转化为口头教学语言，做到通俗易懂、亲切感人。与书面语言相比，口语借助于语言的细微差别、语调停顿等一系列手段，产生语言的特殊表现。口语化的教学，可以把一些晦涩难懂的概念术语表述出来，便于学生理解和接受，增强教学效果。口语化的教学要求使用规范的普通话，避免使用方言。口语化的教学还要注意语气和声调的运用，恰当的语气和声调有利于提高教学语言的表现力。虽然我们提倡教学语言的口语化，但这不等于要用生活中的口语进行教学，这种口语化是以口语形式表现出来的口头语言与书面语言的综合，这样的教学语言才是最有活力和表现力的。口语不同于书面语，也不同于朗诵或舞台上的道白，它有自身的韵味，这是由其自身特点决定的。

讲课时，口语是主要的表达方式，由于讲课的特点，语言稍纵即逝，所以教学语言必须通俗易懂。要做到通俗化，适当地运用比喻与实例是必要的。比喻与实例是讲课中的一种重要手段，特别是讲解难点时，恰当的比喻既可使学生茅塞顿开，又能增加情趣、调节课堂气氛。但比喻一要恰当、贴切，否则会违背内容的科学性，令学生产生错误概念；二要避免庸俗，否则会造成意识形态上的不良影响。

讲课与日常谈话、播音、朗诵是有区别的。讲课与日常谈话的区别在于日常谈话随意性大，不可能每一句话都经过仔细推敲，甚至还有许多依赖语言环境才能理解的省略；讲课则具有科学性、准确性、条理性、逻辑性强的特点，语言比较完整，规范化程度高。讲课与播音、朗诵的区别在于播音、朗诵是"照本宣读"，忠实于原稿；讲课阐述的是课程内容，教师通过自己的消化与领会，用自己的语言将课程内容表达出来，可以根据需要随机应变，而不是对着讲稿或教材逐字逐句宣读。

教师在课堂上讲课要特别注意避免口头禅。有些老师讲课，夹杂着"这个这个""那个那个"之类的习惯性口语；有些老师习惯说"是不是""然后""你知道不""你懂吗""这个的话呢"等口头禅，听来让人生厌。据说，有一位老师习惯说"是不是"，有个学生想知道老师一节课到底说多少次，于是老师每说一次，他就翻一页书。一本书翻完了，还没下课。还有一位老师每说一句话，后面都带个"哈"，于是学生给他起绰号叫"哈老师"。有些口头禅甚至会刺激学生。一位老师习惯说"你懂吗？"一次上课，有学生忍无可忍，突然起立，大喊一声："我懂！"老师一脸惊愕，学生一片哄笑。

6. 情感性

亲切感人的教学语言能使学生保持积极舒畅的学习心境，最能唤起学生的热情，从而产生不可低估的力量。正如古人所说"感人心者，莫先乎情"，教师在教学中不仅要晓之以理、以理服人，更要动之以情、以情感人。特别是对待学习暂时有困难的学生，更应做到这一点，以维护他们的自尊心，激励他们上进。在与学生交流时，要留心寻找他们的闪光点，适时给予表扬和鼓励，使他们感受到自己的进步，激发他们的学习动力。即使学生出错，教师也要用委婉的话语指出其不足，当然，表扬和鼓励都必须有的放矢，不失分寸。相反，教师如果对学生的错误有过多的批评、指责，甚至讽刺、挖苦，那么就会使学生失去学习生物学的信心，甚至由厌恶教师转为厌恶教师所教的学科，这不能不说是教学的失败。

二、生物学教学语言

（一）含义

生物学教学语言由生物学语言和一般性教学语言两部分构成。生物学语言是生物学教学语言的核心部分，是本学科教学内容的主要载体，体现了教学的知识性和科学性；一般性教学语言是不同学科教学中所共有的，主要用以组织教学活动，有提问、指令、强化、心理调节等作用，它服务于生物学语言，体现了教学的教育性和艺术性。

（二）基本要求

生物学教学语言除了具有一般性教学语言基本要求的教育性、准确性、条理性、启发性、口语化和情感性外，根据生物学的学科特性，还特别强调以下几点基本要求。

1. 科学性

生物学是一门自然科学，每个生物学概念、生物学用语都有特定的含义，每个生理过程、规律都有特定的条件，因此，教师要刻苦钻研课程标准和教材，加深对教学内容的理解；课堂语言务必清楚、准确，要字斟句酌。高中生物学教师教学用语不符合科学性的常见现象有：用生活中的习惯用语代替教学用语，如用"盐巴"代替"食盐"；粗心大意，如"有机物氧化分解产生能量""植物细胞中的物质是自己制造的，动物细胞中的物质不是自己制造的"；随意类推或任由学生随意类推，忽视某些现象的特殊性，如菟丝子是一种寄生植物，需要从寄主体内获取水、无机盐和有机物，便由此类推所有的有寄生现象的植物都属于消费者；目的论，如在讨论向光性的意义时，说"植物为了吸收更多的阳光而弯向光源生长""开花是为了传粉，传粉是为了结果""运动引起骨骼肌收缩和舒张""由于环境污染严重，鸟类都不敢飞来了"等，这些说法都是错误的，因为它们是用目的论观点来唯心地解释生命现象。生物学具有自己的专业术语，每一个专业术语都有特定的内涵和外延。因此在教学中，要正确使用生物学术语，不要滥用习惯语、口头禅来替代生物学概念和原理，并且要注意纠正平时习惯性的说法，以防前概念对科学概念的形成产生负迁移效应。如"家鸽除了嘴和脚，全身都是毛"这句话中，"嘴""脚""毛"的使用都是不规范的，应分别用"喙""足""羽毛"来代替。

2. 严谨性

生物学是研究生命现象和生命活动规律的科学，对知识点的描述是严谨的。因此，作为一名生物学教师必须正确引用生物学术语，要用精确的语言来表达知识的内涵，做到准确而不模糊，切不可胡言乱语。如"人进行呼吸作用时吸进氧气并呼出二氧化碳"这句话就不够严谨，因为人吸进的气体是外界空气，而呼出的气体是含二氧化碳较多的气体。再比如"除了高等植物成熟的筛管细胞和哺乳动物成熟的红细胞等极少数细胞，真核细胞都有细胞核"，如果去掉前面的限制语，这句话就是错误的。

生物课堂教学语言是自然语言与生物学术语、专业用语等有机结合而成的，是科学性很强的语言。教师向学生传授知识时，语言必须严密准确，符合逻辑，这样才能使学生获得清晰正确的认知。但模糊性语言在高中生物学教学中也有重要作用，它是关于认识对象类属边界和状态的不确定性描述，是语言表现的一种基本方式，具有不精确性以及相对性等性质。所以教师在教学中要把握好语言的模糊性和知识的准确性之间的关系，恰当地运用模糊性语言。对于教材中的模糊性语言，如"主要""绝大多数""大体上""基本上""几乎"等不能视而不见，要让学生把它们作为关键词打上着重号，并且举出一些典型的反例加以说明。如讲解"线粒体是有氧呼吸的主要场所"时，就要强调"主要"两个字不能省略，因为有氧呼吸的第一阶段在细胞质基质中进行。生物学的实验设计题也要用到一些模糊性语言，如对照实验中的"放在相同且适宜的条件下"培养"一段时间"后观察等。

3. 人文性

人教版高中生物学教材总主编赵占良老师一再提醒我们，在强调生物学的科学性的同时千万不能忽略生物学科的人文性价值。教师在课堂中与学生交流互动最多，教学语言承载着课堂上师生、生生之间传递、交流信息的主要功能，其人文性价值不言而喻。如学习"人的生殖和发育"时，教师是这样讲的："我们生命的起点是受精卵，在我们生命诞生的那段岁月里，起初父亲产生的几亿个精子拼命地向着目标游动，真可谓千军万马过独木桥，突破重重难关，最后只有一个最强壮的精子能进入卵细胞，完成受精作用，形成受精卵。可见受精过程本身就是一个自然选择的过程，是一场优胜劣汰的竞赛。我们每一个人都是竞赛中最后的胜利者，我们一定要充满自信，因为生命的起点就决定了你是最棒的。一个直径大约0.2毫米的受精卵，在母亲的子宫内分裂生长的约280个日日夜夜，母亲时刻担负着两个人的呼吸、营养和排泄。伴随着我们的成长，母亲也越来越疲劳，但一想到孩子的诞生，就有了等待的力量，爱也在等待中与日俱增。"这样的教学语言，既增强了学生的自信心，又使学生感受到生命的可贵和母亲的伟大，实现了生物学的情感教育功能。

三、简约教学的语言艺术

高中生物学简约教学对教学语言的要求更高，除了具有一般性教学语言基本要求的教育性、准确性、条理性、启发性、口语化、情感性和生物学科要求的科学性、严谨性、人文性之外，还要求教学语言有如下艺术性要求。

（一）简洁精炼

《礼记·学记》中说："其言也，约而达，微而臧，罕譬而喻"。其意思就是教师的教学语言要简约而明达，以细微浅近之语阐明至善至美之理，少用譬喻能使人透彻理解。所谓语言简洁精炼，就是要求教师在课堂教学中少说废话，用更少的语句表达更丰富的内容。有的教师课堂语言机械重复，降低了学生大脑皮层的兴奋程度，不利于学生掌握知识的重点和理解知识间的联系，更不利于发展学生智力、培养学生能力（适度的重复是必要的，但要注意重复的呈现方式，如诵读、解析、提问、小组交流、具体事例分析等）。语言简洁精炼并不是单纯地削减语言的数量，而是要提高语言的质量，这就要求教师必须有洞察关键的能力。生物学教学的重中之重是概念讲解、概念新授、概念的建立和剖析，进行概念复习时，厘清概念间的关系是关键。对于核心概念，要把握好其要素构成，防止学生产生理解上的漏洞与偏差。教材中关于概念的描述通常是一种最简短的描述，需要教师将之变成多个简单的短句加以解释，同时还需教师通过复述时的重音来凸显概念的关键。对于生理过程，要重视过程的整体性和连续性，尽管也需要将过程进行分解解析，但要防止学生将一个完整的生理过程肢解讨论。此时，板画图是一种比较有效的呈现方式。

（二）确切深刻

所谓确切，就是教师的教学语言要符合科学性。知识的问题是科学问题，模棱两可、含糊其词的语言会直接影响高中生物学知识内在的科学性和学生学习的效果。人的思维活动往往是从疑问开始的。有疑才有问，有问才有究，有究才能明其理。就如教育家朱熹所说："读书无疑者，须教有疑，有疑者却要无疑，到这里方是长进"。教师在教学过程中，要善于创设问题情境，巧妙地设疑、置疑，适时启发、引导，点燃学生思维的火花，培养学生学习生物学的兴趣，提高学生学习生物学的积极性、主动性。兴趣是学习的先导，学习的兴趣是影响学生学习自觉性和积极性的一个直接因素。教师在课堂上，巧妙地设疑、置疑，能够引起学生的好奇心，激起学生学习生物学的兴趣，进而提高学生分析问题、解决问题的能力。教师设置问题时要指向教学目标，注意问题间的逻辑性，问题难度要略高于学生的已知，避免设置诸如"是不是、对不对、能不能"的简单问题，例如"细胞生活需要物质和能量吗？"同时也不要设置太深奥的问题，如一上课就问学生蛋白质为什么是生命活动的承担者。下面几种提问方式，无疑会提高学生思维水平的深刻性：是什么？怎么样？你的看法？依据？原因？还有哪些？如何评价？怎么改进？

（三）直观通俗

教师要善于用语言把抽象的概念具体化，使枯燥的知识趣味化，以加深学生对理论知识的理解和记忆。一些教学经验丰富的教师之所以受到学生欢迎，就在于他们不仅以学识服人，还能以生动的语言把抽象的理论形象化。语言必须通过联想和想象，才能在人的大脑中形成形象。教学中，教师应把表述对象直观化、形象化，使学生感受到课堂新奇有趣，知识易于理解，并乐于接受知识。教师在课堂上运用形象活泼的语言进行讲解，能够使学生获得感性认知，起到直观的作用。教学语言的形象感在课堂上有很重要的作用。教学语言的形象感越强，学生越容易理解所学内容。同时，学生通过对所学知识重新组织、加工，还能在大脑里创造出新的形象来。通俗性就是以浅显明白的语言表达深刻和专门化的学科内容。不通俗，学生就不懂，不懂，学生就不能对知识产生兴趣，没有兴趣就没有对知识的渴求。

肢体语言具有形象性、趣味性、立体性的特点，不受时间、地点等客观条件的限制，能弥补有声语言和多媒体课件的不足，因而在课堂教学上突破一些微观的、抽象的、较难理解的知识点时，科学地使用肢体语言能将抽象的知识转化为直观的认识，把枯燥的知识转化成互动的游戏活动，会令生物学课堂教学变得生动有趣。可以说，肢体语言是教师的第二张嘴，课堂教学中可适当运用肢体语言来配合传递教学信息。比如手势法在生物学教学中可弥补口头传授、文字板书等形式的不足，融知识性、趣味性、实用性和直观性为一体，达到将抽象的概念形象化、将学生未见过的事物直观化、将死板的图形动感化等效果，从而渲染课堂气氛，使课堂教学妙趣横生富有生机和活力。例如，在介绍神经元的结构时，请学生将右手五指伸开，表示一个神经细胞。五指就代表多而细的树突，手腕以上代表一个长而粗的轴突，这样学生马上就能形象地了解神经元的结构。当进行"突触"结构学习时，学生左手合成拳状，向张开的右手靠拢，模拟兴奋由轴突向细胞体传递的过程。又如，在学习生物膜的磷脂双分子层结构时，让学生双手合拳相对，同时伸出中指和食指做"V"形手势。拳头可代表磷脂分子的亲水头部，"V"形手指代表磷脂分子的疏水尾部。安排学习合作小组的6位学生并排站立，同时做出上述的动作就可以模拟出生物膜磷脂双分子层的部分结构[1]。

（四）生动有趣

教学语言的生动性是指教学语言具体形象，语调情真意切，富有情趣、充满情感色彩，有丰富的表现力。心理学研究表明，上课时学生注意力集中的时间一般能维持15～25分钟，这就要求教师要注意在教学中以趣味性的教学语言把学生的注意力保持在听课上。教学语言的生动形象是指教师以生动的表述将抽象的东西具体化、将深奥

---

[1] 毕婉嫦. 肢体语言在高中生物学教学中的应用［J］. 生物学教学，2016，41（1）：68-69.

的哲理及枯燥的知识趣味化。教师的教学语言要有一定的艺术性和生动性，注意讲课的声调应既平稳又抑扬顿挫；用词造句既有科学的严肃性，又有优美的文学性；讲课既富有哲理，又有幽默感，富于情趣。如用"满园春色关不住，一枝红杏出墙来"来描述植物的向光性，用"人间四月芳菲尽，山寺桃花始盛开"来说明温度对植物开花的影响，用"黄梅时节家家雨，青草池塘处处蛙"和"明月别枝惊鹊，清风半夜鸣蝉，稻花香里说丰年，听取蛙声一片"来讨论青蛙的生存环境、相关食物链及保护青蛙的生态意义，使学生在欣赏优美诗词的同时愉快地掌握生物学知识。为此，一个优秀的教师，除了要在文学上有一定的涉猎，还应是一个热爱生活、兴趣广泛的人。在讲脱落酸的时候，教师用"叶子的离去是风的追求还是树的不挽留"引出，惹得学生大笑后异口同声地说出"脱落酸"。有位教师曾说："在细胞质遗传中，卵细胞占据了几乎全部的'股份'，自然拥有决定权。而在细胞核遗传中，卵细胞和精子各占50%的'股份'，所以两者平起平坐。"将经济社会中的"股份"嫁接到生物学科，新颖别致，幽默风趣。在书写氨基酸分子的结构通式时，总有些学生在不经意间把—NH_2写成—NH_3。有一位教师在讲评时说："请同学们千万注意，别让你笔下的氨基酸分子的结构通式带上浓厚的氨气味。把我熏晕了，你们可要负责哦！"学生听完后哈哈大笑，错误在笑声中得到改正。在"组成生物体的化合物"教学中，讲到水在生物体内的含量最高时，有位教师感叹道："贾宝玉说女人是水做的，现在我们知道了，原来男人也是水做的！"学生在哈哈一笑中对"水在生物体内的含量"有了更鲜活的理解。但是，风趣、幽默绝不是信口开河，甚至低级趣味。风趣、幽默的语言应是思想、学识、智慧和灵感的结晶。运用它的目的是引起学生兴趣，帮助学生加深印象、巩固记忆、减少疲劳，从而正确地掌握知识、发展智力。教师的主要任务是传道授业解惑，不能刻意追求幽默风趣。这就要求教师很好地解决"庄"与"谐"的关系问题。真正的幽默是亦庄亦谐、内庄外谐、寓庄于谐。"庄诚于中"，指教学内容的科学性、规范性；"谐形于外"，指教学形式的情趣性、生动性。教学中有庄无谐，未免枯燥乏味，显得呆板；有谐无庄，则流于油滑轻浮。寓庄于谐、庄谐适度，才会给课堂带来一缕清爽之风。教师教学语言的风趣幽默，得力于教师豁达的胸怀、乐观的态度和机智的个性。

（五）反馈激励

语言的反馈性是指教师把储存的信息传递给学生之后，还要运用语言的引导让学生将输入的信息再输出，以对教学的效果进行检验。学生能否输出教师的语言，在输出的过程中有无新的问题产生，这是衡量学生的能力是否得到发展的重要标准，也是判断教学质量高低的客观标准。著名数学家波利亚非常注意这一点，有时他一眼就看出学生的计算是错误的，却还是喜欢以温和的态度、亲切的语调、慈祥的目光引导学生一步一步地查看："你一开头做得很好，你的第一步是对的，第二步也是对的……现在关于这一步，你是怎么想的？"在学生回答问题时，多用"你答得很好""你并不比别人差""你也许没有预习，如果课前看了，我相信你一定能够回答"等，多鼓励、少指责，多进行正确指导、少板起面孔训人，让学生有信心、有奔头、有积极性，使他们能亲其师而信其道。

教学是一门科学，也是一种艺术，教学的艺术不在于传授知识与技能，而在于激励、唤醒、鼓舞，广大高中生物学教师应充分运用激励教学法，对学生以正面激励为主，运用课堂问题充分激发学生的求知欲，有效提升学生学习生物学的信心和勇气，大大提高高中生物学教学的时效性。

第九节　教学媒体简单适用

媒体是指信息在传递过程中，从信息源到受信者之间承载并传递信息的载体或工具。教学媒体则是指在教学活动中所采用的媒体，它是以传递教学信息为最终目的的媒体，用于教学信息从信息源到学习者之间的传递，具有明确的教学目的、教学内容和教学对象。

一、传统教学媒体的优势与不足

传统教学媒体是指长期以来采用的科技含量较低的教学媒体，主要包括板画、挂图、模型（实物教具）、演示实验等常用教学用具。具有使用简单、方便、易被接受、适用范围广泛、价格便宜、对外在环境要求低、历史悠久、资源丰富等特点。

传统教学媒体在教学中仍然保持着旺盛的生命力，具有重大的使用价值，加涅说过："形象性并不一定是教学的优点，抽象的东西往往才是教学的核心。"传统教学媒体恰恰体现了这一特点：它以语言的形式传达教学信息，有利于提高学生的抽象思维能力；学生在通过肢体语言和口头语言接收信息时，既用耳又动眼，媒体与教学目标更易灵活匹配；教师的教学经验丰富，对教材、板书等的操作得心应手，这也体现了传统教学媒体简便易行的优点。传统教学媒体还具有对学生潜移默化的熏陶作用。如优美的板书，不仅有利于集中学生注意力，还给学生以美的视觉感受；教师的眼神、表情、手势等无声语言不仅对学生发出导控信息、激发学生动机、打通学生思路，更能促进师生情感交流，创造良好的现场效应。许多优秀的教师常常凭借自己丰富的教学经验将信手拈来的工具制作为最佳的教学媒体。学校中琳琅满目的自制教具，其经济实惠性不言而喻。

传统教学媒体在形象性和信息显示方面却存在着明显的不足。受技术程度的限制，传统教学媒体无法为课堂营造出形象生动的情境教学场景；此外，传统教学媒体受时空限制，能在课堂教学中传播的信息也很有限。语言描述、挂图、板书、图表等传统教学媒体虽然在一定程度上能显示事物的空间、时间、运动等特性，但其表现力往往不足，从而影响了学生对知识的感悟。传统教学媒体形象性的缺乏和表现力的不足，可能直接导致学生认知和思维的缺陷。随着信息技术的不断发展，板画、挂图、模型（实物教具）、演示实验等传统教学媒体有被现代教学媒体替代的趋势。

二、现代教学媒体的优势与局限

现代教学媒体是相对于传统教学媒体而言的，主要包括近年来被开发引进教学领域的一批现代传播媒体，如幻灯、投影、广播、录音、电影、电视、录像、光盘、电子计算机等，以及由它们组合起来的媒体系统，如语言实验室、多媒体综合教室、视听阅览室、微格教学训练系统、计算机网络系统，等等。现代教学媒体，又称为电化教育媒体或多媒体。现代教学媒体虽然具有明显的优势，但也存在着一些问题：一是操作难度相对较大。现代教学媒体从硬件操作到软件制作、设计，往往需要专门培训，对教师的操作水平提出更高要求。二是匹配灵活性差。现代教学媒体显示教学信息以图像形式为主，学生则多以视觉接收为主，而现成的媒体材料往往与教学目标匹配度低，灵活性相对较差，教师为了上好一节运用现代教学媒体的课往往需要花费大量的时间做准备工作。三是信息显示持续性相对较差。在课堂教学中，现代教学媒体在显示教学信息后需要及时关闭，否则会干扰学生注意力。如幻灯和投影等，与传统教学媒体（如板书）相比，教学信息显示持续性较差。

（一）多媒体课件在高中生物学教学中应用的优越性

生物学是研究生物的形态、结构、生理、分类、遗传和进化的科学。生物学科的教学注重宏观和微观两个方面，强调实验能力和科学素质的培养。多媒体课件集图文声像于一体，具有形象、直观、生动、表现力强、交互性好、信息量大等优点。多媒体课件在高中生物学教学中应用有如下的优越性❶。

1. 突显生物学教学的直观性，使微观世界宏观化

直观性原则是生物学教学中的一个重要原则，多媒体课件在生物学教学中的直观性，能使学生多角度地观察对象，并能够突出要点，化微观为宏观，有助于学生对概念的理解和对方法的掌握。生物膜的流动镶嵌模型用传统的语言描述和挂图展示都很难让学生快速地理解，而利用课件除了可以标注出磷脂分子、蛋白质分子、磷脂双分子层、糖蛋白，还能将磷脂双分子层的流动性以及大多数蛋白质分子可以运动都体现出来。通过观察课件，学生就能更透彻地理解和掌握生物膜的流动镶嵌模型。这样的课件既体现了直观性，又实现了微观世界宏观化。

2. 集图文声像于一体，能更好地激发学生学习生物学的兴趣

多媒体课件通过其自身的特点可以创设生物学教学情境，使学生产生身临其境之感。在教学过程中，教师在新课导入环节都非常重视激趣导入，生动、形象、有声、有色的多媒体课件作为生物学教学的激趣导入媒介优势明显，用多媒体课件创设教学情境是教师经常采用的教学手段。如，在第5章"基因突变及其他变异"的新课导入中，教师事先从互联网上搜索大量关于变异动物的图片或视频，如两只头的乌龟、两只头的蛇、多脚的鸭子、白化的老虎等，将这些素材利用视频软件整合到一起，配上轻柔的背景音乐制成课件。新授课之前教师播放该课件，在轻柔的音乐声中，学生对这些奇形怪状的动物表现出极大的兴趣。这时教师说："从视频里我们看到这些动物的性状发生了变化，那么这些性状发生变化的原因是什么呢？通过上节课的学习，我们知道了

---

❶ 王彦华. 多媒体课件在生物教学中应用的问题研究［D］. 长春：东北师范大学，2011.

性状是由基因控制的，这些性状发生变化是因为基因发生了改变，从这节课我们开始第5章'基因突变及其他变异'的学习。"这一导入环节使学生带着兴趣和求知的欲望进入新课的学习中。

3. 具有动态性，有利于反映概念及过程，能有效突破教学难点

生物学教学中的许多内容既是教学的重点又是教学的难点，单凭语言、文字、挂图来描述，不但不容易讲清楚，而且学生学起来枯燥无味，教学效果自然会受到影响。如果采用多媒体教学则可以化难为易、化繁为简、化抽象为具体，消除学生抽象思维、逻辑思维、语言表达等方面的障碍，从而降低学习难度，突破教学难点。如减数分裂过程既是生物学教学的重点又是教学难点，运用多媒体课件的动态性，能够形象地模拟在原始生殖细胞的减数分裂过程中，等位基因随着同源染色体的分开而分离，又随非同源染色体的自由组合而组合的动态过程，并直接观察到产生配子的种类及比例。通过多媒体课件的动态性化难为易，可轻而易举地达到教学目的。

4. 具有大信息量、大容量性，加大课堂教学的知识含量，提高教学效率

多媒体课件的视听并用从形式上彻底突破了传统教学模式，在帮助学生认识与记忆学习材料方面起到了积极作用。多媒体课件具有大信息量、大容量性，为学生打开广阔的知识空间，提供丰富的信息和教学资源，从内容上加大了课堂教学的知识含量，节约了空间和时间，极大地丰富了生物课堂教学，为学生提供了充足的学习素材和感性资料，有利于学生拓展思路，形成完善的思维方式，提高学习兴趣，从而大大提高教学效果。如有丝分裂和减数分裂的比较、基因突变和基因重组的对比、细胞的有氧呼吸和无氧呼吸的比较等，在多媒体课件中以表格的形式表现出来，表格中只有要比对的项目要点，要比较的具体内容是空白的，通过教师的提问或学生的讨论，总结出结果后，再点击表格的空白处出示答案，这样一来既节省了空间又节省了时间，促进了学习效率的提高。

5. 可实现对普通实验的扩充，培养学生的探究能力和创造力

生物学是一门实验性的科学，培养学生的实验技能是教学目标之一，多媒体课件具有通过动画模拟现实的能力，能够把教学中抽象的概念原理、真实的过程等生动地表现出来，帮助学生获得示范性的知识。多媒体技术能模拟和示范生物学实验现象、实验过程，对实验操作进行示范辅导，还可以对实验的全过程提供有效的、全面的教学信息，因而对提高生物学实验的质量有良好的辅助作用。如在讲授"植物生长素的发现"相关内容时，如果只凭教材的文字描述和插图，学生很难理解，教师可利用多媒体课件的动画效果模拟生长素发现过程的实验，引导学生沿着科学的逻辑思维路线，主动发现问题，进行分析、推测和探究，最终得到符合逻辑的结论。多媒体课件通过模拟演示将发现生长素的各个阶段顺理成章地整合到一起，使学生很容易地当堂理解这部分知识。多媒体课件除了模拟演示周期长的实验，也可以用在无实验条件的实验上，以及难度较大的动手操作实验前的教师示范演示和学生操作前的模拟演练。

（二）多媒体课件在生物学教学中应用的局限性

多媒体课件集图文声像于一体，具有形象、生动、直观、交互性强、可控性好等特点，这些特点使其在某些特定内容的生物学教学中切实发挥着重要作用，它所突显的优越性也是传统教学媒体无法比拟的。但是，多媒体课件并不是万能的，无法取代传统教学媒体，它在生物学教学中的应用具有一定的局限性，如果一味地迷信多媒体课件，不结合教学实际地乱用，教学效果将会适得其反。多媒体课件在高中生物学教学中应用的局限性主要表现在以下方面❶。

1. 经常以课件中的图片、图像演示来代替对实物的观察，将会削弱学生的观察力

对于生物科学研究来说，观察和记录无疑具有重要的意义，因而培养观察能力便成为生物课程的重要目标。多媒体课件可以在较短的时间内展示多种生物及其形态结构、生长发育、生活环境等各方面知识，扩大学生的知识面，甚至为了观察得更清楚还可以重复观察，但却不能够全面地培养学生的观察能力。因为图片、视频等都是经过加工制作出来的，如果选材不当或制作水平不高就会影响效果，造成很多材料具有片面性或与实物相差太远。此外，如果长期只看课件不看具体的实物，将会降低学生对自然界的观察能力，甚至使学生产生一些误解。如多媒体课件中被宏观化的叶绿体与自然界中真实的叶绿体相差较远。

2. 信息量大，容易冲淡教学重点，不利于学生识记

多媒体课件容量大，能够为生物教学提供丰富的资源，这一特点对于知识点少，用来拓宽学生知识面的课型来说是比较适合的。但是对于那些需要掌握的重点多，而知识点又比较零散的生物课堂来说，使用多媒体课件常常会加大课堂的承载量，一味地播

---

❶ 王彦华. 多媒体课件在生物教学中应用的问题研究［D］. 长春：东北师范大学，2011.

放下去，难以给学生留下深刻的印象，无法突显教学重点，不利于学生对重点知识的识记，也不利于学生对整节课内容的把握。多媒体课件中的很多内容虽然精彩又能说明问题，但由于信息量大且在屏幕上停留的时间短，新的知识点总是覆盖原有知识点，不利于学生对重要内容的记录。如果教师不使用板书提炼重点，那么学生凭着记忆把各个知识点串联成知识体系的难度就会加大。在利用多媒体课件上课时，很多学生觉得即使是较难的知识也能马上理解，但课后却很难将课件展示的内容与课本知识相联系，很容易忘记。在使用多媒体课件时教师如果能适时地利用黑板将知识重点凝练出来，将有利于学生回顾和记忆整堂课的知识，使前后知识联系起来，形成知识链。

3. 直接出示答案，过多地以画面代替文本，不利于学生思维能力的培养

利用多媒体课件创设问题情境，让学生进行讨论和探究无疑是传统教学中的语言描述无法比拟的，但是很多教师的做法是在课件中直接显示答案，没有给学生留出足够的时间进行探讨，学生的想象力得不到发展。学生的学习是一种思维活动，贯穿学生学习生活始终的也是思维活动，离开了思维，任何能力都很难得到发展。使用不恰当的多媒体课件会拉远学生与课本的距离，影响学生的想象力和独立思考能力，从而造成学生的思维能力得不到应有的锻炼，课堂教学效果也会受到不良影响。过多地以形象直观的画面替代文本阅读，必将影响学生的语言能力、阅读能力和分析能力。如，在讲解"生物体适应一定环境"时，过早地将北极熊的图片在课件中展示出来，以致学生虽然能想到北极熊具有脂肪多、身体呈白色等特征以适应其生存的环境，但未能提出"同样生活在极地的企鹅体色为什么是黑色"的疑问。不给学生足够的时间思考就出示答案的做法，既限制学生的思考，又容易使学生产生适应性单一的错误印象。长此以往，这种做法就会阻碍学生创造性和批判性思维的发展。

4. 过多的演示实验，限制了学生的动手能力

多媒体技术能模拟和示范生物学实验现象、实验过程，对实验操作进行示范辅导，但是不少教师利用多媒体课件的动态性和交互性模拟生物学实验，以此代替可以在现实中开展的演示实验，有的甚至通过建立教学模型，模拟实验仪器、装置和相应条件建立虚拟实验室，让学生进行研究性实验，使生物学实验丧失了其在生物教学中应起的作用。学生实验能力的形成与提高，只有通过实际操作训练才能实现。如显微镜的使用、临时装片的制作、植物的嫁接、动物的解剖、标本的制作等基本技能，学生只有亲自设计实验和亲自动手操作，才能理解实验的原理，才能真正获得实验技能。如果教师一味

地利用多媒体课件的演示实验代替学生的动手操作过程，将会影响学生动手操作能力的培养。因此，教师不能以实验课教学组织较困难和实验准备烦琐为理由，用多媒体课件模拟演示来取代学生的亲自动手操作实验。

5. 对课件的依赖，影响了教师活跃的思维，难以体现教师的主观能动性

有些教师在制作多媒体课件时，事先将教学过程、教学内容甚至问题及答案都设计安排好，上课时，教师只需按照课件流程点击下一步。这类对课件的依赖限制了教师机智、风趣、自由教学风格的发挥。如果教师不考虑教学过程的灵活性和多变性而事先将课堂教学内容制作成线性模式的课件，那么教师的活动范围将受到限制，被固定在狭小的范围。走入学生中间的机会少了，师生面对面交流的机会就会减少，教师的注意力全在课件的播放上，忽略了与学生的交流和互动，无法及时调动学生的情绪，学生的精力可能会分散。然而，教师不应是放映者，学生也不应是观众。真实的课堂上学生是主体，高中阶段学生思维活跃，教师应随机应变、因势利导完成课堂教学过程。教学过程中师生情感、信息互动的具体情景是不可能完全预知的。多媒体课件只是能够适时、适度地辅助教学的工具，它不能替代教师在课堂上的主导作用❶。

三、简约教学的媒体选择原则

教学媒体是为达成教学目标服务的，无论是传统教学媒体还是现代教学媒体，其选择都无法忽略几大依据：教学目标、教学对象、教学内容和教学条件等。只有在了解影响教学媒体选择的因素后，才能更好地把握基本原则，使教学媒体更好地服务于教学。简约教学主张的教学媒体选择要遵循如下原则。

（一）目标性原则

教学目标是指导和控制教学活动实施的基础。在媒体的选择过程中，必须考虑教学目标的需要，如要求学生知道或理解某些具体概念或原理时，可以考虑选择不同的媒体去传送不同的信息。对于认知领域、情感领域和动作技能领域不同目标的培养，更需要考虑媒体的差异。不管选用哪种教学媒体，都是为达到课堂教学目标服务的，都要服从

---

❶ 王雯斌，解金辉. 多媒体课件在中学生物课堂教学中的优势和局限［J］. 中学生物学，2008，24（4）：30-31.

教学任务这个大局，决不能想用哪种媒体就用哪种媒体。

（二）适度性原则

在教学过程中应适当多采用些教学媒体，因为多种媒体传递的教学信息量一般会比一种媒体传递的教学信息量大，但这并不是说媒体用得越多就越好，因为课堂教学中，还要考虑学生能不能接受，如果不能接受，再多的信息有什么用呢？媒体的选择和设计要注意优化性。正确把握使用的时机和度，要求做到最佳使用、恰到好处。在最需要媒体的时候，使用最恰当的媒体，发挥最大功能，获得最佳的教学效果。在教学中使用多媒体辅助教学，不是越多越好，也不是简单地罗列和重复，而是既要充分利用各种媒体帮助学生有效地掌握知识，又要防止媒体的狂轰滥炸，让学生无所适从。多媒体课件更适合运用在那些在现有条件下无法观察到的、难于理解的、抽象的或是动态的内容上，比如"蔗糖在水中的扩散过程""细胞膜控制物质出入细胞的过程"等内容。

（三）经济性原则

如果两种媒体在实现某一目标时功能是一样的，应该选择价格较低的那种媒体。一般来说，媒体组合不宜过于复杂，而应以简洁实用、少而精、省时省力、易于操控为佳。媒体的选择要遵循低成本、高效能的原则。媒体选择的基本思想是尽可能选择低代价、高功能的教学媒体，要讲究教育经济学原理，以较小的代价取得较大的效果。能用传统教学媒体的就不用现代教学媒体，能用简单媒体的就不用复杂媒体，能用低成本媒体的就不用高成本媒体。现代教学媒体的操作总要占用一定的教学时间和资源，因此教师课前要熟练掌握所使用媒体的功能和操作方法，各种附件和软件要准备齐全。就目前的国情来说，经济实效尤为重要，要提倡因陋就简、勤俭节约、就地取材，用有限的经费迅速发展和推广多媒体教学。

（四）最优化原则

多媒体组合教学的研究与实践表明，围绕教学目标选择教学媒体时，必须根据不同媒体的功能特性，充分发挥各种教学媒体的特长，选择最能表现相应教学内容的媒体种类，同时还要对多种媒体进行优化组合。

对人脑功能的研究表明，单一持续的刺激会诱导抑制效应，大脑会迅速出现疲劳现象；而多种感官的交替刺激（如讲解 20 分钟、看录像 5 分钟，再开展演示实验等），可充分调动大脑的功能，使之处于兴奋激活状态，提高学习效率。因此，多种媒体的组合应用，应根据多感官的配合原则来设计，使之协调统一，交替轮换，相互补充。如视觉媒体与听觉媒体的组合、视听媒体与实物媒体的组合、传统媒体与交互计算机媒体的组合等，但这并不意味着媒体用得越多越好，还要考虑教师的操控能力、学生的接受能力。因此，在考虑多感官媒体组合时，还要注意媒体运用的适度性。

传输大信息量的现代教学媒体组合必须有利于增加教学信息量，如果所组合的两个媒体的教学信息是等值的，就不应将之组合在一起使用。一般来说，把在信息表达特性方面互补的媒体组合在一起应用，可增加教学信息量。

（五）互补性原则

媒体的选择要注重组合效应，实现多种教学手段协调互补，主要体现在两个方面：第一，现代教学媒体与传统教学媒体的有机结合。在一堂课中，语言表述是基础，板书、板画是纲要，教师的语言讲解、板书和直观教具的运用是不可缺少的，现代教学媒体只有与之结合才能使课堂教学达到最优化。第二，实现不同媒体间的扬长避短，互为补充。例如，电视录像在表现活动画面方面有独特的优势，但它呈现的时间太短，一闪而过，学生产生认知的过程难以展开，但如果将它与投影教学相结合，则既能表现活动的画面，又能表现静止放大的图像，教学效果必然会更好。

（六）反馈性原则

反馈是课堂教学结构不可缺少的部分，是检测学习效果、了解学习动态的重要途径，也是体现以学生为中心，发挥学生主体作用的重要方法。应用现代教育技术提高教学效果，必须通过多种途径和多种形式建立最佳反馈渠道，既要让学生及时准确地获取反馈信息，以便将更多的知识内化为自身素质；又能使教师及时了解学生的学习态度、智力因素及非智力因素发展程度，以便调整自己的教学方式和策略。

第十节 学习评价简明真诚

评价在课程中是一个内涵极其丰富的概念，人们对它的理解也较多元——或将评价等同于教育中的测量、测验；或将评价视为对学生学习成就与既定目标达成度的评估、评定；或将评价看作搜集信息，作出教学决策的过程；或将评价作为教育专业人员对教育教学中一些行为的价值判断；更多的人干脆将评价视为各种类型的考试和测验。而评价的种类也是多样的，如课程评价、教学评价、学习评价等。评价所包含的要素涉及评价的目标、对象、方法、标准、工具、过程及结果。评价是与教学过程并行的同等重要的过程，它是教学活动中主要的、本质的、综合的一个组成部分，贯穿于教学活动的每一个环节。

一、学习评价的概念

学习评价是指根据课程目标的要求，采取一定的方式收集和获取学生学习的信息，并对学生学习的状况作出结论的过程。学习评价作为学习系统的反馈调节机制，在学习与教学过程中起着重要作用。学习评价本是一种学习活动，是整个学习过程不可分割的重要组成部分。学习评价有利于学生养成严谨、认真、负责的学习品质和个性特征，同时也可以促使学生进行自我反思，学会对事、对人作出客观、科学的价值判断，并学会自我评价。

二、学习评价的功能

学习评价是与每个学生都密切相关的问题，不少学生戏称"考考考，老师的法宝；分分分，学生的命根"，但学习评价的功能绝不仅限于评定学业的等级。学习评价应该及时反馈学习信息，诊断学生在学习中遇到的问题；帮助学生形成正确的学习预期，调动学生的学习积极性；根据学生的学习状况，对教学适时进行调控和改进，以取得更好的教学效果。学习评价具有多种功能，其中最主要的有以下四种。

（一）学习诊断功能

通过学习评价，可以了解学生已达到的水平和学习中存在的问题，例如学生在学习上的难点是什么，有哪些缺漏。由此分析造成学生学习不利（或有利）的原因，确定进一步学习的对策和措施。

（二）反馈调节功能

学习评价可以提供学习过程中的各种信息，通过对这些信息的分析和及时反馈，可以对学习过程的各个环节（包括学习目标）进行有效的调节和控制，而且能让学生及时了解自身学习和发展存在的优势与不足，不断提高学习效率，使学习活动进入良性循环。学习评价的反馈调节功能一方面可以通过他人（教师、家长、同学）评价的方式反馈给学习者；另一方面可以通过自我评价的方式使学习者不断获得自我意识，并通过自我调节不断实现自我超越。

（三）激励功能

科学、合理的学习评价可以激发学生学习的内在动力。通过学习评价，学生学习上付出的努力以及取得的成绩与进步得到教师、家长的了解、肯定和赞扬，心理上获得满足；此外，学习中存在的问题也能及时被发现，并转化为继续努力的方向和动力，这有助于学生认清自己的学习现状，看到学习的进展和成效，增强学习的信心和主动性、积极性。

（四）学习导向功能

学习评价对现实的学习活动具有定向和引导功能。评价的标准、内容和方式在相当程度上左右着教师和学生努力的方向，如同指挥棒对学习工作起着重要的导向作用。

三、高中生物学教学中学习评价存在的问题

（一）评价类型单一

目前在高中生物学教学中无论是诊断性评价、形成性评价还是总结性评价，用得最多的还是练习题目；无论是课堂中的训练还是课后的训练，无论是单元练习还是模块练

习，一线教师用得最多的还是纸质训练题目。纸质训练题目的强化结果，往往导致教师置课标精神于不顾，教学直奔命题，学生的学习目的主要在解题，而不是解决问题。这不但违背新课标精神，与目前我国高考评价改革的教学导向也是背道而驰的。目前我国高考评价改革的教学导向是极力从根本上改变过去机械刷题的获得感，显然，单一的纸质训练是达不到目前生物学高考备考要求的。评价目的的功利性，让高中生物学学习评价陷入唯分数论的困境。教师评价的侧重点往往集中于知识的掌握，对学生学习的过程和方法，以及表现出的情感、态度、价值观几近忽略。把考试当评价，把成绩当评价，其实是学习评价的价值取向失当❶。当下评价结果主要集中在书面的考试分数，呈现方式单一，缺乏趣味，长此以往难免挫伤学生主动学习的积极性。

（二）评价内容冗杂

由于对课堂教学评价的目的没有清晰、正确的认识，许多高中生物学教师试图对课堂教学进行面面俱到的评价，结果造成课堂教学评价内容冗杂。比如，评价学生学习行为的内容包括：关注学生的学习方式，是否有自主、合作、探究学习；关注学生的学习状态，如活动参与状态、参与方式及表现；关注学生自主学习时，能否将高中生物学学科核心素养的四个维度贯穿全过程；等等。事无巨细，烦琐不堪，太多的条条框框钳制了学生的"学"，甚至喧宾夺主，造成课堂教学的本末倒置。

（三）评价形式烦琐

目前有些教师依据课改理论增创或引进各种评价方式。比如，一些教师制订了一系列的质量监控表，如教学目标评估表、学生课堂活动记录表、教师提问登记表、小组竞赛得分表等。课后，师生根据对课堂教学过程和效果的主观印象填写这些为数不少的评价量表。这种机械、烦琐的评价方式无形中增加了师生的负担，增加了学生学习的压力，这与"减负"精神是不相符的。

（四）评价组织庞大

为了落实课堂教学评价，很多学校还建立了庞大的课堂教学评价组织，有家长评价小组（由家长委员会的成员组成）、教师评价小组（以班主任为组长、科任教师为组

---

❶ 陈瑶. 有效评价，助力成长："简约语文"课堂评价探索［J］. 小学语文教学，2021（30）：12-15.

员）、学生评价小组（以学习委员为组长、各学习小组的组长为成员）。每个评价小组都有各自的评价任务，如课堂观察记录、整理评价信息、向评价对象反馈结果并提出建议等。殊不知，如此庞大、臃肿的课堂教学评价体系，不仅浪费了各小组成员的时间，还可能因评价结果的杂乱，给课堂教学带来更多的困惑[1]。长此以往，不但新教师无所适从，就连教书多年的老教师也愈发失去教学的自信，师生疲惫不堪。

四、高中生物学学习评价的应然理念

（一）学习评价应以促进学生发展为目的

多元智能理论的评价观认为，评价是为获得个体智能特点和潜力等信息而进行的，以传统智力观为基础的众多智力测验不能全面准确地反映学生的能力。评价的主要目的应该是促进学生个性的发展，帮助学生认识自我、发现自我。评价人员有责任为学生的发展提供有益的反馈。

（二）学习评价应是真实的、重视实践能力的情境化评价

多元智能理论强调智能是一个人在现实生活情境中解决问题的能力和创造出新产品的能力，评价要为培养这种能力服务。加德纳认为"除非把评价置于现实生活和社会环境的联系中，否则，我们怀疑它能否恰当地代表人类的智能表现。"多元智能理论还认为评价应该成为自然的学习环境中的一部分，在个体参与学习的情境中轻松地进行，而不应成为在学期末强制外加的内容。评价应该无时不在，不需要"为评价而教"。评价的情境化意味着教学和评价"一体两面"，教师应有意识地模糊课程教学和评价的界限，使评价更有效地融入日常教学活动之中。

（三）评价主体多元化，重视被评价者在评价中的地位和作用

新的学习评价理论强调评价主体的多元化，注重他人评价和自我评价的结合。教师、同学、家长和社区都应参与对学生的学习评价。他人评价一般较为严格，也较为客观，可信度高，但是如果片面采取这种评价会忽视评价对象的主体性和能动性，扼杀其个性和创造性。从尊重个性、发展个性的观点出发，学生个人也可以根据一定的评价标

[1] 蔡碧晖. 让课堂教学评价回归简约化［J］. 福建教育，2014（12）：20-21.

准，对自己的学习进行评价，发表自己的声音。自我评价可以调动学生参与评价的积极性和主动性，还可以增强学生的反思意识和能力，有利于学生的自我检查、自我调控、自我激励、自我完善和自我超越。他人评价与自我评价有机地结合，可以充分发挥多种评价主体的力量，使学习评价成为一个共同参与、多边互动、促进发展的过程。

（四）评价标准多元化，更多地关注学生的个体差异

新的学习评价理论往往采用绝对评价标准、相对评价标准和个性化评价标准相结合的多元化结构。建立在理性经验基础之上的绝对评价标准能够体现对学习者多维度和多层次的基本要求，有益于面向全体学生、面向学生的全面发展。相对评价标准的适度利用可营造竞争氛围以激励学生学习。此外，为了尊重学生的个体差异，体现以人为本和多元智能理念，新的学习评价理论还重视采用个性化评价标准来评价学生。

（五）重视过程评价，关注学习发展的动态历程

现代学习评价理论认为，人的学习和发展是一个动态过程，过程中的积极反馈比结果控制更有效，因为从过程中获得的信息更为全面和真实。通过对学生阶段性目标达成程度的评价，可以及时肯定学生的发展成就，增强学生的自信心，提高其学习兴趣。心理学研究和教育实践表明，学生及时获得学习过程的信息反馈，据此调控自己的学习行为，可以促进建立自我纠正系统。在重视过程评价的同时，将诊断性评价、过程性评价和总结性评价有机地贯穿于日常的学习活动中，给予学生多次评价机会，并针对学生的优势和不足，给学生以激励或有针对性的具体指导，可以使学生对自身发展形成正确而全面的认识，这才是评价的根本目的。

（六）评价方法多元化，量化评价与质性评价相结合

如今，随着时代要求的转变，评价目标、评价内容也有了很大转变，这就需要从多种渠道收集有关学生学习情况的信息，扩展有效学习评价的技术和方法，可将量化评价与质性评价相结合。质性评价的方法（如表现性评价、行为观察法等）以其能全面、深入、真实地再现学习活动的复杂性，更逼真地反映学生整体的素质水平而受到普遍欢迎，成为当前世界各国评价改革发展的新潮流。

五、学生学习评价设计的原则

（一）依据教学目标

学习评价的实施，可以针对不同的学科特性和评价目的，采用不同的技术和方法。但是，无论使用什么技术和方法，都必须根据教学目标来进行，学习目标是教学目标的最终选项。为了使教学目标具体化，教师可将较抽象的教学目标化解为学生的学习目标，用几个更加具体的行为目标分别加以表示。根据具体的行为目标，教师就可选择适当的评价工具和方式。

（二）采用多种方法

学习评价需要依据并兼顾多重学习目标来进行，因此，在评价方法上也应该采用多种评价方法，因为没有一种评价方法可以用来评价学生所有的学习结果，任何评价方法都有其特殊功能和限制。另外，在教学的不同阶段，也应使用不同的评价方法，只有这样才能达到不同的评价目的。教师尤其应该把教学评价的重心放在能够改进教学质量和帮助学生提高学习兴趣的形成性评价上；必要时，可再进一步实施诊断性评价，并根据评价结果立即采取补救措施以发挥即时矫正偏差和提高教学质量的功能。

（三）进行多次评价

学习评价的最终目的是确保达成学习目标、改善学习效果，所以，获得一个真实的评价结果或提供真实的反馈信息，对达成目的具有决定性的影响。根据经典测量理论可知，要确保所获得的评价结果的真实性，只有针对同一评价对象的样本行为进行多次评价，才能估计出比较接近真实的评价结果。因此，进行多次评价具有实质性意义。

（四）重视反应历程

在评价时，如果能够重视学生获得答案的反应历程，不但可以了解学生的思维品质，也可以诊断其学习困难所在，并可针对诊断出的困难和错误进行补救。在自然学科的实验学习中，评价更应注重实验程序和方法，而非只注重实验的结果。在艺术学科的学习中，也不能只评价其作品，而应注重这些作品背后的制作过程和方法。

（五）强调主体参与

当代教育是主体性教育，强调学生作为学习主体的根本特性。学习评价应试图改变过去学生一味被动接受评判的状况，发挥学生在评价中的主体作用。具体表现为：在制订评价内容和标准时，教师应更多地听取学生的意见；在收集评价资料时，学生应发挥更积极的作用；在得出评价结论时，教师也应鼓励学生积极开展自评和互评，通过协商达成评价结论；在反馈评价信息时，教师更要与学生密切合作，共同制订改进措施，以保证措施的真正落实。

六、高中生物学学习评价简约性达成的策略主张

（一）评价内容简约化

简约化的高中生物学学习评价应该以学生的学习为中心，以学生的发展评价教师的教学，评价教师的"教"是否围绕学生的"学"而设计。另外，高中生物学学习评价还要突出生物学的学科特征，考查学生的生物学学科核心素养"生命观念、科学思维、科学探究、社会责任"四个维度的达成情况。根据这一原则，高中生物学学习评价内容必须抓住以下几方面，力求简约。

1. 关注学习目标、内容是否适合学生的发展现状与需求

高中生物学教学内容涉及方方面面，但课堂教学时间是有限的，学生的学习精力也是有限的，因此，精选简约的教学内容就显得尤为重要。这就需要教师深入研读教材和教学内容，从中发现哪些是学生真正需要的、对他们有用的东西。相应地，高中生物学学习评价也应针对这些学生真正需要的、对他们有用的东西来进行，关注学习目标与内容的设置是否适合学生的发展现状，是否与学生的兴趣爱好相关联，是否有利于提高学生的生物学学科核心素养，是否有利于学生的科学思维发展。

2. 关注学生学习过程，让学生经历探究实践，产生体验感悟

高中生物学课堂教学应该让学生在科学探究的环境中围绕问题寻求解决的方法，结合生活生产实际，形成社会责任意识。教师应力求用最简单的手段带给学生最丰富的实践体验；学生应力求用最少的时间体悟简单背后的深刻。其实，只要学生在问题任务驱动下能大胆地说出自己解决问题的思路，其知识能力目标、情感态度价值观目标也就在

这个过程中实现了。评价一堂高中生物课是否成功，关键在于看学生针对教师设置的情境问题，有没有自己的思路和体验感悟。

3. 关注学生参与学习的状态与学习方法

学生是否动脑思考、动口表达、动手书写等是衡量高中生物学课堂教学是否有效的重要标准。因此，在进行高中生物学课堂教学的学习评价时，应该关注学生的参与度（包括学生参与的广度、深度与自觉程度），看有多少学生在多大程度上实现了有效学习。教师可以从学生的学习状态等方面检测自己的授课内容、授课方式、授课效能是否达到了新课标的要求，以及这堂课是否是学生喜欢的一节好课，然后调整自己的教学重难点，这样才能真正促进课堂教学效率的提高，真正对学生的发展起促进作用。

（二）评价方式简约化

教师可根据学生的具体情况和具体的教学内容，灵活选择不同的评价方式，不必刻意追求评价方式的多元化，实用即可。笔者认为，用以下两种方法来评价课堂教学是简约而有效的。

1. 课堂问答评价法

教师通过课堂提问了解学生对某一知识的掌握情况，学生回答后，教师可以请其他学生来评价，最后教师用简洁的语言进行综合评价。这种评价方式意在通过同学互评和教师对学生的指导引导学生正确思维、鼓舞学生学习的信心。

2. 阶段测试评价法

这是一种比较传统的评价方式，虽然会给学生带来一些压力，但却能让学生清楚知道自己在某阶段的学习收获，也可以让学生及时查漏补缺，减少终结性评价带来的消极情感体验。但是，教师要注意把握阶段测试的难度和频率，不可过难过频，落脚点应在促进学生学习上。

（三）评价组织简约化

对自己最了解的人，评价出来的结果是最客观、最科学的。精简评价组织的成员，让学生自己、同桌及科任教师担任即可。学生是学习的主体，对自己的学习情况最为了解、最具有发言权；因为在一起学习，所以同桌互评会比较客观；科任教师通过课堂上对学生的观察，对学生做出的评价也是中肯的、科学的。总之，评价组织越简约，学习评价效率就越高。

（四）评价实效及时化

课堂教学是新课程实施的重要阵地，"强化主体发展，遵循教学规律，落实课标要求，体现生物学科特色"是生物课堂教学即时评价的出发点。教师首先要恰如其分地运用好体态语言进行即时评价。教师的一个眼神、一个表情、一个动作都会带给学生意想不到的激励作用，促使学生进行自我修正，提高学习信心。更为重要的是，教师要善于抓住教学中每一个突现的切入点，运用生动的口头语言进行适当的即时评价。例如，"你的回答使我感到很意外，非常具体、非常完善，并且很有逻辑性""你的这个解题思路已经远远超越了老师的解题思路，你真的很棒！""久违了，我终于看到了从前主动回答问题的你！"这些评价性语言对于学生来说都是莫大的鼓励，教师要毫不吝啬地向每一位学生送出鼓励性的评价话语。一个小小的鼓励就可能激励学生终身去探究知识。

课堂上每每会发生一些突如其来的事情，有时候也许会令我们措手不及，从而影响教学的效果。但假如我们能在这些事情发生时，静下心来想想或者换一种方式去教学，也许会有不同的发现。例如一位教师在某次公开课上讲伴性遗传时，在屏幕上展示了一张遗传系谱图。师：你认为这张图中的遗传可能与什么有关？生：我认为这是从性遗传。这位学生的回答完全超出了教师的预设，一般学生都会回答可能与性别有关。这时，教师迅速对这位学生的回答作出评价："很好，能讲出从性遗传，说明你的知识面较广。但这不是我们这堂课的学习内容，我们可以课后再讨论。"这种充满个性魅力、随机应变的课堂评价，创造的是和谐融洽的真情空间，激活的是学生无限可能的创新思维，使课堂充满了生机。巧妙有效地运用教学评价，对学生进行恰当的点评，会使课堂教学不再让学生感到枯燥。

（五）评价导向激励化

课堂评价要兼顾教师评价、学生互评、学生自评等多种方式，引领学生走出消极被评的尴尬局面，调动批判反省的固有潜能，使其在评价主体间通过蓬勃鲜活的信息互动体味课堂的民主氛围、获得积极的成长体验。例如，当学生以小组合作的方式，探索出生物获得 ATP 的途径时，课堂上出现了如下的场景。生 1：生物可以通过呼吸作用获得 ATP，厌氧呼吸和需氧呼吸都可以。生 2：生物可以通过光合作用获得 ATP。 生 3：

化能合成作用也可以。师：每个同学说的都有道理，看来我们有必要总结一下这些 ATP 获得方式。生 4：若是植物，可以通过呼吸作用和光合作用。动物则可以通过呼吸作用，还有人体也可以通过磷酸肌酸转变。而微生物有的可以通过化能合成作用、呼吸作用等途径。该案例中，面对学生对 ATP 获得途径的不同意见，教师没有采取传统的权威判断，而是以"每个同学说的都有道理"这一评价为转折支点，将评价的权利完全交给学生。学生充分调动自身的生活经验和思辨思维，颇有远见地论述了植物、动物、微生物获得 ATP 的不同途径，从而引发了探究 ATP 产生的兴趣。试想，如果还是只由教师实施课堂评价，能产生像案例中一样如此生动活泼而富有个性色彩的评判意见吗？正因为这些评价意见源自学生，是学生自己的感悟，所以才更易被接受和内化。开展多元评价，使学生能在民主、平等、和谐的课堂气氛中驰骋想象，将会收到较好的教学效果。

差异是现实的，课堂上学生的发言也不可能尽如人意，当学生的发言出现问题时，教师或许会不置可否地"唔"一声就过去了，或是"你说""他说""谁还能说"地到处点将。教师们以为这是尊重学生的个性，怕如实的评价会挫伤学生学习的积极性。其实，作为教师，既要保护好学生的自尊心，又应该巧妙地给予鼓励表扬和指点，让学生的潜能得到进一步发挥，让学生在教师的评价中获得进步的动力。例如在学习光合作用时，学生需要掌握光合作用反应方程式。随着一名同学的答案出现在黑板上：$CO_2+H_2O \longrightarrow C_6H_{12}O+O_2$，下面坐着的同学开始哈哈大笑，而在黑板上板书的同学也从同学们的笑声中意识到自己可能写错了，紧张起来。此情此景又怎能让教师再对这个同学做出斥责，教师先用手势缓解了一下学生的笑声，随即做出了这样的评价："大家不要笑，××同学，你没有做错，只不过你还没有写完，你再仔细检查一下，你一定可以的，我相信你！请相信他的同学给他掌声！"听了这样充满关心、安慰的话语和同学们热烈的掌声，他平静下来认真思考。经过简短的回忆，他终于把光合作用反应方程式写出来，而且教师看到回到座位后他露出了成功的笑容。可见教师的有效评价就像一盏导航的明灯，指引学生学好生物学，让学生明白准确掌握知识的重要性，从而在此基础上有所建树，有所突破，有所发展。

七、高中生物学教学中评价语言回归简明真诚

课堂评价语言，是教师口语技巧、教育智慧的全面展示，更是教师文化底蕴、人格

魅力、爱生情怀的真实体现，虽产生于即兴，却根植于教师个人良好素养之中。

（一）评价语言应简明准确，让学生听得真切、听得明白

评价语言应客观地指出学生的长处及存在的缺点，语言要简洁明了，不冗长，不含糊，对于要着重强调的某个侧面，更要讲得清清楚楚。教师在评价学生时还要注意，既不能一味简单赞扬，也不能过于草率地去批评，要让学生知道好在哪里、错在何处。

（二）评价语言应情真意切，让学生如沐春风、敢于表现

教师的评价性语言必须是发自内心的，对学生的赞美一定要真诚而亲切，如"说错是正常的，老师也有说错的时候，没关系，再说一遍。"当学生提出了一个别的同学提不出的有价值的问题时，教师可夸赞道："你有一双慧眼哟，能发现别人发现不了的问题，多了不起呀！"学生听了这样的评价话语，内心肯定比吃了蜜还要甜，敢于大胆地发表自己内心的想法。

（三）评价语言应饱含激励，让学生获得自信、走向成功

人人都想得到别人的赏识，人人都需要他人的鼓励。因此，教师充满激励的评价语言能让学生不断获得前进的动力，在自信中走向成功。如"好哇，这种做法很好，你真会动脑筋""你做得真好，只要用心，什么事都会做好的""你这个想法多好呀！请你再给大家讲一讲，大家仔细听"。如此亲切、明朗、热情洋溢的语言，学生听后怎么不会被感染？

（四）评价语言应富于变化，让学生耳目常新、喜闻乐见

教师课堂评价语言不能单一、老套，左一个"你真棒"，右一个"你真棒"，全班学生跟着"棒棒棒"，学生听后肯定感到腻烦。反之，评价语言灵活多样、随机变化、注重创新，学生就想听、爱听、屡听不厌。评价语言要想不拘一格，除了经常变换词句，还可以将预设语和随机语有机结合，可以将整句变为散句、散句变为整句，可以根据课堂气氛及时调整语气、语调、重音、节奏。

（五）评价语言应幽默风趣，让学生轻松愉快地获得知识

运用幽默、风趣的评价语言是调节师生情绪、打破课堂枯燥局面所不可缺少的有

效方法。富于幽默感的语言更容易实现对课堂教学的有效控制，更容易缓和师生间的紧张气氛，也更能使学生以一种积极、乐观的态度来处理矛盾，让学生轻松愉快地接受教育、获得知识。诙谐幽默的评价语言恰到好处地推动了教学过程，使教学信息的传导风趣而高雅。

附：课堂教学常用的激励性评价语言

（一）听

1. 倾听是分享成功的好方法，看××同学正在分享他的快乐，我相信他已经有了很多收获！

2. 他听得可认真了，会倾听的同学是会学习的同学！

3. ××同学听得很认真，第一个举起了手，请你回答！

4. 你听得认真，这可是尊重他人的表现呀！

5. 你听得很仔细，耳朵又灵，这么细微的地方你都注意到了！

（二）说

1. 你讲得很有道理，如果你能把语速放慢一点，其他同学听得就更清楚了！

2. 你的表达特别清楚，让大家一听就懂！

3. 别急，再想想，你一定会说好！

4. 老师发现你不仅听得仔细，说得也很好！

5. 你的想法很有创见，这非常可贵，请再响亮地说一遍！

6. 你表达得这么清晰流畅，真棒！

（三）想

1. 我想××同学一定在思考，我们再给他一点时间，好吗？

2. 开动你的脑筋想一想，说错了没关系，老师喜欢肯动脑筋的同学！

（四）做

1. ××同学不仅自己认真学习，还能提醒其他同学，真是了不起！

2. ××同学可真棒！为自己小组争得一颗闪亮的星星呢！

3. 你们看，很多同学战胜了自我，勇敢地举起了手！

4. 你们瞧，他可是大家学习的榜样呢！看看他是怎么做的！

5. 第三组的同学个个眼睛睁得大大的、亮亮的，我感受到了你们特别认真，注意力特别集中！

6. 你坐得端正！注意力也集中！

7. 看同学们认真的样子，老师就知道你们是勤奋好学的孩子！

8. 你很像一个老师，不仅管好了自己，而且把自己的小组也管理得很好！

9. 不知是什么力量使你改变这么大，从上课爱吵爱闹到学会静静思考，学会暗暗努力，我为你高兴！

10. 尊重（欣赏）别人，你会得到更多人的尊重（欣赏）！

11. 要学会欣赏别人，对于同学的回答，我们该怎么表示？（鼓掌）

12. 你的进步使老师感到特别高兴。

八、高中生物学教学中作业简约化设计

作业是课程实施的重要组成部分，是提高课堂教学有效性的重要方式和不可缺少的环节，是对学生学习评价的一种方式，是巩固学习内容、诊断学习问题、指导学习方法、提高学习能力和落实教学目标、检查教学效果以及调整教学方法的重要手段。作业质量的好坏，规范化程度的高低，直接关系到教学效果和学习效果，关系到学生、教师和学校的可持续发展。要减轻学生的学业负担，主张高中生物学作业设计简约化。

作业设计的目的不外乎两个：一是让学生通过练习，掌握并加深理解学过的知识；二是让学生能够对学过的知识融会贯通、举一反三。以新课标为依据，设计新型作业，可以利用作业来促进学生的发展。完成作业的过程成为学生自主探究、合作学习的活动过程，作业成为培养学生良好学习习惯、提高学生自主学习能力的重要途径。作业设计需切实减轻学生的课业负担，真正给学生以自主选择、自主发展的时间和空间，使学生的主体意识增强，加强知识的积累，提高思考能力、动手能力、推理能力、辨识能力、想象力和创造力。

高质量的作业设计要求教师课前进行系统化的科学设计和作业方法策略的最优化。为了提高作业质量和效率，生物教师不仅要具有广博的文化基础知识、娴熟的教学知识，同时也要具有精深的生物专业知识。这个专业基础不仅能帮助教师更好地理解和诠释新课标的宗旨，还能帮助教师准确分析每节课中的生物学作业系统层次和生物学知识方法策略的变化，更好、更科学地创造与改编出适合学生操练与学习的作业类型。

（一）高中生物学教材作业系统的简要介绍

高中生物学教材作业既是高中生物学课程的重要组成部分，又兼具巩固知识、培养能力的功能，还对学生的情感态度价值观具有潜移默化的影响，是达成课程目标的重要手段。高中生物学教材的作业系统可分为传统型作业和创新型作业。传统型作业包括随堂主题练习、随堂形成性测验、单元练习、单元形成性测验、单元自我检测、模块练习、模块终结性测验、寒暑假作业及诊断性测验等。创新型作业包括实验、探究、模型建构、资料收集与分析、思考与讨论、技能训练、调查等各种形式的科学探究活动、课外实践活动和撰写综述报告等。作业来源可以是教材中"资料分析"等栏目提供的现成作业，也可以是教师根据教学目标自主设计的作业。❶

（二）高中生物学教学中作业简约化设计的策略

作业的设计与批改是教学流程的重要组成部分，是教师讲课、提升教学水平的重要依据。作业是学生自主学习的主要部分，是学生获取和处理信息的主要方法。随着新课标的推进，新课程理念必然要在作业上表现出来。作业的设计和批改是学习过程中的一个重要部分，因为作业对学生而言是一种学习方式，是提高学习效率的必要手段，学生可以通过作业增强对知识的记忆，加深对知识的理解。对教师来说，作业是教学反馈的一条主要信息途径。教师可通过作业了解学生对学习内容掌握的总体情况和个体差异，发现学生在学习过程中遇到的困难并及时分析原因，采取适当的补救措施。所以作业是学生课堂学习的必要组成部分，是教师判断教学中存在的问题和做出相应调整的依据，是师生信息交流与心理沟通的主要手段。

1. 严控作业数量

兵贵在精而不在多，学生作业也是如此。事实证明题海战术弊端重重，要想提升教学效果，提高作业质量，采取有效的作业设计策略，让学生的作业更加灵活才是上上策。教师在布置作业时，要根据学生在课堂上的表现而定，如果学生对课堂内容掌握得非常好，能举一反三，那么作业可以少留或不留。如果感觉学生对课堂内容的掌握有一定难度，那作业量便可稍多一些，但必须保证学生可以在半小时之内完成。因此设计作业时要兼顾基础内容和提升内容，一般可采取选择题或一题多问的形式，以一带百。比

---

❶ 刘艳红. 高中生物学教材作业系统的设计 [J]. 生物学教学，2006，31（3）：22-25.

如在完成"酶"这部分内容教学时，发现课堂教学效果很好，便只留一道实践性的作业题：将 4 mL 的 3% 过氧化氢溶液分别注入甲、乙两个玻璃瓶，再往甲玻璃瓶中注入 4 滴新鲜的肝脏研磨液，往乙玻璃瓶中注入 8 滴新鲜的肝脏研磨液。观察随着时间的推移两个瓶中底物浓度的变化，并以时间为横轴，底物浓度为纵轴，试画出底物浓度和时间的变化关系曲线。解释你所画曲线的依据。

2. 保持作业梯度

学生不是一个模子刻出来的，所以学生的学习效果也会因为个体差异而参差不齐。教师在进行作业设计时，要充分考虑这一点，绝不能一刀切。教师在进行作业设计时要兼顾不同层次的学生灵活设置作业的梯度。这个梯度会因为不同的教学内容学生的掌握情况不同而灵活变动。并不是所有的作业都要设置成高、中、低三个梯度，应针对具体情况而定。一般来说，对于特别基础的内容学生都容易掌握，比较难的是与生产生活相联系的内容。比如"信息"这一内容，如果直接问学生基础知识性的问题他们很容易给出答案，但是结合一下实际便不一样了。根据学生的掌握情况不同，可以设计这样几个不同梯度的作业：（1）许多动物发出警报是通过鸣叫来完成的。比如森林里的猴子发现有天敌来袭时，便会向同伴发出吼叫进行报警。试用信息分类知识分析一下，猴子的吼叫属于什么类型？（2）低温处理可以加速花的诱导，比如春小麦经过低温处理可以早熟一周左右。试问下列哪个说法正确：A. 信息的传递对植物的生长发育起着非常重要的作用；B. 温度在生态系统中属于化学信息；C. 影响春小麦生长发育过程的只有温度；D. 信息传递在农业生产中可以提升产品的产量。（3）试举出几个通过低温处理后，加速花的诱导的例子。通过这种不同难度的作业设计，让学生把所学知识与生产生活相联系，由易到难，再由难回到相对容易的位置，让学生像吃了合乎自己口味的夹心饼干一样，对提升学生的学习积极性非常有利。❶

3. 丰富作业类型

传统的作业设计有一个很大的缺点就是题型固定。经过实践发现，作业不应该局限于问答、选择、填空、判断、实验以及画图这类有标准答案的习题，而应该增加具有时代性和开放性的多变的题型。其中也应该包括在家里进行的"温度诱导花开"的小实

---

❶ 宋银，唐明. 让生物作业"活"起来：浅谈高中生物作业设计的有效性［J］. 内蒙古教育（基础版），2014（8）：39.

验、家庭"生态系统的创设"等历时较长的作业类型，甚至可以结合课堂教学内容，联系新闻热点设计作业。

4. 作业分层安排

分层次教学在生物教学过程中具有重要的作用，但是对于生物学科而言，想要全面实现分层次教学是不现实的，所以对高中生物课后作业进行分层次安排就显得特别重要。分层次安排作业就是帮助学生在高中生物学习过程中认识自己、建立自信，让学生发展更加自由、差异化更加明显。在分层次安排作业过程中，帮助学生摆脱题海，以学生的发展为目标，把学生放在教学的中心，更好地发挥学生的自主性。高中生物分层次教学中的作业设计还能帮助成绩不太理想的学生更好地处理生物作业，让他们迅速提升。在高中阶段，教师为了让成绩好的学生能取得更高的总成绩经常会将生物教学边缘化，导致学生学习生物的时间缩短了不少，这样就让成绩差的学生在生物学习过程中更加被动。所以在生物教学过程中分层次设计作业可以帮助学习困难的学生更好地学习生物知识。例如在高三复习基因表达相关内容时，针对水平较差的学生可以设计基因表达的定义、遗传密码的含义、转录与翻译的含义等这些可以通过阅读教材得出结论的题目；一般的学生可以在掌握基础知识的情况下，适当拓展思维，对应的分层次作业设计可以是比较转录、翻译与 DNA 复制的不同，分析碱基数与遗传密码在数量上的关系等需要动脑的练习题；而对于成绩优异的学生可以考虑拓展思维的分层次作业设计，例如如何构建基因表达的概念模型。这样不同的学生就有相应的习题进行练习，而且还可以选择不同的习题组进行训练，更有利于他们掌握基础后，进一步拓展能力。

5. 作业个性化设计

作业个性化设计具有独特的育人功效，它不但可以极大地激发不同层次学生的学习动力，调动不同层次学生奋发向上的积极性，而且可以极大地促进学生学业成绩的提高。作业个性化设计改变了过去那种以一张试卷、一种训练方式、一个标准面对全体学生的做法，教师们非得动一番脑筋不可，要根据学生的不同情况，对他们提出不同的要求，各层次的学生只要按相应要求去做，努力完成各自的练习，都能在各自的发展区中拿优秀。把学习的欢快愉悦还给学生，真正调动学生的学习积极性，教学的质量就有保证。经过个性化设计的作业，适合知识基础不同、智力因素各异的所有学生，改变了传统作业布置因整齐划一而导致基础优秀的学生"吃不饱"、基础较差的学生"吃不了"的现象，使前者的潜能得到开发，后者体验到成功。

（三）高中生物学教学中作业简约化设计要注意的问题

1. 作业选编要精益求精

选择时要注意针对性、典型性、启发性；把握好梯度、广度、深度；坚持贴近学生、贴近高考、贴近生活；注重易混点、易错点、易漏点；根据学生的实际，精心选择，增强作业的针对性。可根据教学目标要求和学生实际，在基础性作业的基础上设置分层选择性作业、分层要求、分层考核、分层达标，在作业的内容、数量、难度、要求等方面体现梯度。

2. 作业设计要多角度

从个性化、实践性、趣味性、兼容性等方面开展作业设计，从作业的功能、内容、形式、容量、与其他学科的整合等多角度进行设计。

3. 作业评价要多元化

采用学生自评、学生互评，实行师生、生生多轨评价。

附1：随堂作业设计案例

《基因指导蛋白质的合成》随堂作业设计（10分钟）

（第二课时）

广州彭加木纪念中学　张苑霞

一、学习目标

1. 通过构建数学模型，分析 DNA 的碱基、mRNA 的碱基和氨基酸之间的对应关系。

2. 通过分组合作构建翻译模型，增强合作意识，培养自主学习能力与科学探究能力，渗透结构与功能相适应的生命观念。

3. 通过分析密码子破译的科学史，概述密码子的特点，认同地球上几乎所有的生物共用一套遗传密码的事实，阐述生物界的统一性，认同现存生物可能有着共同的起源，初步形成生物进化观。

4. 通过学习密码子破译的科学史，体会科学探索精神，丰富科学研究方法。

5. 通过了解中心法则的提出和修改过程，认同科学是不断发展的，形成生命是物质、能量和信息的统一体的生命观念。

二、试题呈现

（一）判断题

1. tRNA 由三个碱基构成。（　　　）

2. 密码子位于 mRNA 上，ATC 一定不是密码子。（　　　）

3. mRNA 在核糖体上移动翻译出蛋白质。（　　　）

4. 每种氨基酸仅由一种密码子编码。（　　　）

5. 中心法则表示的是遗传信息的流动过程，并且遗传信息只能从 DNA 流向 RNA，进而流向蛋白质。（　　　）

（二）单选题

1. 下列关于通过翻译形成蛋白质的说法，错误的是（　　　）。

A. 以细胞质中游离的氨基酸为原料

B. 以核糖体 RNA 为遗传信息的模板

C. 以转运 RNA 为氨基酸运输的工具

D. 合成具有一定氨基酸顺序的蛋白质

2. 新冠病毒是正链 RNA 病毒，其 RNA 既是遗传物质，也可以直接作为翻译的模板。新冠病毒 RNA 进入细胞后，首先作为模板翻译出 RNA 聚合酶，然后在该酶的作用下合成负链 RNA，再以负链 RNA 为模板合成大量的正链 RNA。负链 RNA 不能与核糖体结合。下列相关表述正确的是（　　　）。

A. 新冠病毒的 RNA 聚合酶的合成场所为其核糖体

B. 新冠病毒的 RNA 聚合酶与人体细胞中 RNA 聚合酶的作用模板相同

C. 合成正链 RNA 的过程需要逆转录酶

D. 新冠病毒的正链 RNA 上有密码子，而负链 RNA 上没有

（三）综合题

小组讨论合作，绘制翻译的过程图（至少 4 幅图），标注出图内各种物质或结构的名称，并尝试用 1～2 句话概括每幅图的过程，概述翻译的过程和特点。

三、参考答案

（一）判断题

1. ×　　2. √　　3. ×　　4. ×　　5. ×

（二）单选题

1. B　　2. D

（三）综合题

略。

四、设计意图

（一）夯实基础，落实目标（一题）

本节课对应新课标的内容要求是"概述 DNA 分子上的遗传信息通过 RNA 指导蛋白质的合成"，学业要求是"通过复制、转录、翻译等过程传递和表达遗传信息"。因此，理解翻译的物质基础和结构基础并描述翻译的过程，理解基因表达过程的实质及信息传递过程，形成生命的信息观，认同生命是物质、能量和信息的统一体，是本节课的学习目标。所以，在本节课随堂作业中通过判断题和单选题，落实翻译过程中 tRNA、密码子等结构和物质基础，落实翻译过程和中心法则基础知识，形成生命的信息观等，从而落实学习目标。

（二）巩固提高，拓展应用（二题）

结合生活实际，设计了有关新冠病毒的选择题，学生需要掌握翻译的基础和过程、中心法则等基础内容，分析题目中新冠病毒的相关信息，结合病毒的结构特点并对比其他生物，对所学知识进行迁移，这样才能做出正确的选择。本题既巩固了本节课的基础知识，又通过对比总结，对知识进行迁移，起到了巩固基础，提高知识迁移、解决实际问题能力的作用。

（三）培养能力，提高素养（三题）

翻译属于分子水平的代谢过程，脱水缩合、密码子编码氨基酸、tRNA 转运氨基酸、密码子与反密码子配对等知识是教学的难点。通过学生小组讨论，绘制翻译的过程图并阐述其过程，构建翻译过程模型，培养了学生小组合作、总结概括等能力。学生在绘制和阐述翻译过程时，深刻理解和体会蛋白质合成过程中的物质变化和信息转化，突破教学难点，将感性认识（感官体验）和理性认识（模型思维）相结合，培养了模型与建模的科学思维，并形成生命是物质、能量和信息的统一体的生命观念，同时也渗透了结构和功能相适应的生命观念。

五、评价标准

共 100 分。

1. 判断题，每小题 5 分，共 25 分。

2. 单选题，每小题 10 分，共 20 分。

3. 综合题，共55分。

（1）能基本画出4幅翻译基本过程图得20分，能准确标注出各种物质或结构的名称得10分（核糖体2分，mRNA 2分，tRNA 2分，氨基酸2分，多肽链2分）。

（2）能用语言清晰描述出每幅图的关键点，每幅图5分，共20分，总结出翻译的特点得5分，共25分。

90分以上为优，80分以上为良，60分以上为合格。

六、反馈形式

学生当堂完成，教师检查、讲评，及时反馈。

附2：课后作业设计案例

《被动运输》课后作业设计（30分钟）

广州市第六十六中学　江永艺

一、学习目标

1. 通过探究水分子的扩散原理，类比分析渗透作用和水进出动植物细胞的相关原理，列表阐释水进出渗透装置和动植物细胞的不同，提高分析与综合的科学思维能力。

2. 通过对水分子进出细胞方式的探究学习，构建被动运输的概念，能运用多种形式比较、区分自由扩散和协助扩散的异同点。

3. 通过对被动运输具体实例的讨论，尝试运用物质跨膜运输的知识解决有关实际问题，并养成指导农业生产和健康生活的社会责任。

二、试题呈现

（一）基础巩固

1. 右图为渗透装置示意图，a、b分别为不同浓度的蔗糖溶液。据图判断，下列叙述错误的是（　　　）。

A. 若c为一层纱布，则不会发生此现象

B. 实验开始时，c两侧的溶液浓度大小是a>b

C. 实验过程中漏斗管内的液面先上升后保持稳定

D. 当漏斗管内的液面停止上升时，水分子进出漏斗达到动态平衡

2. 下图表示水分进出哺乳动物成熟红细胞。下列有关说法错误的是（　　　）。

A. 甲图中外界溶液浓度等于细胞质浓度

B. 提取细胞膜时，可用乙图中所对应的外界溶液

C. 把细胞放入 9% 的 NaCl 溶液中会出现丙图所示的结果

D. 将植物细胞放入蒸馏水中，将出现类似乙图所示的结果

3. 在紫色洋葱鳞片叶外表皮细胞的失水和吸水实验中，显微镜下可依次观察到甲、乙、丙三种细胞状态。下列叙述正确的是（　　　）。

A. 由甲到乙，紫色液泡变小，颜色变浅

B. 甲、乙、丙可在同一个细胞内依次发生

C. 与甲相比，乙所示细胞的细胞液浓度较低

D. 由乙转变为丙的过程中，水分子只能从胞外扩散到胞内

4. 下列有关洋葱表皮细胞在 0.3 g/mL 的蔗糖溶液中发生质壁分离及复原实验的叙述，错误的是（　　　）。

A. 发生质壁分离时观察到的现象是液泡体积较小，颜色较深

B. 在原生质层与细胞壁之间的溶液为蔗糖溶液

C. 在质壁分离的复原过程中，细胞液浓度减小，细胞吸水能力下降

D. 发生质壁分离后的细胞，可发生质壁分离的自动复原

5. 下列有关物质被动运输的叙述，正确的是（　　　）。

A. 小分子物质都通过自由扩散的方式进入细胞

B. 加入呼吸抑制剂后被动运输速率会发生改变

C. 葡萄糖的跨膜运输均需要转运蛋白协助

D. 水分子的跨膜运输均不需要转运蛋白协助

6. 载体蛋白和通道蛋白都是协助物质跨膜运输的膜蛋白，其运输原理如下图所示。下列相关说法错误的是（　　）。

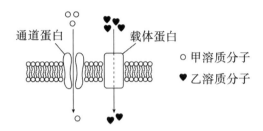

A. 甲、乙溶质分子的运输方式均属于被动运输

B. 载体蛋白和通道蛋白均与膜的选择透过性有关

C. 水通道蛋白作用时所需的能量主要来自线粒体

D. 在物质转运过程中，载体蛋白构象会发生改变

（二）能力提升

7. 直饮机的核心部件是逆渗透膜，其原理是通过水压使水由较高浓度溶液的一侧渗透至较低浓度溶液一侧，细菌及有害物质几乎不能透过逆渗透膜，如右图所示。下列有关叙述正确的是（　　）。

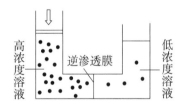

A. 利用了逆渗透膜具有的类似于细胞膜的识别功能

B. 逆渗透过程与渗透作用不同的是水由高浓度溶液向低浓度溶液流动

C. 逆渗透膜上有载体蛋白，可以选择性地控制有害物质的进出

D. 逆渗透膜去除有害物质的能力胜过生物膜，通过逆渗透膜处理的水可放心饮用

8. 已知鱼鳔是一种半透膜。若向鱼鳔内注入适量的 20% 蔗糖溶液、排出鱼鳔内的空气，扎紧开口，将其浸没在盛有 10% 蔗糖溶液的烧杯中，下列能正确表示烧杯内蔗糖溶液浓度随时间变化趋势的示意图是（　　）。

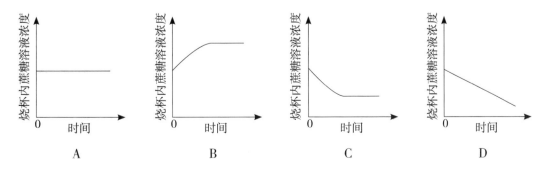

9. 美国科学家阿格雷和麦金农分别研究发现了水通道蛋白和K^+通道蛋白, 因此共同荣获诺贝尔化学奖。下列说法正确的是（　　　）。

A. 磷脂双分子层内部是疏水的, 故水分子都要通过水通道蛋白出入细胞

B. 甘油和酒精的运输方式与依靠通道蛋白的运输方式不同, 需要消耗能量

C. 通道蛋白贯穿细胞膜, 分子或离子通过通道蛋白时需要与其结合

D. 人的肾脏中肾小管细胞水通道蛋白发达, 与水分的重吸收直接相关

10. 硝酸甘油是缓解心绞痛的常用药, 该物质在人体内转化成NO, NO进入心血管平滑肌细胞后与鸟苷酸环化酶的Fe^{2+}结合, 导致该酶活性增强、催化产物cGMP增多, 最终引起心血管平滑肌细胞舒张, 从而达到快速缓解病症的目的。下列叙述错误的是（　　　）。

A. NO进入心血管平滑肌细胞不消耗ATP

B. 人体长期缺铁会降低硝酸甘油的药效

C. cGMP生成量随NO浓度升高而持续升高

D. NO与鸟苷酸环化酶的Fe^{2+}结合可能使该酶的结构发生改变

11. 在观察植物细胞质壁分离和复原的过程时, 某同学在视野中看到生活着的洋葱表皮细胞正处于右图所示的状态, a、b表示两处溶液的浓度, 由此推测（　　　）。

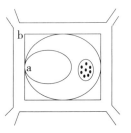

A. 此时a>b, 细胞渗透吸水

B. 此时a＝b, 渗透系统保持动态平衡

C. 此时a<b, 细胞渗透失水

D. 上述三种情况都可能存在

12. 用2 mol/L的乙二醇溶液和2 mol/L的蔗糖溶液分别浸浴某种植物细胞, 观察质壁分离现象, 得到其原生质体体积的变化情况如下图所示, 据图回答:

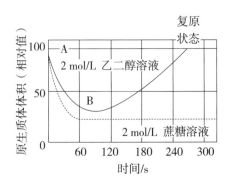

（1）原生质体体积在A→B段的变化说明：在该段时间内水分从原生质体_____，细胞液浓度_____。

（2）在60 s后，处于2 mol/L蔗糖溶液中的细胞，其细胞液浓度将_____，此时，在细胞壁与原生质层之间充满了_____。要使该细胞复原，可将其置于_____中。

（3）在100 s后，处于2 mol/L乙二醇溶液中的细胞，其原生质体体积的变化是由_____逐渐进入细胞中，导致细胞液浓度_____引起的。

（4）并不是该植物的所有活细胞均可发生质壁分离，能发生质壁分离的细胞必须具有_____。

13. 下图是物质跨膜运输的示意图，其中①～④表示物质，a～d表示运输方式。回答下列相关问题。

（1）①表示_____，b、d分别表示_____和_____，水进出细胞的方式是_____（填字母）。

（2）K^+带有电荷，不能通过自由扩散穿过①，需要通过细胞膜上的③_____和④_____进行运输，这两种跨膜运输方式的区别是_____。

（3）科学研究发现，在心肌和血管壁平滑肌细胞膜上都有Ca^{2+}通道，像一扇大门一样控制钙离子的出入。细胞内钙离子浓度升高，可以引起细胞收缩，使血管阻力增大，血压升高。某治疗高血压的药物为二氢吡啶类钙通道阻滞剂，请分析该药物治疗高血压的作用原理。_____

拓展思考1：我国有9900多万公顷盐碱地，大部分无法种植农作物，盐碱地作为一种很宝贵的土地资源被浪费了，请结合水分进出细胞的原理分析盐碱地不利于植物生长的原因，并思考为什么红树林可以生长在海水里。课后请搜索了解"海水稻"种植的相关知识和原理。

结合植物细胞吸水和失水的原理,分析盐碱地不利于植物生长的原因,并提出改良盐碱地的方法和措施。为了增强从海水中吸收淡水的能力,红树植物需要通过积累大量渗透调节物质(Na^+、Cl^-、K^+等)的方式来维持叶片细胞较高的渗透压,增强吸收水分的能力。

拓展思考 2:鳄鱼抓捕到猎物之后,在贪婪地吞食的同时,会假惺惺地流泪不止。鳄鱼的眼泪喻指虚假的眼泪、伪装的同情,而后约定俗成地用于讽刺那些一面伤害别人、一面装出悲悯善良之态的阴险狡诈之徒。作为生物小科学家,你能分析一下鳄鱼流泪的原因吗?

其实鳄鱼流泪是一种自然的生理现象,它们流泪的目的是排泄体内多余的盐分。要排泄这些盐分本来可以通过肾脏和汗腺,但是鳄鱼的肾功能不完善,无法排泄,也不可能通过出汗排盐,所以只能通过一种特殊的盐腺来排盐,盐腺是它们天然的"淡化器",能够起到维持体内渗透压平衡的作用。

三、参考答案

1. B 2. D 3. B 4. D 5. C 6. C 7. B 8. B 9. D 10. C 11. D

12.(1)渗出 增大 (2)不变 蔗糖溶液 清水 (3)乙二醇 增大 (4)(大)液泡

13.(1)磷脂双分子层 协助扩散 主动运输 a、c (2)离子通道(通道蛋白) 载体蛋白 通过③顺浓度梯度进行的运输(协助扩散)不需要消耗细胞呼吸释放的能量,通过④逆浓度梯度进行的运输(主动运输)需要消耗细胞呼吸释放的能量(从能量、方向、是否与蛋白结合等角度分析,合理即可) (3)钙通道阻滞剂主要通过阻断心肌和血管壁平滑肌细胞膜上的 Ca^{2+} 通道,抑制细胞外 Ca^{2+} 内流,使进入心肌细胞的 Ca^{2+} 减少,心肌收缩力减弱,从而降低血压。

四、设计意图

(一)理解渗透作用、水进出动物细胞和水进出植物细胞的相关原理(第 1、2、3 题)

通过题目让学生对渗透装置及渗透现象进行分析,理解渗透作用的原理及条件,认同动物细胞和植物细胞也相当于渗透装置,推理判断动植物细胞吸水失水的原理。同时通过对生活实例的探讨,实现学以致用。

(二)重视对实验探究及实验操作能力的考查(第 4 题)

引导学生按照探究实验的一般流程分析实验，分析水分进出植物细胞是通过渗透作用，并考查学生动手操作时是否细致观察、是否独立思考，提高其分析与综合的科学思维能力。

（三）分析自由扩散与协助扩散的具体实例，辨识协助扩散的图例（第5、6题）

将教材内容进行活化和优化处理，使之真正成为学生的"学材"；通过对水分子进出细胞方式的探究学习，构建被动运输的概念；能运用多种形式比较区分自由扩散和协助扩散的异同点，潜移默化地培养学生的分类对比能力，同时利用不同物质运输方式的图形区别，培养学生辨图和析图的能力。

（四）培养在新情境中运用基础知识解决生产生活中实际问题的能力（第7、8、9、10题）

题目利用实际生活中的净水器、鱼鳔材料、药品使用及水运输的科学研究等不同的情境，帮助学生理解具体物质的运输原理，并通过题目的拓展，对相关知识进行深挖，培养学生的自主学习能力，培养他们的创新思维。题目中也利用坐标图形的转换培养学生的科学思维能力。

（五）培养实验分析和实验探究的能力（第11、12题）

利用模型和曲线图考查学生实验分析和实验探究的综合能力，多角度考查学生对知识的理解与应用，培养学生"生物体的结构和功能相适应"的生命观念。

（六）提高综合分析应用能力（第13题）

通过分析细胞膜的成分、结构和物质跨膜运输功能之间的关系，对被动运输的具体实例进行讨论，并尝试运用物质跨膜运输的知识解决有关实际问题。

（七）拓展思考部分

依据渗透作用原理进行拓展思考，学会理解与分析生命现象背后的科学原理，同时达成指导农业生产和选择低盐饮食、关注人体健康安全等目的，引导学生形成生态意识和健康生活的社会责任感。

五、评价标准

1. 基础巩固：答对5题以上评"优"，答对4题评"良"，答对3题评"合格"。

2. 能力提升：答题正确率在80%以上评"优"，正确率在60%以上评"良"，正确率在40%以上评"合格"。

3. 优秀作业课堂展示及表扬。

合格+合格＝合格，合格+良＝良，良+良＝良+，优+良＝优，优+优＝优+。

六、反馈形式

1. 提交纸质作业，教师及时批改、讲评及反馈。

2. 利用智慧课堂平台发布和提交作业，教师能及时准确掌握每道题的正答率，发现学生问题所在，并可以更加有针对性地进行作业讲评。平台还可以帮助学生生成个性化的错题集和变式题，精准地帮助学生攻克知识难点。

附3：单元作业设计案例

《细胞的能量供应和利用》单元作业设计

广州市实验外语学校　周　俐

广东外语外贸大学实验中学　李慧婷

一、学习目标

1. 说明绝大多数酶是能催化生化反应的蛋白质，酶活性受环境因素（如pH和温度等）的影响，学会控制变量、分析和设计实验。

2. 说出ATP是驱动细胞生命活动的直接能源物质，识别ATP的分子结构。

3. 阐明细胞呼吸的本质、类型及过程，说明细胞呼吸中的能量转化。

4. 阐明植物细胞的光合作用过程及能量转化过程，举例说明影响光合速率的环境因素。

二、试题呈现

（一）填空题

细胞的生命活动离不开能量的供应和利用。细胞的能量获取和利用要经历复杂的物质变化。

1. 绝大多数酶的化学本质是＿＿＿＿＿＿＿，少数酶的化学本质是＿＿＿＿＿。酶是活细胞产生的具有＿＿＿＿＿作用的有机物，且该作用具有＿＿＿＿＿性、＿＿＿＿＿性，并对＿＿＿＿＿、＿＿＿＿＿等条件有严格的要求。

2. ATP与ADP相互转化实现储能和放能，保证细胞各项生命活动的能量供应。ATP是驱动细胞生命活动的＿＿＿＿＿（直接/主要）能源物质，生成ATP的途径主要

有两条：一条是光合作用的_____阶段生成 ATP，另一条是所有活细胞都能通过

_____生成 ATP。

　　3. 细胞呼吸是在酶的作用下，分解_____，释放_____。与无氧呼吸相比，

有氧呼吸需要_____和_____的参与。

　　4. 光合作用中捕获光能的色素分布在植物细胞中的_____。提取

光合色素的试剂是_____，分离光合色素的原理是_____

_____。光合作用的过程分为_____和暗反应两个阶段。前者发生场

所在_____，后者发生场所在_____。

（二）识图题

1. X、Y、Z 三种物质分别代表的是_____、_____、_____。

2. 呼吸作用过程的能量转换形式为_____。

3. 请写出有氧呼吸的化学反应式_____。

　　4. 图中①②③④四种物质分别代表的是_____、_____、_____、

_____。

　　5. 光合作用过程中先将_____转化为储存在 ATP 中_____，再

将 ATP 中的化学能转化为_____。

（三）单项选择题

1. ATP是直接为细胞生命活动提供能量的有机物。关于ATP的叙述，错误的是
（   ）。

A. 酒精发酵过程中有ATP生成

B. ATP可为物质跨膜运输提供能量

C. ATP中末端的磷酸基团有较高的转移势能

D. ATP由腺嘌呤、脱氧核糖和磷酸组成

2. 下图是细胞中化学反应A与化学反应B在反应过程中与ATP和ADP的相互转化
关系示意图，下列有关分析错误的是（   ）。

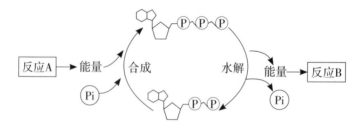

A. 细胞中的反应A往往与ATP的合成相联系

B. ADP与Pi合成ATP是伴随着细胞内的放能反应发生的

C. ATP与ADP相互转化过程中物质和能量均是可逆的

D. 能量通过ATP分子在吸能反应与放能反应之间流通

3. 下列有关酶的探究实验的叙述，合理的是（   ）。

选项	探究内容	实验方案
A	酶的高效性	用$FeCl_3$和过氧化氢酶分别催化等量H_2O_2分解，待H_2O_2完全分解后，检测产生的气体总量
B	酶的专一性	用淀粉酶催化淀粉和蔗糖水解，用碘液检测
C	温度对酶活性的影响	用淀粉酶分别在热水、冰水和常温下催化淀粉水解，反应相同时间后，检测淀粉分解程度
D	pH对酶活性的影响	用过氧化氢酶在不同pH条件下催化H_2O_2分解，用斐林试剂检测

4. 细胞代谢离不开酶的催化作用。下列有关酶的叙述，正确的是（   ）。

A. 同一种酶可能存在于分化程度不同的细胞中

B. 在细胞内产生，只能在细胞内发挥催化作用

C. 过酸、低温和高温都会破坏酶的空间结构

D. 酶可作为催化剂，但不能作为另一个反应的底物

5. 即使在氧气供应充足的条件下，癌细胞也主要依赖无氧呼吸产生 ATP，这种现象称为"瓦堡效应"。下列说法错误的是（　　　）。

A. "瓦堡效应"导致癌细胞需要大量吸收葡萄糖

B. 癌细胞中丙酮酸转化为乳酸的过程会生成少量 ATP

C. 癌细胞呼吸作用过程中丙酮酸主要在细胞质基质中被利用

D. 消耗等量的葡萄糖，癌细胞呼吸作用产生的 NADH 比正常细胞少

6. 细胞呼吸原理在生产生活中应用广泛，以下分析不正确的是（　　　）。

A. 铁钉扎脚形成较深的伤口，应保持通气，以满足伤口处细胞的有氧呼吸条件

B. 稻田定期排水可以促进根的有氧呼吸，避免长时间的无氧呼吸产生酒精导致烂根

C. 啤酒、果醋的制作是利用酵母菌、醋酸杆菌等微生物的呼吸作用

D. 慢跑等有氧运动有利于人体细胞的有氧呼吸，避免肌细胞积累过多的乳酸

7. 种子质量是农业生产的前提和保障。生产实践中常用 TTC 法检测种子活力，TTC（无色）进入活细胞后可被[H]还原成 TTF（红色）。大豆充分吸胀后，取种胚浸于 0.5%TTC 溶液中，30 ℃保温一段时间后部分种胚呈红色。下列叙述正确的是（　　　）。

A. 该反应需要在光下进行　　　　B. TTF 可在细胞质基质中生成

C. TTF 生成量与保温时间无关　　D. 不能用红色深浅判断种子活力高低

8. 某研究组获得了小麦的叶黄素缺失突变体。将其叶片进行红光照射光吸收测定和色素层析条带分析（从上至下），与正常叶片相比，实验结果是（　　　）。

A. 光吸收差异不显著，色素带缺第2条

B. 光吸收差异显著，色素带缺第2条

C. 光吸收差异显著，色素带缺第3条

D. 光吸收差异不显著，色素带缺第3条

9. 将一株质量为 20 g 的黄瓜幼苗栽种在光照等条件适宜的环境中，一段时间后植株达到 40 g，其增加的质量来自（　　　）。

A. 水、矿质元素和空气　　　B. 光、矿质元素和水

C. 水、矿质元素和土壤　　　D. 光、矿质元素和空气

10. 下列关于农业生产过程中所使用的方法及原理，叙述不正确的是（　　）。

A. 轮作能够避免农作物减产，是因为不同农作物对矿质元素的吸收有差异

B. 阴生植物和阳生植物间行种植，通过提高光能利用率来提高单位面积产量

C. 农作物栽种密度越大，接收到光照的叶面积也越大，单位面积产量越高

D. 施肥后及时松土，可以提高根尖有氧呼吸强度，为其吸收矿质元素提供能量

11. 科学家研究CO_2浓度、光照强度和温度对同一植物光合作用强度的影响，得到的实验结果如下图所示。请据图判断下列叙述不正确的是（　　）。

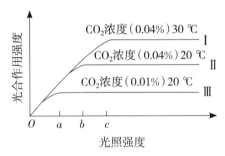

A. 光照强度为a时，造成曲线Ⅱ和Ⅲ光合作用强度差异的原因是CO_2浓度不同

B. 光照强度为b时，造成曲线Ⅰ和Ⅱ光合作用强度差异的原因是温度不同

C. 光照强度为$a\sim c$，曲线Ⅰ、Ⅲ光合作用强度随光照强度升高而升高

D. 光照强度为$a\sim b$，曲线Ⅰ、Ⅱ光合作用强度随光照强度升高而升高

12. 某研究小组在适宜的温度条件下，探究光照强度对生姜（阴生植物）和葡萄（阳生植物）的光合作用强度的影响。下图是根据实验结果绘制的相关变化曲线，图中甲、乙代表不同植物。请据图分析下列叙述正确的是（　　）。

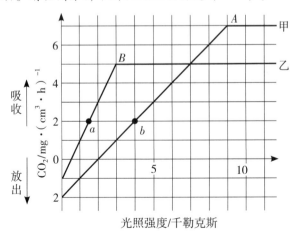

光照强度/千勒克斯

142

A. 由图中 A、B 点对应的光照强度可知曲线甲、乙分别代表生姜和葡萄

B. 图中 a 点和 b 点吸收 CO_2 的速率相等，说明甲、乙的光合作用强度相等

C. 光照强度为 2 千勒克斯时，甲合成 ATP 的场所是细胞质基质、线粒体

D. 光照强度为 5 千勒克斯时，限制生姜光合速率的因素可能是 CO_2 浓度

（四）非选择题

1. 下表为某兴趣小组探究温度对酶活性影响的实验步骤，据此回答下列问题。

<table>
<tr><td rowspan="5">实验
步骤</td><td>分组</td><td>甲组</td><td>乙组</td><td>丙组</td></tr>
<tr><td>①淀粉酶溶液</td><td>1 mL</td><td>1 mL</td><td>1 mL</td></tr>
<tr><td>②可溶性淀粉溶液</td><td>5 mL</td><td>5 mL</td><td>5 mL</td></tr>
<tr><td>③控制温度</td><td>0 ℃</td><td>60 ℃</td><td>90 ℃</td></tr>
<tr><td colspan="4">④将新鲜淀粉酶溶液与可溶性淀粉溶液混合后分别恒温</td></tr>
<tr><td colspan="4">⑤测定单位时间内淀粉的_____</td></tr>
</table>

（1）在该实验中，自变量是_____，在实验中应该控制_____（写出两个）等无关变量保持相同。

（2）实验步骤④为错误操作，正确的操作应该是_____

_____。

（3）实验的第⑤步最好选用_____（试剂）测定单位时间内淀粉的_____（填"反应量"或"剩余量"）。

（4）如将实验中的新鲜淀粉酶溶液和可溶性淀粉溶液换为新鲜肝脏研磨液和 H_2O_2 溶液，你认为是否科学？_____。为什么？_____

_____。

2. 下图表示的是测定保温桶内温度变化的实验装置。某研究小组以该装置探究酵母菌在不同条件下呼吸作用的情况。材料用具：保温桶（500 mL）、温度计、活性干酵母、质量浓度 0.1 g/mL 的葡萄糖溶液、棉花、石蜡油。

温度计
棉花塞
保温桶

实验假设：酵母菌在有氧条件下呼吸作用比无氧条件下呼吸作用放出的热量更多。

（1）取A、B两装置设计如下实验，请补充下表中的内容：

装置	步骤一	步骤二	步骤三
A	加入240 mL的葡萄糖溶液	加入10 g活性干酵母	①_____
B	加入240 mL煮沸后冷却的葡萄糖溶液	②_____	加入石蜡油，铺满液面

（2）B装置中葡萄糖溶液煮沸的主要目的是_____，这是控制实验的_____变量。

（3）要测定B装置因呼吸作用引起的温度变化量，还需要增加一个装置C。请写出装置C的实验步骤：

装置	步骤一	步骤二	步骤三
C	③_____	④_____	加入石蜡油，铺满液面

（4）实验预期：在适宜条件下实验，30分钟后记录实验结果，若装置A、B、C温度大小关系是：_____（用"<""=" 或">"表示），则假设成立。

3. 人工光合作用系统可利用太阳能合成糖类，相关装置及过程如下图所示，其中甲、乙表示物质，模块3中的反应过程与叶绿体基质内糖类的合成过程相同。

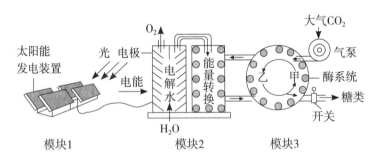

（1）该系统中执行相当于叶绿体中光反应功能的模块是_____，模块3中的甲可与CO_2结合，甲为_____。

（2）若正常运转过程中气泵突然停转，则短时间内乙的含量将_____（填"增加"或"减少"）。若气泵停转时间较长，模块2中的能量转换效率也会发生改变，原因是_____。

（3）在通入与植物光合作用固定的CO_2量相等的情况下，该系统糖类的积累量_____（填"高于""低于"或"等于"）植物，原因是_____。

（4）干旱条件下，很多植物光合作用速率降低，主要原因是＿＿＿＿＿＿＿＿＿＿＿＿＿
＿＿＿＿＿＿＿＿。人工光合作用系统由于对环境中水的依赖程度较低，在沙漠等缺水地
区有广阔的应用前景。

三、参考答案

（一）填空题

1. 蛋白质 RNA 催化 高效 专一 温度 pH

2. 直接 光反应 细胞呼吸

3. 有机物 能量 氧 线粒体

4. 叶绿体类囊体薄膜 无水乙醇 绿叶中的不同色素在层析液中的溶解度不同，
溶解度高的随层析液在滤纸上扩散得快，反之则慢 光反应 类囊体薄膜 叶绿体基质

（二）识图题

1. O_2 CO_2 乳酸

2. 有机物中稳定的化学能转化为ATP中活跃的化学能和热能

3. $C_6H_{12}O_6+6H_2O+6O_2 \xrightarrow{\text{酶}} 6CO_2+12H_2O+$能量

4. O_2 NADPH CO_2 C_5

5. 光能 活跃的化学能 有机物中稳定的化学能

（三）单项选择题

1～5 DCCAB 6～10 ABAAC 11～12 CD

（四）非选择题

1. （1）温度 pH、酶浓度、淀粉溶液浓度、保温时间（写出任意两个即可）

（2）将新鲜的淀粉酶溶液和可溶性淀粉溶液分别在各实验温度下恒温后再混合

（3）碘液 剩余量

（4）不科学 因为温度会直接影响过氧化氢溶液的分解

2. （1）①不加入石蜡油 ②加入10 g活性干酵母

（2）去除氧气 自

（3）③加入240 mL煮沸后冷却的葡萄糖溶液 ④不加入活性干酵母

（4）A＞B＞C

3. （1）模块1和模块2 五碳化合物（C_5）

（2）减少 模块3为模块2提供的ADP、Pi和$NADP^+$不足

（3）高于　人工光合作用系统没有呼吸作用消耗糖类（或植物呼吸作用消耗糖类）

（4）叶片气孔开放程度降低，CO_2的吸收量减少

四、设计意图

在本单元教学目标的引领下，设计了填空题、识图题、选择题、非选择题四个模块，巩固学生所学知识，并引导学生运用所学知识解决实际问题。

（一）填空题

以教材中本章小结为依据，结合本章重要概念，以挖空的形式让学生填写核心关键词，对课堂知识进行复习和巩固，加深记忆，属于基础题型。

（二）识图题

以概念模型建构的方式，引导学生梳理有氧呼吸、无氧呼吸以及光合作用的过程，并从物质与能量的视角，建构光合作用与呼吸作用的概念模型，理解二者本质上的联系，认同细胞生命活动过程中始终贯穿着物质与能量的变化。

（三）单项选择题

基于学生基础知识牢固的前提，侧重考查学生的知识迁移能力和综合运用能力，知识的基础性和应用性并重。紧扣新课标的要求，探究酶催化的高效性和专一性，关注重点实验内容（提取和分离叶绿体中的色素）。基于生产实践考查光合作用和呼吸作用的过程并延伸至光合作用和呼吸作用在生活中的应用。

（四）非选择题

分别设计酶、呼吸作用的探究性实验题和光合作用的情境题，该部分内容着重考查学生的实验探究能力、思维发展能力。前两题均以表格的形式呈现，落点在实验变量的合理设计，以及探究呼吸作用的类型。源于教材，但以不同的形式呈现，希望能进一步提升学生的学习能力。第三题侧重考查学生对试题情境的分析，尤其是科研情境，将所学的内容与人工光合作用系统进行关联，提高学生的探索欲望。

五、评价标准

填空题和识图题由学生翻阅教材完成自评。

单项选择题共12题，非选择题共3题。选择题错误在三道题及以下评为A，错误在三道题以上六道题以下（包含六道题）评为B，错误为六道题以上评为C。非选择题共21个填空，错6个空及以下评为A，错6个空以上10个空以下（包含10个空）评为B，错10个空以上评为C。

A+A=优秀+，A+B=优秀，A+C=良好，B+B=良好，B+C=合格，C+C=不合格。

六、反馈形式

该部分单元作业均以纸质形式提交。填空题和识图题，由学生翻阅教材完成自评，并交由教师检查。选择题和非选择题部分由教师完成批阅并根据学生常见错误设置变式训练进行跟踪检测。

附4：探究性作业设计案例

《影响酶活性的条件》探究性作业设计

广州市培英中学　涂　洁

一、学习目标

1. 在动手制作"姜撞奶"的实验中，能控制自变量，能观察和检测因变量，设置对照组和重复组。

2. 通过科学实验探究，培养科学思维，提高动手能力。

3. 领悟酶与生活的密切联系，增强科学研究的社会责任感。

二、探究性实验

作为广东的一种特色小吃，姜撞奶味道香醇爽滑，甜中微辣，风味独特，具有暖胃、预防感冒等功效，深受大众喜爱，以姜汁和牛奶为主要原料。生姜和牛奶分别作为日常生活中常见的烹饪调味料和饮品，学生从小就接触并熟知，市场上也易采购，故对于生物探究实验来说原料非常简单。用简单的食材制作美食应用于生物学实验的探究，既锻炼了学生的动手能力，又培养了学生的科学思维，符合简约教学模式，即形式上"简"，内容上"丰"。

【姜撞奶的原理】：利用生姜汁中的生姜蛋白酶水解牛奶的酪蛋白（生姜蛋白酶可专一性地切割牛乳内酪蛋白上第105位苯丙氨酸和第106位甲硫氨酸之间的化学键），破坏酪蛋白胶束，从而使牛奶凝固。

【实验材料】：生姜、牛奶、食用醋、食用碱、破碎机、纱布、小碗或一次性水杯、记号笔、实验用温度计等。

【实验要求】：4人为一组，每人完成1个设计实验，共同完成整个探究实验。周末在家分工进行实验，记录实验数据，形成简单的实验报告，拍摄照片和视频存底。

【实验步骤】：①称取新鲜生姜 70 g，去皮，切成小块，用破碎机破碎成姜末；②用纱布裹住姜末，将姜汁挤入碗中；③将 200 mL 牛奶倒入锅中，边加热边搅拌，温度达到 80 ℃时停止加热，加入适量白砂糖；④待牛奶冷却到最适宜温度 T_m 时，将牛奶快速倒在姜汁上；⑤静置 5～10 min，牛奶凝固后即可食用。

【完成以下探究性设计实验】：

Q1：设计实验，分析自变量姜汁对姜撞奶制作结果的影响。

提示：利用①新鲜姜汁和②煮沸姜汁，其他条件相同，分别进行实验，观察凝乳现象并记录凝乳时间，分析实验结果。

实验结果记录表：

姜汁来源	新鲜姜汁	煮沸姜汁
凝乳时间		
凝乳效果		

实验结论：_____。

Q2：设计实验，分析自变量牛奶类型对姜撞奶制作结果的影响。

提示：利用①新鲜牛奶、②纯牛奶、③复合乳或乳饮料，其他条件相同，分别进行实验，观察凝乳现象并记录凝乳时间，分析实验结果。

实验结果记录表：

牛奶类型	新鲜牛奶	纯牛奶	复合乳或乳饮料
凝乳时间			
凝乳效果			

实验结论：_____。

Q3：设计实验，分析自变量温度对姜撞奶制作结果的影响。

提示：根据文献研究，设置一系列的温度梯度 30 ℃、40 ℃、50 ℃、60 ℃、70 ℃、80 ℃、90 ℃、100 ℃，其他条件相同，分别进行实验，观察因变量牛奶凝固情况，观察凝乳现象并记录凝乳时间，分析最佳凝乳温度 T_m。

实验结果记录表：

温度/℃	30	40	50	60	70	80	90	100
凝乳时间								
凝乳效果								

实验结论：_____。

Q4：设计实验，分析自变量pH对姜撞奶制作结果的影响。

提示：对新鲜姜汁进行处理，分为三组。①不做任何处理；②加入适量的食用醋处理；③加入适量的食用碱处理，其他条件相同，分别进行实验，观察凝乳现象并记录凝乳时间，分析实验结果。

实验结果记录表：

对姜汁的处理	不做任何处理	加食用醋处理	加食用碱处理
凝乳时间			
凝乳效果			

实验结论：_____。

【思考与讨论】

1. 酶的作用机理是_____，凝乳酶破坏的化学键是_____。

2. 复合乳或乳饮料不能凝乳的原因可能是_____。

3. 根据实验结果，凝乳的最佳温度是_____左右，作出此判断的依据是_____。

4. 根据实验结果，超过90 ℃不能凝乳的原因是_____。

5. 进一步研究发现，该实验中若采用4%的姜汁，则相同时间内最适宜温度T_m下凝乳不完全，分析可能的原因是_____。

6. 为提高实验的准确度，实验中"在不同温度的等量牛奶中混入一些新鲜姜汁"操作中应注意的是_____。

7. 制作姜撞奶的操作虽然简单，但不少人在制作时会出现凝固失败的现象，原因主要有以下几个方面：

（1）姜汁有问题，生姜必须用新鲜的姜，原因是新鲜的姜内＿＿＿＿＿＿＿＿＿＿＿；

（2）牛奶的新鲜程度不够，牛奶变质；

（3）若温度没有掌控好，牛奶和姜汁接触时温度超过了80℃，此时酶的＿＿＿＿＿＿＿＿改变导致＿＿＿＿＿＿＿降低，不能使牛奶凝固。

8. 生姜蛋白酶在食品工业上具有广阔的应用前景，酶制剂适宜在＿＿＿＿＿＿＿＿＿＿（写出温度条件）条件下保存。

三、参考答案

1. 降低化学反应的活化能　肽键

2. 蛋白质含量低

3. 依据实验结果得出最佳温度T_m　温度为T_m时凝乳时间最短，凝乳效果较好

4. 90℃时生姜蛋白酶结构被破坏，无法催化酪蛋白水解，所以不能凝乳

5. 姜汁浓度降低，生姜蛋白酶减少，酪蛋白水解速率减慢，凝乳不完全

6. 将等量姜汁在不同温度下分别保温后再与对应温度的牛奶混合

7. （1）凝乳酶含量高、活性强　（3）空间结构　酶活性

8. 低温

四、设计意图

（一）设计实验，训练科学思维

"影响酶活性的条件"的探究实验所包含的实验方案设计、实验操作过程及实验结果分析，既是前面所学的"酶的作用和本质"知识的延续，又是理解影响光合作用和呼吸作用因素的基础，同时还可以训练学生的探究技能，引导学生学习科学方法。本实验的设计，是创造条件让学生亲自动手探究，并紧密地结合了生活实际，有利于学生在探究的过程中学习和运用控制变量、设置对照实验的方法，培养学生自主探究的能力。

（二）提高学生的动手能力，加深其对知识点的理解

由于条件有限，大部分学校通常以讲授与视频演示的方式进行生物学教学，学生动手操作的机会极少，且微观的知识点难以理解，让学生误以为学生物学背书就好。但实际上，生物学是一门实验性很强的学科，所有生命现象的揭示都离不开众多科学家的实验研究。本次实验条件简单，与制作食物结合，容易激发学生的兴趣，使学生乐于动手操作，可以让学生更全面系统地认识科学实验，理解所学的知识点，同时通过对失败的实验进行分析，培养自主学习能力和创新思维。

五、评价标准

1. 能顺利完成 4 个设计实验，并至少分析出一点凝乳失败的原因，且能完成"思考与讨论"中 7 个小题及以上，评为 A+。

2. 能顺利完成 3 个设计实验，并至少分析出一点凝乳失败的原因，且能完成"思考与讨论"中 5 个小题及以上，评为 A。

3. 能顺利完成 2 个设计实验，并至少分析出一点凝乳失败的原因，且能完成"思考与讨论"中 3 个小题及以上，评为 B。

4. 能顺利完成 1 个设计实验，并至少分析出一点凝乳失败的原因，且能完成"思考与讨论"中 2 个小题及以上，评为 C。

5. 1 个设计实验都未完成，评为不合格。

注：对有独到见解或示范性的作业点名表扬或奖励小礼物。

六、反馈形式

因为布置的是探究性作业，实验材料简单，家庭均具有，适合学生周末自由组合进行。学生以小组为单位提交实验报告及实验视频或照片，教师及时批改并公布作业情况。对于学生在实验过程中遇到的问题，及时讲解。

第四章　高中生物学简约教学的范式

关于"范式"的理解有两种观点：一是指范例、样式和模式，或某一科学的研究方法；二是指某一词的词形变化表。❶美国著名的科学哲学家托马斯·库恩最早提出"范式"一词，并在其经典著作《科学革命的结构》（ *The Structure of Scientific Revolutions* ）中对"范式"做了解释。库恩认为，凡是具备以下两个特征的都可称为范式：一是拥有共同的理念和价值观的共同体，二是这个共同体能为后来的研究者提出有待解决的问题。库恩所理解的范式就是指拥有共同价值观和理念的研究者在某一理论基础的指导下，采用一定的研究方法来解决一系列的问题，并在此基础上形成具体的操作模式来指导实践活动。库恩将范式分为抽象用法和具体用法。所谓抽象用法，是指共同体拥有的理念和价值观；具体用法指范例，即解决问题时具体的操作模式。范式的内容应包含两个部分：一是学科共同体认可和接受的关于学科的基本认知、研究思维和研究方法的体系；二是范例，这种范例可以是具体的问题解答方式，也可以是为解答具体问题提供的具体模式。❷

范式属于哲学范畴，但是它的提出影响了经济学、社会学、法学、教育学等多门学科。在教育学领域，最早引用范式一词的是美国著名的教学研究专家盖奇。他在对范式理解的基础上提出：教学范式是由研究共同体、理论基础、研究方法、研究共同体统一的表达方式和评价标准所构成的综合体。我国学者王文丽认为教学范式是教学共同体（包括教学理论研究者和教学实践工作者）在一定时代背景下形成的较为稳定的教学理念和教学模式。教学理念指导教学实践活动形成较为稳定的教学模式，反过来，教学实践活动中出现的教学问题促使教学理念不断更新，从而建构更为完善、更具指导性的教学范式。教学范式应该从自上而下的理论层面和自下而上的实践层面两方面去探讨。教学范式的理论层面是教学研究共同体所认可和接受的关于教学的基本认知、研究思路和研究方法体系；教学范式的实践层面是指具体的教学范例，是教学范式中理论层面在教

---

❶ 李赋宁. 朗文当代英语辞典［M］. 北京：外语教学与研究出版社，1997：1026.

❷ 王文丽. 试论教学范式及其变革研究［J］. 东北师大学报（哲学社会科学版），2017（1）：179-183.

学实践活动中的具体运用。王文丽将五个英文单词的首字母按照一定的顺序排列，形成如下公式：教学策略（SOLUTION）＋教学案例（EXAMPLE）＋理论基础（RULES）＋教学理念（VALUE）＋服务于教育（EDUCATION）＝教学范式（SERVE），如图4-1所示。❶

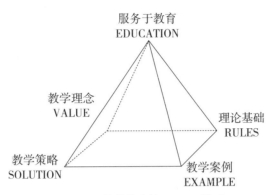

图4-1 教学范式的SERVE模型

　　根据以上的标准和模型，简约教学可以称得上是一种教学范式。简约教学服务于一线生物学教育，使学生易于掌握高中生物学概念的本质和知识的结构体系，从而学得轻松愉快。如何改变"传授知识—接受知识"和"以教师为中心、以课堂为中心及以教材为中心"的传统教学范式，努力构建以教师为主导，以学生为主体，以自主、探究、合作等为特点的，师生互动的，注重学生能力培养的教学范式，是简约教学关注的重点问题。本书第一章第二节阐述了简约教学的理念，第一章第三节阐述了简约教学的理论基础，第三章提出了简约教学的十大策略。本书前三章的内容解决了高中生物学简约教学的理念问题，从本章开始，力图运用简约教学理念指导高中生物学课堂教学实践活动并形成较为稳定的教学模型。由于课型特点具有显著差异，所以选取高中生物学教学中的三种典型课型（新授课、复习课和实验课）来建构教学模型。这三种课型虽然模型结构不一样，但都是基于简约教学的思想理念而形成的。

---

❶ 王文丽. 试论教学范式及其变革研究［J］. 东北师大学报（哲学社会科学版），2017（1）：179-183.

第一节　新授课"三版块"教学模式

　　新授课就是教授新内容、新知识的课，是基本课型之一。在正常的教学实践中，新授课占课时总数的70%以上。学生学习新知识，主要通过新授课。新授课的质量从根本上决定着学生学习的质量。为保证学生在教学活动中的主体性和教师在其中的主导作用，笔者基于简约教学理念，从高中生物学课堂教学的时间分配和组织原则出发，建构了高中生物学新授课"三版块"教学模式。

一、"三版块"教学模式的提出及其含义

　　自20世纪80年代中期开展素质教育大讨论至今，围绕素质教育这一基本理念涌现出各种各样的课堂教学理论，产生了数不胜数的课堂教学模式，仅1998年山东省龙口市就推出了23个中小学学科的103个课堂教学模式[1]。回首改革开放四十余年，中国是世界上中小学教学模式数量最多的国家，甚至可以说创造了中小学教学模式数量最多的吉尼斯世界纪录。各种课堂教学模式层出不穷，"高效课堂""幸福课堂""兴趣课堂""快乐课堂""生本课堂""和乐课堂""和谐课堂""能力课堂""合作课堂""探究课堂""翻转课堂""阳光课堂""创生课堂""三效课堂""四探课堂""五疑课堂"，等等，让人目不暇接。但冷静分析后发现，众多的课堂教学理论和课堂教学模式留给我们的思考也不少：其一，从"教"的方面想得多，从"学"的方面想得少；其二，过分强调"以学生为中心"、片面理解"以学生为主体"，在实际的教学中很难达到目前我国在有限的教学时间内进行大班集体授课的教学目标。上述两点都有亟待完善的必要[2]。四十余年来，我们对"教师中心"持有一致的反对观点，转而走向了"学生中心""学习中心"，从强调学生的主体地位和自主发展的角度看，这种转变无疑是有价值的、积极的。但从教学改革思维方式上看，这种转变并没有本质的变

---

[1] 柳思俭，淳于家新. 实用中学学科课堂教学模式［M］. 济南：山东教育出版社，1998：2.
[2] 卫作辉，王建春. 整合教法与学法在课堂教学的实施［J］. 中学教育，1999（5）：15-16.

化，依然是"点状思维"和"中心思维"，依然没有处理好教与学、教师与学生、知识与素养等方面的关系。其实教师与学生、教与学的关系是一种对偶关系、手性关系，是谁也离不开谁的关系。对偶关系，即成对耦合的关系，相互耦合，成为一体。手性关系，即相映异构的关系，相对又相辅，相离又相连。为了凸显学生的主体地位，激发学生主动参与、自主学习，各种从教学时间分配、教学先后程序转换着手的教学模式，极易出现割裂教与学之间动态耦合、相映异构关系的问题。❶目前的高中生物学课堂教学面临的问题是，既要很好地完成传统课堂教学的教学目标和教学任务，又要达到落实学科核心素养的要求。

笔者所提倡的"三版块"教学模式是把课堂教学的时间和新授课结构分为三大版块，即三个"1/3教学时段"，分别对应"学生为主体的活动""教师为主体的活动""师生双主体多边互动"。

第一个"1/3教学时段"，学生围绕教师根据教学目标设计的学习问题进行阅读、思考、讨论等自学活动。

第二个"1/3教学时段"，教师围绕教学中心问题启发点拨、示范学习、引导结论，帮助学生解决依标自学过程中存在的疑难问题，探寻知识之间的联系，形成知识的结构网络体系。

第三个"1/3教学时段"，开展学生形成性测验并进行反馈矫正，师生、生生之间进行讨论，巩固教学目标。

该模式如图4-2所示：

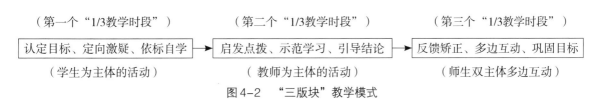

图4-2　"三版块"教学模式

二、"三版块"教学模式的指导思想

（一）理论依据

新授课是向学生传授生物学基础知识和基本技能、培养学生运用生物学知识的能力

---

❶ 郭元祥. 深度教学：促进学生素养发育的教学变革［M］. 福州：福建教育出版社，2021：丛书总序3.

和发展学生智力、情感的基本课型。课堂教学过程是师生双主体多边互动的过程，即师生之间、生生之间、师生与教学环境之间的互动。

课堂教学要坚持"双序"有机统一，即教材内容的学科逻辑顺序与学生学习的心理发展顺序高度统一。❶

人本主义教育认为，教学的本质是认知过程与情感过程的交织，是知识材料与个人经验的融合。师生之间是平等相待、相互促进的关系。学生在教师的指导下按照自己的兴趣和特点选择目标、内容和方法，独立思考，自我评价，教师常以学习者的身份出现，学生之间常常互帮互学❷。

布鲁姆"掌握学习"论认为，教学目标是教学活动的出发点和归宿点。

维果茨基"两种发展水平"教育理论认为，教学过程可以促进师生共同发展，把教法和学法的整合机制贯穿于教学过程，使课堂结构发生质的变化，体现教与学并重，既能克服高中生物学传统课堂教学模式对学生的主体性重视不够的问题，又可避免学生中心论的教学模式削弱教师主导性的危害。❸

布鲁纳的教学动机原则认为，学习动机是关系学习成败的决定性因素。学习动机有外来动机和内在动机之分，教师对学生学习的内在动机要激发、维持、指向，并不断把外来动机转化为内在动机。只有这样，学生的求知欲、求成欲、互助欲才能持久。

总之，教师应根据高中生物学新课标的要求、教材知识内容和学生情况确定并提出教学目标，将教学目标问题化、质疑化，引导学生独立探索、思考和相互讨论，通过教师的启发点拨和示范学习以及反馈矫正、师生双主体多边互动，帮助学生逐步由感性认识上升到理性认识并指导实践。

（二）功能特征

（1）教学目标问题化，不仅能充分发挥教学目标的导向作用，而且便于教师掌握学情，克服教师处理教材的盲目性和随意性。

（2）激发学生的求知欲、求成欲、互助欲，充分调动学生学习的积极性和主动性，实现双主体多边互动的新教学思想，有利于学生自学、观察、交往和应用等能力的培养。

---

❶ 邱才训. 素质教育课堂教学的基本理念及其实践特征［J］. 中国教育学刊，1999（5）：16-20.

❷ 高文. 现代教学的模式化研究［M］. 济南：山东教育出版社，2000：112.

❸ 卫作辉，王建春. 整合教法与学法在课堂教学的实施［J］. 中学教育，1999（5）：15-16.

（3）教师的示范学习有利于学生对生物学科学习方法的掌握，学生不仅"学会"，而且"会学"。

（4）当堂知识实现节节清，围绕教学中心问题，教师为目标而教，学生为目标而学，力图使全体学生都能达成教学目标，有效解决知识缺陷积累的问题。

（三）适用范围

该模式适用范围比较广泛，因为高中生物学教学内容之间较少存在像数学、物理等学科那样特别强调严密的逻辑推理的问题，绝大部分属于描述生物学事实、简要阐释生命现象及其规律的内容，学生通过阅读和思考可基本了解。基于此，该教学模式特别注重学生的阅读、思考、练习、讨论等活动。

对于教材中难度太大、逻辑思维性太强的内容，如"减数分裂""遗传的基本规律""伴性遗传""生物的变异""生物进化学说"等，如果机械地运用该教学模式将难以达到最佳的教学效果。

三、"三版块"教学模式的操作程序

（一）第一个"1/3教学时段"：认定目标、定向激疑、依标自学

1. 认定目标

教学目标是教学的灵魂，它决定了教与学的方向。传统的目标教学往往先向学生展示"了解……""理解……""掌握……"，等等。学生虽能记下要求，但很难把握，也难以确定是否达到要求。解决的方法就是把教学目标转化为目标思考题，通过题目来检查学生的掌握程度。上课伊始，教师将本节课教学目标以多种形式的问题提出来让学生思考，然后师生共同认定目标。

2. 定向激疑

根据教学目标提出的问题应不拘一格，提问式、图表式均可。但编写的问题要符合目标要求，具有一定的思维含量和思维梯度，要让学生自学后经过一番思考才能答出，达到"跳一跳，摘得到"的效果。把目标问题化的目的就是激疑，使学生产生强烈的求知欲，带着疑问到教材中去探究。

3. 依标自学

依标自学是学生主动从教材上获得新知识的过程。学生依据认定的目标看书阅读，自行归纳，找出各个目标问题的答案。教师巡回指导，对学生提出的疑难问题给予必要的辅导。一般来说，教学内容难度越小，学生年级越高，课堂阅读在教学过程中所占的比例应越大，阅读所达到的目标也应越高。同时，学生在阅读过程中要自始至终保持探求兴趣和高度集中的注意力，提高阅读的速度和质量，更好地达成教学目标。

（二）第二个"1/3教学时段"：启发点拨、示范学习、引导结论

1. 启发点拨

通过前面的依标自学，学生在主动探索知识的过程中形成了初步的观点和认识。在学生掌握教材的基础上，教师应根据教学目标、学生自学过程中提出的问题、教材的重难点以及知识点间的内在联系，进行启发和分析。也可以引导学生进行分析讨论。把学生的疑问消除在课堂内，让学生能准确把握知识点，切实达到"学会"的目标。

通过启发点拨形成的正确认知和结论最好概括成简明的文字或图表，可以借助板书或投影等进行演示，以便学生回顾和记录。

2. 示范学习

在启发点拨过程中，教师要有意识地以学习者身份示范"学习"，这样可以让教学效果生动直观，学生易受鼓舞并易于模仿。教师要结合教学内容实例，给学生指明该部分内容的学习方法。对于一些较为特殊的学习方法，教师要举例示范。这样，学生在"学会"的同时也就达到了"会学"的目标。学生在掌握了学习生物学科的方法后，往往会取得事半功倍的效果。

3. 引导结论

以教师为主导，以目标为依据，归纳知识，概括要点，明确问题，使知识系统化、结构化，并通过板书或投影体现出来。其基本任务包括：第一，盘点知识，心中有数，确保学生课后能清晰回忆；第二，梳理知识，加深理解，确保学生课后能系统回忆；第三，归纳知识，总结规律，提高学生的学习能力。

注意，以上环节作为基本框架，在每堂课的教学过程中可根据教材内容的多少、难易程度一次或多次运用。同时，还要根据教材内容的需要和实际条件，在其中穿插实验，以及挂图、模型、实物或标本的演示和观察，突出生物学科教学的特点，加强直观

教学效果。挂图、模型、实物或标本应根据具体情况来确定应用的时间或环节。

（三）第三个"1/3教学时段"：反馈矫正、多边互动、巩固目标

教师出示以教学目标为依据编写的形成性练习题，对教学效果进行检测。其基本要求是：练习要有针对性；要立足基础，强化基础，巩固基础；练习的难易要适度，容量要适度，时间要适度；题型要多样，完成的方式要多样，反馈的方式要多样；出示任务要规范，完成过程要规范，监督反馈要规范。教师巡视后公布答案，学生互批。对于关键性题目可先让学生发表不同的意见，也允许学生与教师、学生与学生开展辩论，达到师生双主体多边互动的效果。教师对反馈的信息要及时矫正，以达到巩固教学目标的效果。

在这一环节中，学生综合运用已掌握的知识来分析解决问题，有利于其思维能力的培养。同时，学生在练习过程中可以反馈出存在的问题，教师不失时机地分析研究这些反馈信息，不断调整和改进教学方法，可达到教学相长的效果。

四、"三版块"教学模式的教学策略

（1）在认定目标、定向激疑环节，教师要精心研究教学目标，设计出符合目标要求且具有一定梯度的思考题。因此，在掌握教材、研究教材的基础上，教师还要充分研究学生，根据学生的自学理解能力编写好阅读提纲。

（2）在启发点拨环节，为使这一步的教学有针对性，教师一定要根据大纲要求和教材的知识体系找准重点，并根据学生的接受能力找准难点。教师应对学生有具体深入的了解，如学生的知识水平、学生在课堂上的活跃程度、学生已有的相关知识、学生能自己解决的问题、学生在自学中的主要障碍等。只有教师心中有数，才能使启发点拨做到有的放矢。

（3）在示范学习环节，教师在教学设计的过程中要充分考虑"学"的策略。教师应根据学生的实际情况确定哪些教材内容分别适合"自学法""复习回顾法""记忆法""比较法""图表法""纲要信号系统法""规律解题法"等。也就是说，教师要具有学习本质、学习心理、学习过程、记忆方法等方面的基本理论知识以及活学活用的能力。

（4）在引导结论环节，教师要引导学生分析、厘清各知识点间的内在联系，将知识重新编码、排序，使之由点成线、由线成面、由面成网，由无序到有序组成知识的结构体系。

（5）在反馈矫正环节，形成性测试题在内容上要注重考查知识的掌握情况（此时尽量少考查知识的形成过程），宜采用选择题、填空题、是非判断题、识图题等能迅速计算出达标率的题型，以便建立反馈矫正机制，准确反映教学效果。

五、值得注意的两个问题

要灵活运用某种教学模式，关键在于把握其灵魂部分——基本理念及功能特征，而不是机械地关注其操作程序。具体的教材内容、学生情况、教学环境等的不同，决定了教学模式的操作程序是一个动态的过程。在"吃透"某种教学模式的基本理念及功能特征基础上，要善于变通地实施其操作程序，否则，再好的教学模式在教学实践中也会僵化，甚至制约良好教学效果的产生。具体到该模式的实际运用，应注意以下两个问题。

（1）所谓的三个"1/3教学时段"主要强调新授课的课型结构和时间分布的理念，即将课堂教学大致分为"学生为主体的活动""教师为主体的活动""师生双主体多边互动"三大版块，而不能机械地理解为"一堂课45分钟平均分三段，每一段15分钟"。

至于每个版块时间的长短，主要视具体的教学内容和学生情况而定。如"生态系统的结构"一节基本上属于描述性知识，知识点较多，但难度不是很大，运用该教学模式时，第一个"1/3教学时段"即"学生为主体的活动"可适当延长，第二个"1/3教学时段"即"教师为主体的活动"可适当缩短。而"光合作用与能量转化"一节涉及光合作用的原理等较为复杂的内容，学生不容易看懂，那么，第二个"1/3教学时段"即"教师为主体的活动"就有必要延长。简言之，"1/3教学时段"是一种理念而非具体的教学时间安排。

（2）坚持灵活运用原则，绝不可为追求每一堂新授课都是该模式的完整运用，而把本属于两节课完成的教学任务集中于一节课来完成。

这涉及章节教学整体性考虑的问题，只要一个章节的教学体现该模式的三大版块即可，不一定非得每一节新授课都体现这三个版块。根据整体章节的需要，具体每一堂课的三个"1/3教学时段"出现的顺序与上述模式表现不同是完全正常的。如该教学模式一般体现为"看—讲—练",根据章节教学的需要也可体现为"练(复习内容)—看—讲",对于比较难的内容可体现为"讲—看—练"。三个版块可变通组合运用,但纵观整体章节的教学,仍然符合该教学模式。

六、"三版块"教学模式体现简约教学范式的简析

该模式从课堂教学结构和时间安排上规划了简明的"三版块",明确课堂教学中教师和学生双主体的规定性活动,体现了简约教学的教学过程简化自然策略。第一版块主要由学生完成,克服目标虚化问题,将教学目标转换成学生要完成的且可检测的问题,体现简约教学的教学目标明确具体策略。第二版块主要由教师完成,其中"启发点拨"体现简约教学的"三不讲"和"三讲";教师的"示范学习",不仅仅是授之以鱼,更是授之以渔,学习方法比知识本身更重要,体现简约教学的教学方法简朴灵活策略;教师的"引导结论"以目标为依据,归纳知识,概括要点,明确问题,使知识系统化、结构化,并通过板书或投影体现出来,体现简约教学的知识的结构化处理策略。第三版块主要由教师和学生共同完成,通过课堂形成性练习的反馈矫正,始于教学目标,归于教学目标,着力强调课堂教学中师生、生生之间的互动对话,体现简约教学的学习评价简明真诚策略。当然,因教材内容、教师、学生等因素的不同,在章节整体思维、概念本质理解、教学语言、教学媒体等问题的处理上应该是不同的,但主张大胆运用简约教学的相关策略,让学生在新授课中学得轻松、学得愉快,实现知识与技能目标节节清,为今后的学习扫清障碍。

第二节　复习课"讲练评"教学模式

复习课指的是通过特定的课堂教学活动对学生在新授课教学活动中学习的基础知识、基本技能和基本方法进行巩固、深化、拓展的课型。复习课的目的是通过对知识进行条理化、综合化、系统化的整理,使学生加深理解、牢固掌握、灵活运用知识。复习

课要有利于建构知识结构，揭示知识之间内在的、本质的和必然的联系，从纵、横两方面加深学生对知识的理解，弥补学生学习上的缺陷，减少记忆负担，防止遗忘，促进学生认知结构的形成和完善。

一、关于复习课的基本认识

（一）复习课的任务

1. 复习知识

既要注意对基本概念、基本要点、基本规律、基本原理等知识的复习，也要注意对原则规则、方法步骤等知识的复习。前者主要是理解，也需要记忆；后者首先是记忆，其次是运用。前者帮助学生完善自己的知识结构，提高认知水平；后者帮助学生解决实际问题，提高基本技能。

2. 完善知识

在第一次学习时，由于各种原因，学生会出现学习错误，学习偏颇或学习不全面、不到位等问题，所以需要在系统复习的基础上查漏补缺。

3. 挖掘知识

有的知识靠一次学习是不可能完全理解的，因此在第一次学习时，不能展开也不宜展开，不能挖掘也不宜挖掘，这个工作需要在复习时进行。复习不是简单地重复，而是需要在原有的基础上进一步挖掘教材、拓展教材，以加深理解。

4. 总结知识

一是总结知识规律，进一步加深理解；二是总结答题规范和方法技巧，提高应用水平；三是总结学习方法，进一步反思和调整自己，以便更加有效地学习。

（二）复习课的原则

1. 系统性原则

教师要指导学生系统复习，帮助学生系统总结。所谓系统总结，就是在对每个知识点进行复习的基础上，加深学生对知识点彼此间联系的认识，使他们对所学知识有一个清晰的、准确的、完整的印象。

2. 重点性原则

要在系统完整的基础上有重点地复习，要突出教材的重点、难点、考点，并对它们进行挖掘延伸，避免简单重复；要突出对薄弱环节和易错试题的分析研究与纠正。

3. 针对性原则

要根据学生对知识的掌握情况组织教学。在具体施教过程中，先要采取多种方式调查学情——或先回忆、或先回答、或先测试等，然后根据具体情况进行点拨讲解、思考探究或强化训练等。

4. 主体性原则

学生是复习的主体，教师要引导、组织学生参与复习的全过程，多动手、多动口、多动脑，多思考、多实践。

（三）复习课的方法

1. 系统复习法

系统复习法就是对学过的知识进行全面系统复习的方法，它依据教材呈现的知识体系循序进行。

（1）导学式。

教师先提出要求，然后师生共同回顾，接着选择典型例题进行讲解或组织研讨。这种复习方法适合对难度较小或大家比较熟悉的知识的复习。师生共同回顾实际上就是引导和启发学生群答，而群答就可能有滥竽充数者，所以一定要是连基础薄弱的学生都能明确理解的知识才宜使用此法。

（2）自主式。

教师先提出要求，然后学生独立学习、合作探究，最后测试、反馈、点拨。这种方法适合对难度较大的知识的复习，但必须指导、组织和管理到位，不得放任自流。独立学习到什么程度才合作探究，合作探究到什么程度才进行反馈，都要认真思考。同时还要注意：测试要定时定量，反馈要全面准确，点拨要精要得体。

（3）纲要式。

教师指导学生把知识概括成纲要、表格、图示、口诀等，以加强理解和记忆。这种方法适合系统归纳、总结式复习和对重点知识的强化复习。具体的编写绘制工作，可在教师统一指导下由全体学生集体操作，也可以独立或分组进行。集体操作的方式，有利于集中智慧，加深印象，但不利于人人参与；独立或分组的方式，有利于人人参与，但还需及时全面反馈了解，并加以认定。

（4）竞赛式。

学生竞选章节主持人，然后组织全班同学竞猜、竞答、争论、研讨等。这种方法比较有趣味，易于激发学生热情，可以一试。但要注意：第一，要有具体的操作规则和激励措施；第二，对章节主持人设计的试题，要适当审查；第三，要合理调控，准确评价，及时点拨。

（5）训练式。

按教材结构，设计系列试题，以做题的方式进行复习强化。这种复习方法以训练带动复习，适合在系统复习之后进行。

（6）自测式。

引导和启发学生出题互测。可有几种变式：一人出题全班作答，或几人出题全班作答，或我出你答，或我们出你们答等。

（7）资料式。

针对重点内容，指导学生编写复习资料，并进行验收、评比。这种方法比较适合高年级的学生。编写的过程也是研究攻关的过程。编写时要立足教材，博取多方意见，认真比较，择其精华。

2. 专题复习法

（1）教材重组。

打破教材体系，选择新的角度，整合知识，强化训练。

（2）技能为纲。

以答题规范与技巧为专题进行复习，例如如何审题和构思等。

（3）试题探究。

以对典型试题的研究带动对知识的系统复习和深度挖掘。

（4）比较鉴别。

通过比较，区分异同，加深理解，掌握规律，正确运用。

（5）错题处理。

第一步，分类整理；第二步，查找原因；第三步，反复强化。

二、"讲练评"教学模式的提出及其含义

著名教育家于漪老师说："提高教学质量关键是提高课堂教学效率。"新授课要追求课堂效益，复习课更有提高效益的要求。打一个不太准确的比方：新授课就像牛吃草，囫囵吞枣似地一口口吃进大量的草料（知识），复习课则像牛反刍，把吃进的草料（知识）再咀嚼、消化，吸收转化为热能（能力）。牛的吃草和反刍是两个不同的过程，新授课和复习课也是性质不相同的两种课型。然而，在一线教学实践中，新授课与复习课不分的现象日益严重，基础年级的新授课中学生知识体系还没建构起来，概念本质理解还没到位，一些高考原题就出现了，尤以刚从高三下来或具有多年高三教学经验的教师为甚。一些教师的复习课基本按新授课方式再"满堂灌"地讲一遍，理由是学生基础差，学的知识时间间隔长已经遗忘了。有的教师把复习课视为练习课，天南地北地收来众多练习材料，搞题海战，把复习课的模式简化为"一练到底——满堂练的'答题式'"模式。有些教师，主观上想探索"启发式"，客观上功夫下得不够，因而学生配合不积极。还有些教师连连发问，一问到底，其课堂模式曰"提灌式"。此外还有"自由式""放羊式"等模式。以上种种复习课模式，阻碍了复习质量的提高，其共同的弊端主要体现在以下三个方面：一是在教育思想上没有摆正学生与教师在教学双边活动中的"主体"与"主导"关系。以教师的一厢情愿取代学生的学习激情，必然会压抑学生的主体精神和求知热情，在教育生产力诸因素中，学生是最活跃的一个因素，也是决定教育质量的最重要的一个因素。中国古代教育家孔子在论及学生求知主动性的三种境界时认为"知之者不如好之者，好之者不如乐之者"。科学伟人爱因斯坦也认为热爱是最好的老师。在上述课堂模式中，教师的包办替代导致课堂死气沉沉缺乏生气。"知""好""乐"的境界都不存在，复习效率何以言高？二是在教学原则上忽视了"教学反馈""因材施教"的原则，脱离学生实际，随意组织复习，学生已会的反复讲，学生不会的忽略练，盲人骑瞎马。不区别学生的学习水平差异，缺乏针对性的复习，其效率之低不言而喻。三是在教学方法上缺乏科学性、时代感。以盲目的知识积累取代系统的科学归纳，以简单的数量重复取代综合的高效训练，以单向、双向的信息交流取代信息时代的多向交流、信息反馈。教学方法的落后也是造成复习课效益不高的重要原因。针对这些问题，笔者提出了高中生物学复习课"讲练评"课堂教学模式。

"讲练评"复习课教学模式，把复习课的教学过程划分为"讲""练""评"三个互相衔接的教学环节，每一环节的基本内容及要求如下：

讲——"讲在关键处"。这是教师组织教学的起始环节。要求从"目标、方法、要求"三方面着手，首先结合高中生物学课标、高考评价体系和教材讲明复习目标；接着介绍复习方法，解题思路；最后明确分层练习和反馈的要求。讲的过程也就是组织教学、调动学生学习积极性的过程。不求面面俱到，只求"讲在关键处"，重在针对性强，这一环节时间控制在5~10分钟。

练——"练在必要中"。这是学生根据复习目标、学习要求，通过阅读教材系统归纳知识或通过针对性的解题练习巩固知识、形成技能的环节。根据需要或阅读教材整理、归类知识，或先读教材后做作业，或先做作业再结合教材归纳知识。"练"不求统一，突出因材施教，突出思维和方法训练。这一环节限时15~20分钟。限定时间，便于集中精力，提高速度，训练心理，力求获得知识、技能、习惯、心理、速度等多方面的同步训练效益。教师在这一学生自习阶段，要有针对性地巡回指导、了解、收集情况，为下一环节的展开收集反馈信息。

评——"评在要害里"。这是充分体现"主导""主体"双方快速、高效多向交流，反馈矫正，查漏补缺的评价活动。在这个环节中，教师有针对性地就练习中存在的知识、方法、技能等各方面的问题，进行精要点评。重在抓知识系统归纳和解题思路、方法的评析，帮助学生从感性认识上升到理性认识。在这一过程中，学生要主动、积极、自觉地反馈，师生之间、学生之间形成多向交流。可按分层教学的需要，把学生分成"基础组""提高组""带头组"，各组迅速归类典型错例，主动交流反馈。还可采取举手点数的办法，快速收集情况。这个环节以口头交流为主，或答问、或述理、或争论、或辩法。课堂活跃度一高，必然会出现教师预料之外甚至无法立即解答的问题。这是正常的，是学生思维开放的反映。对此，师生都应有正确的认识。学生不必为此责难老师，老师也不必为此放不下架子。学无止境，教无止境。韩愈早就说过"弟子不必不如师，师不必贤于弟子"，主张求学之时要"不耻相师"。教师有责任对学生讲明这些道理，师生要共同培养这种求知胸襟。这样，教学的民主氛围就形成了。只有这样，师生共同评价活动才能健康发展。这一环节可安排10~15分钟。

"讲练评"复习课教学模式如图4-3所示。

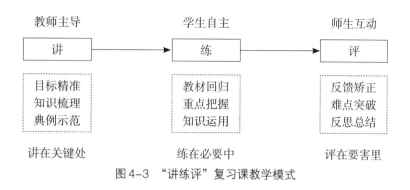

图4-3 "讲练评"复习课教学模式

三、"讲练评"教学模式的理论基础

（一）主导、主体理论

现代教育理论认为，教育是生产力，在教育生产力因素中，学生是最重要的因素，是主体。教师的教完全是为了学生的学，教的最终目标是不需教。"讲练评"教学模式是"导"与"学"的优化组合，既有利于教师"主导"作用的发挥，更有利于学生"主体"精神的调动和施展。

（二）目标控制理论

该教学模式对教学各环节的时间作了大体规定，对讲、练、评的内容、资料、方法等，都提出了较高的要求，作出了质与量的规定，有利于克服盲目性、随意性，增强针对性，从而保证课堂效益的提高。

（三）反馈矫正理论

反馈矫正理论的依据是信息论、控制论，是目标教学的精髓在复习课堂上的运用。

四、"讲练评"教学模式的教学策略

（一）结构化策略

学科结构化观点是现代教学思想之一，即把有关的知识点根据其相互联系和相互作用组合成系统的整体。复习时要根据知识内容总结出知识结构，随着复习内容的增加，教师要指导学生不断地把知识点植入大系统，把小结构组合成中结构、大结构。

（二）讲练评结合策略

在复习过程中，要把握好讲练关系、明确讲练要求、倡导师生互动。对于学生感到生疏困难的内容，宜讲练结合，以讲为主；对于后期复习时学生学得好但尚待巩固的内容，应讲练结合，以练为主。贯彻评价是教学中重要环节的思想，在练习评价中去伪存真，把握重点，突破难点。

（三）有效评价策略

为提高复习的有效性、巩固复习效果，应当及时评价复习目标的达成度。有效的评价能够促进学生的自主复习，具有画龙点睛的作用。

（四）自主性策略

在复习过程中，要充分发挥学生的自主性，让学生积极、主动参与复习全过程，特别是要让学生参与归纳、整理的过程，不要用教师的归纳代替学生的整理。在复习时要体现：知识让学生梳理，规律让学生寻找，错误让学生判断。只有这样才能充分调动学生学习的积极性和主动性，激发学生的学习兴趣。

五、"讲练评"教学模式操作程序

（一）目标预设

复习目标是复习课教学活动的出发点和归宿，是课堂教学的指向标，更是衡量教学有效度的标杆。每节复习课都要从"基础知识、基本技能、基本思想、基本方法、基本规律"等方面，对照课程标准、高考评价体系及其说明，预设好明确具体、可评测的复习目标；根据高考的命题特点、趋势和学生的实际情况确定复习的重点、难点。

（二）知识梳理

教师要引导学生对学过的知识进行回顾、梳理、整合，并依据知识间的内在联系，将平时相对独立的知识点进行整合，串成线、结成网，使之系统化、结构化，以便学生更好地把握各知识点的内在联系。教师可引导学生建构个性化的知识网络，使学生在整理知识的过程中有所发现、有所拓展，使知识结构化并更具迁移性。知识梳理应做到

"三要"：一要通读教材，构建知识体系；二要进行基础训练，理解知识点；三要概括重点，关注易错点，突出难点。

（三）典例示范

教师根据课时复习目标，从知识、技能、思想方法等方面入手，选择具有代表性的典型例题进行分析。选题要注意知识的整合性和综合性，题目所涉及的知识点尽量覆盖复习的内容，分析时注重先分析后综合，重思维过程，轻解题结果；选题不要追求偏、难、怪，要增加一题多解和一题多变的训练；对重点、难点、疑点和关键点，要有针对性地讲解并配备适当的变式练习予以强化；对易错的题目，组织学生说题、讨论、评价，教师做必要的点拨讲解以加深学生对知识的理解，提高学生对知识的迁移和应用能力。教师分析时要关注学生的学习状况，注意解题的规范性，适时调整教学策略，改进教学方法，弥补复习中的薄弱点，以使学生都能顺利达成教学目标。在教学过程中，要注意引导学生及时归纳规律性知识，揭示知识间的内在联系，总结解决问题的方法，养成仔细审题、缜密析题、精确计算、规范表达的良好习惯。

（四）达标检测

预设目标的达成度是检测复习课成果的重要指标，可以帮助师生及时发现和弥补教学过程中的遗漏和不足。在设计练习题时，要抓住基础知识和基本技能，突出重点、体现难点。一般情况下可设计基础题、发展题、综合题。基础题面向全体学生，使他们都有能力完成；发展题面向中等以上学生，以知识迁移和应用为主，题型不限；综合题以知识的综合应用为主，需要学生综合运用知识储备加以分析和解决，有利于提高学生思维品质，形成学科建模思想。达标检测时，教师应通过巡视了解全体学生的学习状况。达标检测题应做到"两要"：一要注意练习题目的变式和系列化，避免大量重复的机械练习；二要突出重点和补救性，必须将以前的错题再现并纠正，力图发现新问题。

（五）反馈矫正

教师应通过检测发现问题并及时矫正，同时要注意对练习结果的评价、反馈，对学生暴露的不足应及时矫正、补救，帮助其不断完善知识网络，优化学习方法，形成良好的答题习惯。要及时引导学生总结、反思学习中存在的问题，解答学生的疑问，提炼本节课知识点间的内在联系，补充综合性和再生性问题，提升学生的思维品质。

（六）反思总结

反思总结应做到"四要"：一要对复习过程中暴露的问题做进一步的强调；二要站在整个学科知识体系的高度完整地归纳概括复习内容；三要概括总结解题思想方法和规律，说明适用范围和应注意的问题；四要总结基本题型及相应的解题方法。

六、"讲练评"教学模式的操作建议

（一）精心备课

备课程标准要求落实的具体要点，备教材、训练材料，备教学目标、分层教学要求，备学法，备有可能出现的有关问题。

（二）构建有效的反馈体系

（1）建立学习小组，可邻桌为组，也可按学习层次分为 A、B、C 若干组。

（2）培养反馈意识。这不是容易做到的，须持之以恒才能见效。

（3）探索多样快捷的反馈形式：教师出示答案，预测，观察，随堂收集反馈；学习小组讨论，分类汇总，筛选、反馈；随堂举手统计；学生互评、互相矫正。

（三）培养探究精神

发扬教学民主精神，培养不耻相师、好问求疑、善问求变的探究精神。

（四）教学环节的灵动组合

讲练评三个环节可以根据复习课内容和进程做灵活变动组合，课堂教学结构可以是"练—讲—评""练—评—讲"或"评—讲—练"。

"讲练评"教学模式意在将"精讲、实练、及时评价、反馈、补救"几个环节联系为一个封闭的体系，从而加强针对性、减少随意性，改变由长期固守的低水平循环往复造成的少慢差费、身心疲惫的复习课现状。"讲练评"教学模式是一个完备的将知识内化的过程；"讲练评"教学模式是一项系统工程，评价、统计、反馈、补救各个环节都需要管理；"讲练评"教学模式是一种互动学习的交流模式，需要长期坚持才能运行自如。

七、"讲练评"教学模式体现简约教学范式的简析

"讲练评"教学模式是针对复习课普遍存在的目标性不强、效率低下等问题提出的，教学流程简洁明快，体现简约教学"教学过程简化自然"的策略。"讲"由教师主导，"练"由学生自主，"评"为师生互动，每个环节的主体任务清晰明确，其核心理念"讲在关键处，练在必要中，评在要害里"中的"关键""必要""要害"是简约教学思想的经典呈现。教师的"讲"做到"目标精准，知识梳理，典例示范"，学生的"练"做到"教材回归，重点把握，知识运用"，师生的"评"做到"反馈矫正，难点突破，反思总结"，体现了简约教学深刻的内涵。讲练评三个环节可以根据复习课内容和进程做灵活变动组合，体现简约教学"教学方法简朴灵活"的策略。

第三节　实验课"预做思"教学模式

生物学是一门实验性极强的学科，无论是规律的发现还是概念的获得均需要以实验为基础，以实验为载体。在高中生物学学习中，实验的重要性无论怎样强调都不过分。如若将实验和生物学教学割裂开来，那么生物学必然会失去灵魂，其本身的学科价值也将不复存在。所以说，顺利有效地开展高中生物学实验教学极为重要。它对生物学教学目标的实现，对学生的未来发展以及高中生物学教师专业素养的提升均具有无可替代的作用。

新课标强调"核心素养为宗旨、教学过程重实践"，在教学过程中要更加重视学生的实践经历。新课标在实施建议部分，提出要加强生物学实验室的建设，完善生物学实验教学，而且对相关要求的描述更加具体和细致：地方和学校应依据课程要求和学生数量，制订并实施学校生物学实验室数量、主要实验仪器种类和数量等标准，及时购买必要的实验材料和药品，满足学生实验和实践教学活动的需要，增加所有学生的动手实践

的机会。有条件的学校应建设专题研究实验室、跨学科综合实验室。鼓励教师结合学校和学生实际，设计出有特色和创造性的学生实验，有条件的学校应开放实验室。在实际教学过程中，一线教师也深刻地体会到实验教学的要求逐年提高，从明确要求培养学生的生物学实验能力，到重视实验教学、培养学生的实际动手操作能力，再到让学生学会生物科学探究的一般方法，最后到要求培养学生具备较强的生物学实验的基本操作技能以及搜集和处理信息、获取新知识、分析和解决实际问题、交流与合作等实验能力。

一、生物学实验及生物学实验教学

生物学是以实验为基础的自然学科，生物学的发展离不开实验。生物学实验是生物学研究的重要方法，是生物学赖以形成和发展的基础，是探究生命活动规律的基本手段。生物学实验是生命科学的研究者们为了检验某种生命科学理论或假设而进行的某种操作或从事的某种活动。[1]刘毓森等在《生物学实验论》中将生物学实验定义为：有一定的研究对象，并根据研究目的，运用一定手段（仪器、设备等）主动控制、干预研究对象，或控制环境、条件，即创造一种典型环境或特殊条件，并在其中进行的探索生命现象及其运动规律的实践活动。[2]也有学者认为：生物学实验是指在人工控制条件下，基于生物学原理和规律，利用相关的仪器和用具，探索、验证生物学知识的实践形式。[3]

对于生物学实验教学，目前为止国内已有很多学者给出了相关概念界定。刘恩山在《中学生物学教学论》中对中学生物学实验教学的定义为：通过一定的仪器、设备或药品的处理对生物体的形态结构和生理功能进行有目的、有重点地观察和研究的教学过程。[4]也有学者认为，生物学实验教学是根据生物学的教学目的、学生的身心发展水平及认知水平等，在教学活动中有计划、有目的地安排或设计实验程序、模式，在规定时间内完成，以期达到实验目的的教学实践活动。[5]笔者在此将生物学实验教学定义为教师根据教学目的、学生认知水平、教学条件，有目的地安排、设计一些类似科学实验的

---

[1] 陈继贞，张祥沛，曹道平．生物学实验教学研究［M］．北京：科学出版社，2004：15-52.

[2] 刘毓森，张昕，张富国．生物学实验论［M］．南宁：广西教育出版社，2001：23.

[3] 王洁娴．初中生物实验教学现状调查及对策探讨［D］．南京：南京师范大学，2014：5.

[4] 刘恩山．中学生物学教学论［M］．北京：高等教育出版社，2003：143.

[5] 毕思莹．章丘市初中生物实验教学现状调查及对策研究［D］．济南：山东师范大学，2017：8.

模式、程序，指导学生利用一定的材料、药品和仪器设备，按照指定的条件在规定的较短时间内进行实际操作，以达到预期实验目的的教学实践活动。简单来说，可将生物学实验教学概括为针对生物学科相关实验而展开的一系列教学活动。

二、生物学实验教学的作用

实验教学不能用课堂理论教学来代替，也不能仅作为理论教学的辅助内容。实验教学是有独立目的和作用的实践教学环节，其与理论教学是相互独立、紧密联系、相辅相成的，其地位是平行于理论教学的。在学生兴趣方面，生物学实验具有真实、直观、形象、生动、有趣的特点，对于好奇心比较强烈的高中生来说，实验教学可以激发学生的直接兴趣。在知识方面，生物学实验教学能加深学生对知识的理解和记忆，学生还有可能发现新知。在操作技能方面，实验操作技能只有在生物学实验中才能得到训练，其作用不可替代。在学生智力发展方面，实验是手脑并用的实践活动，是培养学生观察能力最直接、最有效的途径，能够使学生较为容易地抓住事物的本质并找出解决问题的根本方法和措施。在学习效果方面，学生可在实验过程中结合理论知识对现象、过程及结果进行深度分析，既能加强对基础知识的记忆和理解，又能洞悉生物学科的原理，学习效果大幅提升。在习惯养成方面，生物学实验活动探索性、严密性强，有时还具有一定的危险性，只有学会正确的操作方法并在实验中保持严谨、细致的态度，才能够保障实验的安全、有序开展，才能梯度性、层次性地完成实验；通过教师的正确引导，学生会逐渐养成严谨、细致、规范、耐心的实验态度，并以此引导学生养成良好的学习习惯、工作习惯、生活习惯。在能力提升方面，高中生物学实验涉及的许多实验材料需要学生自行准备，同时高中生物学实验教学常常会向课外延伸，例如动植物种群密度的调查、制作生态缸以及探究促进扦插枝条生根的生长素类似物最适浓度，等等，高中生常常开展这类课外实践活动，对其综合能力的提升有很大帮助。在人格培养方面，生物学实验教学能使学生直接接触生物，观察生命现象，激发学生的积极性，培养学生实事求是的科学态度和团结协作的精神。生物学实验教学是提高学生生物学学科核心素养和培养学生创新精神的平台，学生在此过程中形成的实验能力更是其将来从事科学研究的基础。❶

---

❶ 张成军. 中学生物学实验教学［M］. 北京：科学出版社，2009：1-2.

三、实验课"预做思"教学模式的提出

在实际教学过程中，一线教师也深刻地体会到高中生物学新课标、新教材以及新高考对实验的要求越来越高。不少生物教育工作者对生物教学进行了改革和实践，总的趋势在于加强实验教学，致力于以下几个方面：加强学生的实践活动；让学生以主体角色进行实验；在实践活动中注意培养学生的科学态度和科学思维；在确定内容和教学方法时，注意考虑学生的认知规律和心理特点；既注意引入先进的技术手段，又提倡运用随手可取的身边材料；创设生动的实践情境，鼓励学生在真实的生活环境中寻找课题进行设计性、探索性实验；引导学生领会科学与生活、科学与技术、科学与社会的关系。尽管如此，高中生物学实验教学的现状还是不容乐观，主要表现在实验课开设率低，有的学校甚至从来不做实验，只是单纯地"讲"实验。进一步的调查发现，有些学校只是做一些与考试相关的实验，对于其他的一些复杂的实验，尤其是新教材增加的探究性实验开设率极低；实验课效果不佳，一些学校尽管提供了足够的实验设备和实验材料，但是实验课的效果并不理想；实验教学方式单一，无论是验证性实验，还是获取新知识的实验，其实验教学环节几乎是相同的，即学生模仿教师的演示或照着黑板上的步骤按部就班地进行操作。基于上述问题，笔者探索出一种更为有效的实验教学方法，提出"预做思"实验课教学模式：预就是预习实验，做就是实验的操作实践，思就是对实验的反思。

四、实验课"预做思"教学模式的内涵及操作流程

所谓"预做思"模式，是指在引导学生对实验进行预习的基础上，组织学生进行实践，对实验相关问题进行再思考的一种教学模式。预习是前提、实践是根本、反思是升华。"预做思"模式充分做到以生为本，是尊重学生主体地位的一种重要体现，可培养学生手脑并用、科学思维等综合能力，有利于提升实验教学的质量。

预即预习。凡事预则立，不预则废。实验教学效果不佳，往往是因为学生预习不到位。在许多学校的实验教学中，学生习惯于"看实验、听实验、记忆实验"，一旦让学生走进实验室进行自主操作，学生就茫然不知所措，畏首畏尾，不敢行动。因此，在进行实验教学前，教师应要求学生进行实验预习，包括预习实验原理、实验步骤、实验过程及实验注意事项等。

　　做即实践，让学生自主操作、亲身参与。正所谓"听过就忘、做过才懂"，只有经历过，感触才多，印象才深，才能更好地理解和应用。在生物学实验教学中，实践可以让学生获得亲身体验，可以让学生有更多的机会发现问题，进而去解决问题。

　　思即反思。孔子说"学而不思则罔，思而不学则殆"，说明学以思为贵，思考是学习的前提，学习是思考的升华，思考和学习是不可分割的整体。思考可以贯穿于整个教学过程，课前思考预习的内容，课上课后也可以进一步思考一些现象或问题。只有认真思考了，才会敢于质疑，才会有所创新。反思即在原有实验内容的基础上做一些改进或创新，而不局限于教材中的统一方案。反思包含的内容很多，如对实验材料、实验方法、实验步骤、实验目的进行反思，等等。反思的形式也可以多样化，如可以进行实验拓展，也可以对相关知识做进一步了解。反思的时间也不固定，可以在课堂上完成，也可以在课后完成。

　　生物学实验中，科学思维和科学探究融合并行，不可剥离。学生预习生物学实验的过程，不仅是思考的过程，更是对实验中的原理和操作步骤不断质疑和自我解答的过程，即反思性学习。预习只有达到反思性水平，才能成为深度预习。

　　实验课"预做思"教学模式的操作流程如图4-4所示。

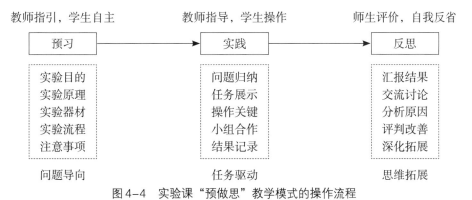

图4-4　实验课"预做思"教学模式的操作流程

五、实验课"预做思"教学模式的理论基础

（一）建构主义理论

　　建构主义理论明确指出，学习的过程不应是教师强制灌输知识的过程或者单纯的知识传授过程，而应是学习者主动构建知识的过程。学习者在以往的生活中已然积累了丰富的生活经验，在已获得经验与知识的基础上由教师引导，让自身的知识更为丰富与

充实，这就是一个典型的知识建构过程。教师的基本教学任务是让学生的主体性得到充分发挥。众所周知，教材中的知识极为丰富，要想让这些知识真正转化为学生自身的知识，单纯依靠教师简单讲授远远不够，需要学习者积极参与，主动地完成知识的建构。

建构主义理论对高中生物学实验教学具有积极指导作用。高中生物学教师在具体的实验教学中可以建构主义理论为依据，引导学生基于已有的经验和知识，通过深入实践与动手操作获取更多新知识，加深对已有知识的有效理解。在建构主义理论的影响下，高中生物学教师会更加注重对学生实验操作技能的培养、对学生实验探究能力的培养、对学生实验创新能力的培养等，还会对原有实验内容进行改进，采用更为有效的生物学实验教学模式，不断提升生物学实验教学质量。

（二）发现教学理论

在布鲁纳看来，发现是指用自身的头脑获取知识的所有形式。布鲁纳的发现教学理论倡导教师不要将结论或者规律直接告知学生，而应采用创设问题情境的形式让学生扮演发现者，通过探究的形式发现问题并解决问题。

高中生在具体的生物学实验操作过程中往往会发现一些新的问题，对此教师应积极启发和鼓励学生对相关问题实施持续、深入的探索与研究，不断激发和培养学生的学习兴趣。特别是高中生物学教师在对探究性实验进行教学时，应积极给学生提供必要的实验设备及材料，倡导学生发现、提出与实验相关的问题并予以解决。布鲁纳的发现教学理论对高中生物学实验教学具有重要指导意义。

（三）反思性学习理论

反思性学习，是指通过对学习活动过程的反思来进行学习。反思是对自己的思维过程、思维结果进行再认识的检验过程。它是学习中不可缺少的重要环节。当代建构主义理论认为知识要在活动中建构，要求学生对自己的活动过程不断地进行反省、概括和抽象。"反思"在当代认知心理学中属于元认知的概念范畴。元认知就是人们关于自身认知过程、结果或与它们有关的一切事物，如与信息或材料有关的学习特征的认知。它包括元认知知识、元认知体验、元认知调控三个因素。用元认知的理论来描述，反思性学习就是学习者对自身学习活动的过程以及活动过程中所涉及的有关事物、材料、信息、思维、结果等学习特征的反向思考。

反思性学习在生物学实验教学中不仅仅是对学生学习的一般性回顾或重复，而是深究生物学实验活动中所涉及的知识、方法、思路、策略等，具有较强的科学研究属性。反思的目的也不仅仅是回顾过去或培养元认知意识，更重要的是指向未来的活动。通过反思性学习可以帮助学生学会学习；可以使学生的学习成为探究性、研究性的活动；可以增强学生的学习能力，提高学生的创造力，促进学生的全面发展。

六、实验课"预做思"教学模式的教学策略

（一）问题导向，预习质疑

实验课的预习，应当以实验原理、实验目的、实验现象、实验过程设计以及注意事项为主，强调使学生掌握科学探索的基本理论与方法，培养学生的探索能力。教师可根据实验内容以列提纲或思考题的形式设计问题和布置质疑任务，指引预习范围，引导学生提出问题。在实验教学中，教师要引导学生从"答问题"变成"问问题"，要求学生在课前认真预习，在实验前积极思考，尝试从不同角度提出不同的问题。例如，学生在预习了糖类、蛋白质、脂肪的鉴定实验后，提出以下问题：实验材料有什么要求？可否用西红柿、胡萝卜、绿叶这样的有色材料？不研磨对结果有什么影响？可以用一种材料鉴定出三种物质都存在吗？实验的试剂和用法有哪些相同或不同之处？原理都是什么？教师要创设情境，营造宽松的教学氛围，诱导学生提问，鼓励学生提问，让学生大胆提问。对高中生物学实验课而言，预习和质疑两者缺一不可，如果只是一般化地布置预习任务，可能会流于形式。如若有组织地进行课前预习并质疑，学生就能认真预习，在预习时能自我消化一部分内容，在实验教学中也能高度集中注意力听老师讲解疑难问题及操作关键，为实践操作铺垫厚实基础，而顺畅的实验操作环节将会为实验反思拓展留出宝贵的时间。实验课效果不佳，看似是实践操作上费时太多，实则是预习没有到位，预习没有质疑，思维停留在表面，关键要领没有掌握，故而影响实验课的后续环节。"问题为导向"的预习是上好实验课的关键。

（二）任务驱动，组织实践

在高中生物学实验教学中，教师应当归纳学生预习中提出的问题，明确实验操作任

务，提醒学生操作的要点、难点和注意事项，在此基础上积极组织小组合作实践；也可让学生参与实验设计、自主动手操作，这样能充分调动他们的动手、动脑能力，提高他们的学习效率。高中生物学教材中的每一个实验均有相应的操作步骤，有些步骤必须重点强调，有些步骤一点也不能错、一点也不能省，只有严格遵循方能取得理想的实验成效。一些高中生物学教师在实验教学时并未做到此点，以致部分学生的实验失败，未取得预期结果。所以，高中生物学教师在实验教学时，需先让学生明晰具体的操作步骤，这样学生才能有的放矢地进行实践操作。在学生对相关生物学实验进行实践操作的过程中，教师不能充当甩手掌柜，任由学生自主操作。从实际情况来看，学生往往会遇到很多问题，这些问题的存在不利于他们顺利完成实验。因此，在学生设计实验或者动手操作的过程中，教师要在学生间积极走动，观察他们的实践进程。如若发现问题，及时引导纠正。学生在实践过程中遇到任何难题，也可随时向教师询问请教。教师对学生的实践指导不能仅仅局限在课堂上，当有学生对一些问题继续深入研究需要用实验来说明时，教师应该鼓励学生，积极指导学生，这就要求学校的生物学实验室要有适当的开放时间，以满足这些学生的实验需求。在教师的鼓励下，学生的问题意识会不断增强，他们的实践操作也会变得更加顺利，其信心也会大受鼓舞。

（三）结果讨论，思维拓展

实践操作结束后，还应积极引导学生展示相关实验结果，这是高中生物学实验教学中非常重要的一个环节。理想的结果可以大大激发学生的学习积极性，提升他们的自信心。当遇到不太完美的实验结果时，可以在实验者自我分析的基础上共同交流，找出原因，经过师生的评判后，完善实验方案，改进操作，而不是草草呈现、匆匆收场。高中生物学实验教学要求生物教师在教材实验的基础上对实验进行进一步拓展，从而加深学生对相关生物学实验内容的理解。这样的做法可以培养学生设计实验、对实验的理论和方法进行迁移应用的能力，有利于学生发散思维，更深刻地认识周边的生物世界。例如，在探究酵母菌种群数量的动态变化时，可引导学生进一步思考，还有哪些因素会对其造成影响？如"探究 pH 对酵母菌种群数量的影响""探究温度对酵母菌种群数量的影响""探究营养物质对酵母菌种群数量的影响"等。在探究植物细胞的吸水和失水过程时，可以在观察质壁分离和质壁分离复原的基础上进一步拓展，如"测定植物细胞细胞液的浓度""如何判断植物细胞的死活""比较未知溶液浓度的大小""比较不同植物细胞细胞液浓度的大小""区分不同种类的溶液"等。由于课堂时间有限，因此拓展性实验并不一定要在课堂内完成，可督促学生利用课余时间完成。另外，这里所指的拓展并不一定指拓展性实验，还包括拓展性探究、拓展性知识了解等。无论采用何种形式，拓展在高中生物学实验教学中都是极为重要的。

七、实验课"预做思"教学模式的操作建议

为提升高中生物学实验课"预做思"教学模式的成效，还应切实把握好如下几点。

（一）精心设计，充分准备

预习到位是上好高中生物学实验课的前提条件，主体实践是高中生物学实验课的根本目的，反思是高中生物学实验课的升华基础。因此，实验课"预做思"教学模式中，预习、实践和反思任何一个环节都要精心设计，做到科学合理。在实验准备方面，教师要先做一遍，这样既能检查材料、试剂等是否合格，又能提前发现实验中可能遇到的问题，为提升实验教学的有效性打下基础。

（二）重视分组，加强管理

在高中生物学实验课"预做思"教学模式中，学生的实践操作极为重要。建议在该教学模式实施过程中尽可能以小组形式组织学生动手实践。分小组进行动手实践操作产生的效果往往比让学生独立进行动手实践操作要好。学生独立进行时，相互间不会形成互动和监督，因此学生可能会比较散漫，无法达到理想效果。而分小组进行时，大家在具体实践过程中可相互讨论、配合并实现相互之间的有效监督，因此效果往往更为理想，但前提是对课堂纪律的管理要更加严格。

（三）明确目标，多元激励

教师首先要"吃透"实验教学的目标，要在教学前向学生明确目标，让学生做到心中有数，进而检验自己是否达到目标。在教学过程中，教师要适时对学生的表现进行多元评价，从知识到能力、从过程到结果、从方法到规范等，实现评价标准多样化、评价主体多样化、评价方式多样化，不仅要从分数上评价实验的成果，更要从实验的误差、原因分析、改进措施等方面对实验成果进行综合评价，要尽可能发现每一个学生的优

点，激励他们相互学习、不断前进，提升他们的科学素养和能力，促进他们主动而又全面地发展。

八、"预做思"教学模式体现简约教学范式的简析

"预做思"教学模式是针对高中生物学实验课教学方式单一、效果不佳等现实问题而提出的。该模式抓住了演示实验教学和探究实验教学的本质，提出简练而深刻的"问题导向、任务驱动、思维拓展"的教学策略。"预习—实践—反思"教学流程简化，教学主张明确，在每一环节的关键处列出清单，一线教师易于操作使用。

第五章 高中生物学简约教学的案例

第一节 新授课"三版块"简约教学案例

案例一：被动运输（第1课时）

一、教学目标的确定

（一）课程要求

阐明细胞膜具有选择透过性；举例说明有些物质顺浓度梯度进出细胞，不需要额外提供能量。帮助学生形成"物质通过被动运输、主动运输等方式进出细胞，以维持细胞的正常代谢活动"的重要概念。对应的学业要求是：在探究水分进出细胞方式的基础上建构被动运输的概念。

（二）教材分析

第4章章首页摘自某治疗高血压药物的说明书，说明药物需要针对细胞膜上物质运输的通道来研发，从而引出"细胞膜是怎样控制物质输入和输出"的问题。生物科学史话"人类对通道蛋白的探索历程"最后一段点出"目前，仍有众多的科学家在开展通道蛋白的研究，进一步揭示通道蛋白的作用机制，探索调控通道蛋白的药物，以治疗疾病，维护人类健康"。教材通过拓展介绍人类对通道蛋白的探索历程，呼应了章首页通道蛋白研究对人类健康的影响。结合新课标和教材分析确定如下教学目标。

（1）基于渗透作用发生的两个条件，利用类比推理的学科思维，分析得出：细胞相当于一个渗透系统，可以通过渗透作用吸水和失水。

（2）基于已知的细胞膜结构和相关科学史，运用结构与功能相适应的观点，推理协助扩散的特点，阐明细胞膜的选择透过性。

（3）关注通道蛋白的探索历程和研究进展，理解并宣传其研究价值——能帮助人类治疗某些疾病，维护人类健康。

二、教学设计思路

线索一：知识上，从对渗透装置的分析引出水分子进出动植物细胞的方式；对比渗透装置水位变化的宏观现象和水分子进出细胞而引起细胞皱缩、膨胀等微观现象，理解"细胞的生存需要能量和营养物质"的观点。

线索二：思维上，观察动物细胞在不同浓度溶液中吸水和失水的现象，引出扩散等概念；借助渗透装置的渗透现象，分析发生渗透作用的条件；运用类比推理的方法，理解水分子进出动物细胞的原理。

线索三：逻辑上，根据水分子进出细胞的方式推理证明其他小分子进出细胞的方式；通过分析细胞膜的结构，举例证明其他分子通过细胞膜的运输方式；通过生物科学史的介绍，利用模型比较自由扩散和协助扩散的差别，建构本节课的概念模型。

具体来说，本节课的教学环节设计如图5-1所示。

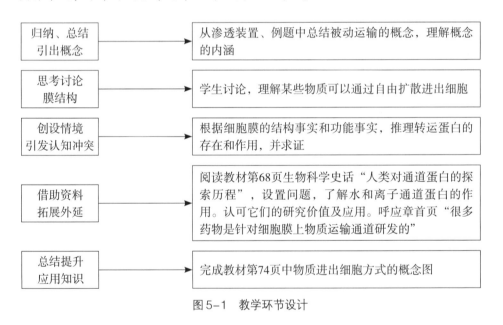

图5-1 教学环节设计

三、教学实施过程

（一）第一个"1/3教学时段"（学生为主体的活动）

1. 认定目标

教学环节：教学目标化，以情境导入新课。

引言：细胞是一个开放的系统，它每时每刻都在与周围环境进行物质交换，而物质交换必须经过细胞的边界——细胞膜。

提问：细胞是如何选择性地控制物质的进出呢？（提示：水是活细胞中含量最高的物质。）

设计意图：联系前后章节内容，帮助学生形成"物质通过被动运输、主动运输等方式进出细胞，以维持细胞的正常代谢活动"的重要概念。开篇明确目标，防止目标虚化。

2. 定向激疑

教学环节：观察现象，暴露前概念。

教学内容：渗透现象。

教学策略：【图片展示】呈现"问题探讨"的渗透装置。

【设置任务】设置填空式的问题串，引导学生思考。

（1）漏斗管内的液面升高是因为_____能通过_____自由进出半透膜，蔗糖溶液中水的相对含量_____（填">""="或"<"）烧杯中水的相对含量，烧杯中的水扩散到漏斗中的速度比漏斗中的水扩散到烧杯中的速度更_____，导致漏斗中水量增加，液面上升。

（2）如果漏斗管足够长，管内的液面_____（填"会"或"不会"）无限升高。

（3）如果用一层纱布代替玻璃纸，_____（填"会"或"不会"）出现原来的现象。

（4）如果烧杯里装的不是清水，而是同样浓度的蔗糖溶液，漏斗管内的液面高度会_____（填"降低""升高"或"不变"）。

设计意图：细胞吸收水分子等物质是微观的，学生不容易形成"渗透作用"的概念，通过视频展示渗透作用，用渗透装置的渗透现象类比动物细胞皱缩和膨胀的微观现象，更容易帮助学生建构扩散和渗透作用的概念，初步建构渗透作用的物理模型。

将问答题转化为填空题，设置一定梯度的思考题，将教学目标转换成学生要完成的问题，实现教学目标可检测化。

3. 依标自学（创设情境，建构模型）

教学环节：定向质疑。

教学内容：水进出动物细胞。

教学策略：观察图片，思考细胞在什么情况下吸水或失水。

【图片展示】呈现教材中水进出哺乳动物红细胞的示意图。

【设置任务】设置填空题，驱动学生运用类比的方法，分析水进出哺乳动物红细胞的原理。

（1）红细胞内的血红蛋白等有机物_____（填"能"或"不能"）透过细胞膜。它们相当于渗透装置中的_____。

（2）红细胞的细胞膜相当于渗透装置中的_____。

（3）当外界溶液的浓度低于红细胞内液浓度时，红细胞会_____；如果外界溶液浓度略低于红细胞内液浓度，有可能细胞内液浓度下降后与外界溶液的浓度达到_____，此时，红细胞将不再吸水。

（4）红细胞吸水或失水的多少主要取决于_____。

（5）临床上输液用的生理盐水与血浆的浓度_____，血细胞不会因为过度_____或_____而出现形态和功能上的异常。

设计意图：尊重学生的认知规律，先从实验现象出发，引发学生思考现象背后的原因。

将教材中"思考·讨论"部分进行简化，帮助学生"搭脚手架"，把教学目标转换成学生能回答的题目。该部分不应侧重文字的表达，而应侧重学生思维方式的锻炼，运用类比的方法，通过小组讨论，让学生学会从现象中分析原因，将渗透作用概念迁移到动物细胞中。

生理盐水问题是根据学生已有生活经验和知识储备创设的，能联系前后知识点，帮助学生进一步形成结构与功能相适应的生命观念。

该部分的练习题难易比较适度，题型从选择填空题渐变到开放填空题，题目容量比较适度，留给学生思考的时间比较充裕，体现简约教学的练习要求。

（二）第二个"1/3教学时段"（教师为主体的活动）

1. 启发点拨（思维训练，能力提升）

教学环节：变式训练。

教学内容：由水分子类比推理乙二醇等物质进出动物细胞的方式。

教学策略：运用本章"复习与提高"非选择题第3题，训练学生根据水分子进出细胞的方式类比推理乙二醇等物质进出动物细胞的方式。

【例】用物质的量浓度为 2 mol/L 的乙二醇溶液和 2 mol/L 的蔗糖溶液分别浸泡某种动物细胞，观察到的细胞体积变化情况如下页图所示。回答问题。

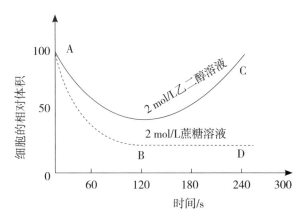

（1）该动物细胞的体积由 A 到 B 的变化说明：在该段时间内动物细胞的_____（物质）通过渗透作用渗出细胞，细胞液的浓度_____。

（2）在 60 s 后，处于 2 mol/L 的蔗糖溶液中动物细胞的细胞液浓度将_____；在 120 s 后，处于 2 mol/L 的乙二醇溶液中动物细胞体积变化是由于_____（物质）逐渐进入细胞内，引起细胞液的浓度_____。

（3）上述例子可说明：_____

_____。

设计意图：本环节选择的题材具有典型性、针对性。课堂上解决课后练习题，可以减轻学生的学习负担，提高课堂效率。

2. 示范学习

教学环节：创设情境，引发认知冲突。

教学内容：被动运输的概念。

教学策略：师生一起找到被动运输的特点，理解被动运输的内涵，总结重要概念。

设计意图：从水分子的例子总结小分子的跨膜运输方式。从个性到共性进行总结，符合学生的认知规律。

3. 引导结论

教学环节：归纳总结。

教学内容：落实生物膜的结构与功能相适应的生命观念。

教学策略：设置问题、构建概念模型。

【思考问题】

（1）甘油、乙醇等分子为什么能比较容易通过扩散进出细胞？

（2）氧气、二氧化碳等小分子通过细胞膜的哪些结构进出细胞？

【构建模型】

学生在教师引导下，构建图5-2所示的概念模型。

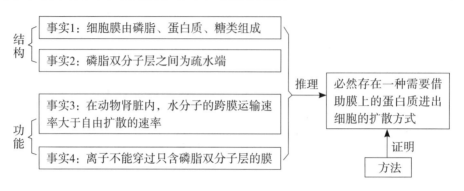

图5-2　概念模型

设计意图：根据细胞膜的结构事实1、2和功能事实3、4，理解细胞膜的结构与功能相适应的生命观念。根据学生已掌握的知识事实，创设情境，形成认知冲突，引导学生思考、推理转运蛋白的存在，并求证。通过课堂上的头脑风暴活动，帮助学生初步形成实验思路。

教师在此部分需要以淡墨无痕、润物无声的简洁评价，换取学生的真心倾听，从而促进学生的健康成长。

（三）第三个"1/3教学时段"（师生双主体多边互动）

1. 反馈矫正

教学环节：建构概念。

教学内容：自由扩散、协助扩散的比较。

教学策略：【视频】展示两种被动运输方式。

【任务驱动】学生借助表格比较自由扩散和协助扩散（表5-1）。

表5-1　自由扩散和协助扩散的比较

运输方式	方向	是否需要能量	是否需要转运蛋白	例子
自由扩散				
协助扩散				

【视频】展示载体蛋白和通道蛋白的区别。

设计意图：通过视频、任务驱动等方式使学生形成多种感官刺激，总结转运蛋白的种类和作用，形成次位概念"有些物质顺浓度梯度进出细胞，不需要额外提供能量"，培养学生比较、归纳总结的思维能力。

2. 多边互动

教学环节：发展概念外延。

教学内容：影响被动运输方式的因素。

教学策略：【问题设置】结合上述表格，分析哪些因素可能会影响物质的跨膜运输速率。

【素材展示】由协助扩散的条件"转运蛋白"，引入视频"钙离子抑制剂的作用"；引用章首页小诗"掌控着道道闸门，驱动着各式舟车"和科学史的材料。

设计意图：进一步理解协助扩散是可控的，引出转运蛋白与人类健康的关系，引导学生运用已学知识，理解并宣传相关研究能帮助人类治疗某些疾病，维护人类健康，培养学生的社会责任意识。通过章首页小诗丰富的意蕴，赞美转运蛋白的作用，用简单、智慧的方式提升生命的意义。

3. 巩固目标

教学环节：应用概念。

教学内容：教材第67页课后练习题。

教学策略：限时训练、师生共同总结。

【概念检测】

物质跨膜运输的方式与物质的特点及细胞膜的结构有关。判断下列有关物质跨膜运输的表述是否正确。

（1）水分子进入细胞，是通过自由扩散方式进行的。（　　　）

（2）载体蛋白和通道蛋白在转运分子和离子时，其作用机制是一样的。（　　　）

设计意图：通过简单的判断题，检测学生对概念的理解程度，训练学生审题习惯。引导学生用关键词总结本节课的内容建构概念图，形成次位概念。教师通过生动有趣、积极的评价，给予学生及时反馈，让学生在轻松愉快的课堂氛围中内化被动运输的概念，提升对生命的认识。

四、教学反思

在本节课中，为了落实新课标的基本理念，在简约教学新授课"三版块"教学模式下做了以下尝试。

（1）结合细胞膜的结构模型分析物质跨膜运输方式，落实生命观念中结构与功能相适应的观念。

（2）注重培养学生的科学思维。这是我之前上课最薄弱的部分，也是从简约教学新授课"三版块"教学模式中收获最大的部分。

第一，尊重学生的认知规律，先提出"细胞在什么情况下吸水或失水？"的问题，然后从细胞出现皱缩、膨胀的现象出发，借助渗透装置帮助学生理解水分子进出细胞的方式是通过渗透作用，接着通过类比推理的方法，理解水分子进出细胞的方式。

第二，通过呈现四个事实，引导学生发现前概念"细胞膜的结构与功能相适应"与事实间的认知冲突，推理"必然存在一种需要借助膜上的蛋白质才能进出细胞的扩散方式"，通过讨论和思维碰撞，找出证明存在"转运蛋白"的方法。

第三，从水分子进出细胞的方式推理其他分子进出细胞的方式，从分子的运输特点归纳被动运输、自由扩散和协助扩散的概念，用表格的形式比较不同运输方式的异同。注重培养学生比较、归纳、总结的科学思维。

（3）努力挖掘素材，培养学生社会责任意识。用好教材的科学史话"人类对通道蛋白的探索历程"，呼应章首页导学和小诗，引出"许多药物是针对细胞膜上物质运输的通道研发的"，引导学生关注通道蛋白的探索历程和研究进展，理解并宣传相关研究能帮助人类治疗某些疾病，维护人类健康。

（4）简约教学模式让我重新思考如何提高课堂效率，哪些问题需要讲，哪些问题不需要讲。本课例中，需要教师讲的部分：①学生难以理解水分子进出细胞的方式，需要通过渗透装置来类比推理，结合问题串引导学生自学。②由水分子迁移到乙二醇等其他分子进出细胞的方式，需要教师启发点拨，总结规律方法。③根据细胞膜的结构事实1和2、细胞膜的功能事实3和4，推理转运蛋白的存在和作用，并求证。这是帮助学生形成科学思维的过程，需要教师耐心讲解和引导。不需要教师讲的部分：①学生已会的部分，例如水分子对细胞生命活动的具体作用。②学生自己能学会的部分或本节课未达成教学条件的部分，例如植物细胞的质壁分离及其复原实验，将会留在下节课学习。③学生怎么也学不会的部分。论证"必然存在一种需要借助膜上的蛋白质进出细胞的扩散方式",不要求学生写出具体的实验过程,只需要学生打开发散性思维,利用已学过的知识进行论证,如同位素标记法、酶解法——用蛋白酶水解转运蛋白、人工膜添加转运蛋白等,减轻学生的学习负担。

总之,简约教学追求简洁的形式、丰富的意蕴和灵动的创造,这也是我在教学中渗透美育(形式美、意蕴美和创造美)的重要方式。

案例二:DNA的复制

广州空港实验中学 江素英

一、教学目标的确定

"DNA的复制"是人教版高中生物学必修2第3章"基因的本质"第3节的内容,主要从分子水平阐述遗传信息的传递方式,是"DNA的结构"的延续,是学习中心法则、生物变异、生物进化等知识的基础,有利于学生进一步理解和巩固细胞分裂、遗传规律内容。结合新课标、学业要求、教材内容和学生基础能力,确定本节课教学目标如下。

(1)能运用"假说—演绎"法,通过对相关实验研究资料的分析讨论,概述DNA通过半保留的方式进行复制。

(2)通过对DNA半保留复制方式的过程分析,理解DNA的准确复制是遗传信息稳定传递的基础。

(3)认同科学技术在生物学研究中的重要作用,体验知识产生的过程,感受科学探究的魅力。

二、教学设计思路

本节课采用"三版块"教学模式,教师把目标问题化,设计递进式问题串引领学生自主阅读、激疑思考,以问题为载体给予学生探究的空间,使学生从中发现问题,通过学生之间的分析讨论和教师的启发点拨,及时解决问题,让学生体验知识产生的过程,感受科学探究的魅力。

三、教学实施过程

本节课的教学实施过程如表5-2所示。

表5-2　教学实施过程

学习任务	教师活动	学生活动	设计意图
复习导入	引导学生回顾DNA组成元素、组成化合物、基本单位、空间结构等知识内容。 引用某一刑事案件中利用DNA指纹技术破案激发学生兴趣并提问：残留在现场的DNA那么少，如何经得起鉴定实验的消耗呢？引出课题。	思考回答；理解DNA指纹技术中必须先让DNA进行复制，以得到足够多的DNA分子。	唤醒记忆，引发思考，激发兴趣。
问题探究	呈现问题，引导学生自主阅读和探究DNA的复制方式。 问题1：依据DNA双螺旋结构模型，当时人们提出了几种有关DNA复制方式的假说？补充介绍德尔布吕克的分散复制假说。 问题2：你能否根据DNA复制方式的几种假说，绘制相应的模式示意图并说出其特点？ 问题3：你认同哪种假说？请说出理由。 问题4：仔细观察三种假说的示意图，思考它们最主要的区别是什么。 问题5：如果要通过实验区分这三种假说，关键的思路是什么？ 问题6：如何区分模板DNA链和新合成的DNA链？ 教师及时启发，让学生回想已学的可以区分不同物质的技术和方法。 教师补充资料：^{14}N 和 ^{15}N 是 N 元素的两种稳定的同位素，这两种同位素的相对原子质量不同，含 ^{15}N 的 DNA 比含 ^{14}N 的 DNA 密度大。 问题7：如何测定子代DNA带有同位素标记的情况？ 展示密度梯度离心技术示意图和视频。 问题8：根据以上分析，对DNA复制方式的三种假说进行推理，将预测结果绘制下来并进行展示交流。	阅读教材及教师补充资料，思考讨论，提出有"半保留复制""全保留复制""分散复制"等几种推测。 动手绘制 DNA 复制假说示意图并在小组内交流。 各抒己见，自圆其说。 分析得出：主要区别是子代DNA分子中，模板 DNA 链与新合成的 DNA 链的结合方式不同。 思考区分模板 DNA链和新合成 DNA 链的方法。 受到启发后，得出答案：同位素标记法。 思考后得出答案：利用密度梯度离心技术可以在试管中区分含有不同N元素的DNA。 观看图片和视频后进一步理解科学技术。 思考讨论推理，绘制预测结果，展示交流。	目标问题化，激发学生的探究求知欲，主动去阅读、讨论；鼓励学生说出想法，培养学生的语言表达能力。 基于递进式问题串，引导学生逐步设计实验方案，培养学生科学探究能力。 认同科学技术在生物学研究中的重要作用。 运用"假说—演绎"法，进行演绎推理，培养学生的科学思维。

（续表）

学习任务	教师活动	学生活动	设计意图
归纳总结	展示DNA复制过程的视频。 　呈现问题，自主阅读教材，归纳DNA复制过程。 　问题1：复制开始时，DNA结构会发生什么变化？ 　问题2：复制时，先解旋再复制，还是边解旋边复制？ 　问题3：子链形成后，与哪一条母链结合形成新的DNA分子？ 　归纳DNA复制相关知识点。 　指导学生绘制DNA复制过程示意图，并进行展示交流。 　问题4：分析亲代与子代DNA的碱基序列，DNA如何保证复制的准确性？ 　小结：DNA的准确复制是遗传信息稳定传递的基础。	观看视频，对DNA复制过程有动态认识。 　阅读教材，归纳DNA复制过程的要点。 　概述DNA复制过程。 　理解DNA双螺旋结构提供精确模板，DNA复制基本原则是碱基互补配对原则。	培养学生获取信息和归纳概括能力。 　培养学生语言表达能力。 　理解"结构与功能相适应"的生命观念。
巩固反馈	出示形成性练习题，教师巡视答疑辅导，分析讲解习题。	互相批改、讨论、反思、订正。	巩固基础、检验目标达成度。

四、教学反思

在本节课里，我采用简约教学"三版块"教学模式，旨在落实新课标理念，提升学生生物学学科核心素养。

通过回顾DNA结构模型，引入DNA复制方式的假说；通过分析亲代与子代DNA的碱基序列，理解DNA复制的准确性，很好地落实了"结构与功能相适应"的生命观念。

创设有效问题情境，激发学生的探究欲望。简约教学"三版块"教学模式很好地帮助我精简优化问题串，设计出针对性问题，精准链接核心知识点。如"根据DNA复制方式的几种假说绘制相应的模式示意图"指向"DNA复制模型的构建"，"如何区分亲代DNA和子代DNA"指向"同位素标记法"，"如何分开亲代DNA和子代DNA"指向"密度梯度离心技术"。设问层层递进，很好地引导学生完成科学探究历程，发展科学思维。

多方式调动学生课堂积极性。在课堂中，学生自主阅读有关DNA复制方式假说的资料，小组合作讨论DNA复制方式假说的示意图、推理半保留复制方式，师生互动交流归纳DNA半保留复制过程、条件、特点。采用多种方式点燃学生热情，活跃学生思维，让课堂更加高效有趣，体现了简约教学的魅力。

案例三：重组DNA技术的基本工具

广州彭加木纪念中学　潘灶连

一、教学目标的确定

"重组DNA技术的基本工具"是选择性必修3《生物技术与工程》第3章"基因工程"第1节的教学内容，主要学习重组DNA技术的基本工具及其作用。本节内容是必修2中DNA分子内容的延续和拓展，也是本章其他内容的基础。因此，本节内容起着承上启下的作用。基因工程是当前生物科学的前沿技术，也是社会的热点，与我们的生活息息相关。学习基因工程技术，学生能对社会中和转基因有关的事物进行解释，有利于学生形成社会责任感和科学的自然观。结合新课标和教材内容，确定本节课教学目标如下。

（1）通过阅读和分析教材内容，阐明重组DNA技术的三种基本工具。

（2）通过探究模拟活动，归纳重组DNA技术三种基本工具的作用和特点以及载体需要具备的条件。

（3）通过小组合作探究，提高合作和沟通表达能力。

二、教学设计思路

本节课基于简约教学的教学理念，利用探究活动，模拟限制酶剪切DNA分子、DNA连接酶连接目的基因和载体的过程，采用"三版块"教学模式进行教学。第一个"1/3教学时段"让学生了解重组DNA技术需要的"分子工具"，第二个"1/3教学时段"让学生探究重组DNA技术需要的"分子工具"，第三个"1/3教学时段"让学生探究目的基因与载体的结合。通过这样的探究活动，使抽象的教学内容具体化，复杂的教学内容简单化，让学生对重组DNA技术需要的"分子工具"有深刻的理解。

三、教学实施过程

本节课的教学实施过程如表5-3所示。

表5-3　教学实施过程

学习任务	教师活动	学生活动	设计意图
了解重组DNA技术需要的"分子工具"	教师展示发光水母、普通小鼠和发绿色荧光小鼠的图片。 　　提出问题1：如何使小鼠发绿色荧光？ 　　提出问题2：科学家培育出发绿色荧光的小鼠需要哪些工具？为什么需要这些工具？ 　　提出问题3：为什么需要分子运输车，不能直接把发绿色荧光基因导入小鼠细胞吗？	联系学过的知识，思考、回答：把水母绿色荧光基因导入普通小鼠细胞中。 　　学生阅读教材，回答：需要分子手术刀——限制性内切核酸酶（限制酶）、分子缝合针——DNA连接酶和分子运输车——载体。	设定目标，通过问题引导学生自学，找到问题的答案。
探究重组DNA技术需要的"分子工具"	【活动一】模拟限制酶切割DNA分子 　　1. 师生一起利用自制的脱氧核苷酸磁力贴复习DNA分子的结构，让学生指出磷酸二酯键的位置。 　　2. 引导学生阅读教材，了解限制酶的来源和种类，举例说明限制酶识别特定的核苷酸序列，例如EcoR Ⅰ识别GAATTC，Sma Ⅰ识别CCCGGG，并在特定位点切割，产生两种不同末端。 　　3. 给学生分发红色和白色印有碱基序列的纸条各一张、剪刀一把（两人一组），指导学生观察纸条上的DNA序列，找出限制酶EcoR Ⅰ识别的脱氧核苷酸序列，并用剪刀在特定的位点进行切割。 　　4. 引导学生根据探究活动，归纳限制酶的作用特点。 　　【活动二】模拟DNA连接酶连接DNA片段 　　1. 引导学生阅读教材，了解DNA连接酶作用的位点和种类。 　　2. 给学生分发订书机，让学生用正确的方式连接活动一中剪开的纸条。 　　思考：订书机相当于什么？订书钉相当于什么？ 　　3. 通过课件展示DNA连接酶和DNA聚合酶的区别和相同点，并通过列表比较限制酶、DNA连接酶、DNA聚合酶、DNA水解酶和解旋酶的作用位点和作用结果。	通过复习DNA分子结构，指出磷酸二酯键的位置。 　　通过阅读教材知道限制酶主要来源于原核生物，有数千种。 　　观察纸条上的DNA序列，找出限制酶EcoR Ⅰ识别的脱氧核苷酸序列，并用剪刀在特定的位点进行切割。 　　识别双链DNA分子的特定核苷酸序列，并且使每一条链中特定部位的磷酸二酯键断开。 　　阅读教材知道DNA连接酶能将双链DNA片段"缝合"起来，恢复被限制酶切开的两个核苷酸之间的磷酸二酯键，并且主要有两类。 　　把活动一中限制酶切割后的DNA片段1（红色）插入DNA片段2（白色）中，用DNA连接酶（订书机）连接起来。	通过磁力贴把抽象的DNA分子结构形象化。 　　通过形象的DNA分子纸条和剪刀，简化教学内容，使学生容易理解限制酶的作用特点。 　　学生通过探究活动加深对限制酶概念和特点的理解，简化教学过程。 　　学生利用活动一的材料进行连接，实现一材多用，简化过程。 　　通过表格，学生能够明晰几种不同酶的异同，简化易混淆的知识。

（续表）

学习任务	教师活动	学生活动	设计意图
探究重组DNA技术需要的"分子工具"	【活动三】探究质粒能作为载体需要具备的条件 1. 引导学生阅读教材，思考为什么需要分子运输车，而不能直接把发绿色荧光基因导入小鼠细胞。 2. 给学生分发白色印有碱基序列的纸环代表质粒，引导学生观察质粒，用彩色笔标出质粒能作为载体需要具备的条件。 3. 引导学生通过探究活动归纳载体应该具备的条件。	订书机相当于DNA连接酶，订书钉相当于磷酸二酯键。 认真比较，加深对DNA连接酶的认识。 通过阅读教材，知道分子运输车的作用是将目的基因转入受体细胞，在受体细胞内对目的基因进行大量复制，而绿色荧光基因不能自我复制。 观察质粒，用彩色笔标出质粒能作为载体需要具备的条件。 知道质粒本质是环状DNA分子，质粒能作为载体的条件：①能自我复制；②有一个至多个限制酶切割位点；③具有标记基因。同样，其他载体也需要这些条件。	通过简单涂色，让学生理解质粒能作为载体需要具备的条件，使抽象内容具体化，简化教学内容。
探究目的基因与载体的结合	【活动四】探究重组质粒的构建过程 给同桌的两人分发含有目的基因和不同切割位点的纸条，一张只有一种限制酶EcoR Ⅰ，一张有两种限制酶EcoR Ⅰ和Hind Ⅲ，引导学生把目的基因剪下来，把活动三中的质粒用对应的限制酶剪开，然后对不同的连接方式进行比较，讨论产生这种不同的原因并得出结论。	找出自己拿到的目的基因的限制酶脱氧核苷酸序列，用对应的剪刀把目的基因剪下来，把活动三中的质粒用对应的剪刀剪开，然后对不同的连接方式进行比较，发现只用限制酶EcoR Ⅰ剪开的目的基因会有多种不同连接方式：目的基因和质粒的自身连接，目的基因和质粒的正向和反向连接。但是用两种限制酶EcoR Ⅰ和HindⅢ剪开的目的基因就只有一种连接方式，讨论产生这种不同的原因并得出结论。	通过活动四检测学生对限制酶、DNA连接酶的理解，能够正确剪切和连接，并通过小组间不同连接方式的比较，总结归纳目的基因与载体连接的种类，使复杂教学内容简单化。

四、教学反思

"重组 DNA 技术的基本工具"这节内容对学生来说是比较抽象的，本节课采用了"三版块"教学模式，利用剪切和拼接的方法把教学内容简约化。将已经学过的发光小鼠作为情境导入课堂，利用剪刀模拟限制酶、订书机模拟 DNA 连接酶、印有碱基序列的纸条和纸环模拟 DNA 片段和质粒。通过设置四个让学生进行简单剪切和拼接的活动，模拟限制酶切割 DNA 片段和 DNA 连接酶连接 DNA 片段，并探究质粒作为载体需要具备的条件以及重组质粒的构建过程，把抽象和复杂的重组 DNA 技术的基本工具的教学内容简单化和具体化，解决了本节课的教学重点和难点。学生积极参与课堂探究活动，在探究过程中进行思维碰撞，找到解决问题的方法。小组合作学习，培养了学生沟通交流、归纳总结等能力，同时还为下节课构建基因表达载体的学习打下基础。

因此，简约教学能够把复杂的内容简单化，加深学生对学习内容的理解，学生更容易接受这样的教学方式，也更加积极地参与课堂。同时，在实际教学过程中，建议教师在制作教具时从学生的角度考虑，例如纸条的大小、贴在黑板上的磁力片的清晰度等。

案例四：减数分裂（第一课时）

广东外语外贸大学实验中学　林燕霞

一、教学目标的确定

"减数分裂"是人教版高中生物学必修 2 第 2 章第 1 节"减数分裂和受精作用"中的主要内容。教材在第一章阐明了有性生殖中基因的分离和自由组合规律，而本章则将遗传学与细胞学联系起来，明确基因与染色体的关系。因此，在本节建构"减数分裂"的概念，是学生后续学习"基因在染色体上""伴性遗传""基因重组"等内容的基础。

本节课的核心任务是建构次位概念"减数分裂产生染色体数量减半的精细胞或卵细胞"。学生已学习的有丝分裂为理解同源染色体、四分体、联会和互换等基本概念奠定了基础，但学生也容易将有丝分裂和减数分裂的过程混淆。要掌握减数分裂的概念，关键是要理解减数分裂的意义、阐明染色体行为和数目的变化，形成概念模型，而这也是本节课的教学难点。若教师直接使用教材的减数分裂图示讲解，虽然流程清晰，但学生只是被动地接收，缺乏对这一生理过程的主动思考和探究，容易遗忘，也不利于发展科

195

学思维及应用概念的能力。基于上述情况分析，确定本节课的教学目标如下。

（1）能阐明减数分裂和受精作用保证了亲子代染色体数目的恒定、维持了生物遗传的稳定性，认同生物遗传的物质观。

（2）通过建立减数分裂中染色体变化的模型，描述减数分裂过程中染色体数目和行为变化的规律，归纳、概括减数分裂的概念。

（3）能运用减数分裂的模型解释有性生殖后代变异的现象，关注健康的生活方式。

二、教学设计思路

为突破教学难点、建构概念，本节课以"建立减数分裂中染色体变化的模型"活动为主体，使用"三版块"教学模式，将课堂主要分为3种类型的活动，即"学生为主体的活动""教师为主体的活动"和"师生双主体多边互动"。将构建减数分裂模型的活动分为3个阶段，各阶段先由教师提出问题，学生再以直观教具模拟减数分裂中染色体的行为。继而在教师的启发点拨下自主修正模型，建构减数分裂的概念。课堂最后，教师设置真实情境下的问题，通过师生互动，评价学生对概念的理解与应用概念的能力，巩固学习成果。

三、教学实施过程

（一）创设认知冲突，初识减数分裂与受精作用

教师提出问题：生物通过有性生殖产生后代，需要形成哪些细胞？细胞经历哪些生理活动？学生回答：雌雄个体分别产生卵细胞和精子，两者发生受精作用形成受精卵，受精卵通过有丝分裂发育成个体（图5-3）。

图5-3　有性生殖个体发育结构图

追问设疑：①配子是通过有丝分裂产生的吗？如果是，结果会怎样？②如何保证亲子代染色体数目恒定？学生分析推导出：①若通过有丝分裂产生配子，后代的染色体数目会加倍，与事实不符。②配子的染色体数目需要减半，受精后恢复个体染色体数目。

教师小结：进行有性生殖的生物，在产生成熟生殖细胞时进行的染色体数目减半的

细胞分裂称为减数分裂。教师提出问题：减数分裂和受精作用对于遗传有什么意义？学生回答：个体产生染色体数目减半的配子，在受精作用后，才能维持亲子代染色体数目的一致。

设计意图：首先从学生已有的知识与经验出发，创设问题情境，暴露前概念。继而通过合理提问，引发认知冲突。最后通过分析思考，使学生产生对已有概念的不满，产生对减数分裂的学习兴趣。本环节通过对事实证据的推理，使学生初步感知减数分裂和受精作用的概念，建立有性生殖的概念框架，认同减数分裂和受精作用的意义与必要性。

（二）问题探讨，建立同源染色体概念

教师出示果蝇精卵结合示意图（图5-4），提出问题：果蝇减数分裂产生配子时，应选择哪些染色体？学生通过观察，从图中每对染色体中选取一条，初步感知不同形状的染色体所控制的性状不同，相同形状的染色体控制相对性状。

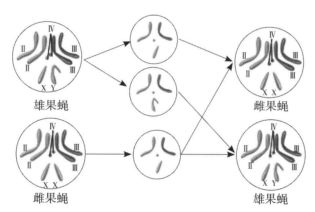

图5-4　果蝇精卵结合示意图

教师提出概念：以上成对的染色体称为同源染色体。请学生进一步思考：①同源染色体有什么相同点？②观察图5-4，同源染色体的来源和去向分别是什么？学生读图、分析后回答：①除XY染色体外，同源染色体的形状、大小相同。②同源染色体一条来自父方、一条来自母方；在形成配子时，同源染色体分离，分别进入不同的配子中。

教师小结：①请同学们总结同源染色体、非同源染色体的概念。②图5-4中哪些是同源染色体，哪些是非同源染色体？学生基于以上分析，自主阐述同源染色体和非同源染色体的概念，并在图5-4中准确辨别。

在此基础上，教师提出问题：减数分裂的核心任务是什么？学生明确回答：将同源染色体平分。

设计意图：承接减数分裂的概念，应用教材中的"问题探讨"创设真实情境，引导学生认识同源染色体。通过设置问题，以直观的图示促使学生深入思考、探究同源染色体的特点，逐步建构同源染色体的概念。教师提供机会让学生自主表达对概念的理解，同时检测学生的概念掌握情况。最后，以同源染色体为线索，引入本节课的重点——减数分裂的过程。

（三）合作探究，构建减数分裂模型

学生使用两种颜色的扭扭棒制作染色体（分别代表来自父方、母方），每种颜色制作两条大小不同的染色体。两人小组合作模拟含两对同源染色体的细胞形成精子的过程。

1. 减数分裂前的间期

教师巡视各小组，并请有代表性的小组讲解展示。部分小组认为直接从每对同源染色体中取一条，分裂成两个细胞，即能完成（图5-5）。教师提出问题：细胞能否不经过染色体复制而直接分裂？并提示：研究发现，细胞必须进行染色体复制，才能发生细胞分裂，因此要先发生减数分裂前的间期。接着提出任务：各小组完成染色体的复制。学生据此制作复制后的染色体模型，用相同颜色、大小的扭扭棒制成复制后的染色体（图5-6）。教师请学生描述经过复制后每条染色体由什么组成。学生回答：每条染色体由两条姐妹染色单体构成，并由同一个着丝粒连接。

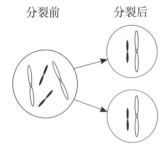

图5-5　学生初次建构的减数分裂模型

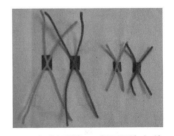

图5-6　复制后的2对同源染色体

设计意图：在构建减数分裂模型过程中，使用扭扭棒模拟染色体，以实物模型直观反映学生的思维过程和理解水平。通过小组展示，暴露学生对减数分裂过程的前概念，进而通过师生互相讨论，转变前概念。同时，学生在制作染色体过程中，进一步理解掌握同源染色体、姐妹染色单体、着丝粒的概念。

2. 减数第一次分裂

教师请学生对比小组制作的染色体复制后的细胞与最终形成的配子，并思考：①配子的染色体组成有什么特点？细胞要分裂多少次才能得到配子？②每次分裂要将什么分开？请学生积极发表观点。学生观察并思考，然后回答：①不含同源染色体、姐妹染色单体，染色体数目减半。需要分裂2次。②观点一：先将姐妹染色单体分离，再将同源染色体分离；观点二：先将同源染色体分离，再将姐妹染色单体分离。

教师出示教材拓展应用中的水稻花粉母细胞减数分裂显微照片，并对材料进行解释和说明：科学家通过显微观察发现，减数第一次分裂将同源染色体分离，减数第二次分裂将姐妹染色单体分离。从而使学生认同观点二。

教师请各小组继续合作，呈现同源染色体分离的结果。教师巡视，随机挑选小组上台展示。学生出现两种组合结果：①来自同一方（父方/母方）的非同源染色体一组；②分别来自父方与母方的非同源染色体一组（图5-7）。教师提问：同源染色体分离时只能固定搭配吗？学生分析思考，得出减数第一次分裂的特点：同源染色体分离、非同源染色体自由组合。

设计意图：教师使用问题引导，使学生联系有丝分裂的过程，初步认识减数分裂中染色体复制一次、细胞分裂两次的特点。通过让学生自主思考，加深对概念的理解，结合教材材料分析，进一步建立减数分裂过程的概念。在小组动手实践、教师启发和师生共同分析讨论下，学生掌握减数第一次分裂的任务与过程特点。

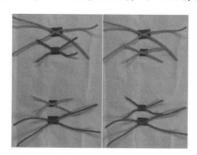

图5-7　减数第一次分裂的两种结果（示染色体）

3. 减数第二次分裂

教师布置小组任务：请在减数第一次分裂结果的基础上，完成减数第二次分裂，呈现分裂的结果。教师巡视，随机挑选小组上台展示。小组合作模拟，被选中的代表上台展示减数第二次分裂的结果（图5-8），并进行解说。基于学生3次构建模型并修正的过程，最终建立减数分裂模型，教师在课件中进行展示（图5-9）。

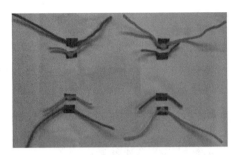

图5-8　减数第二次分裂的结果（示染色体）

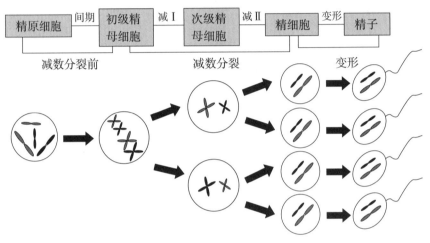

图5-9　减数分裂模型图

教师请学生总结归纳减数分裂的概念，包括对象、时期、特点、结果等方面。学生自主总结：减数分裂是有性生殖的生物在产生成熟生殖细胞时进行的染色体数目减半的细胞分裂。减数分裂前染色体复制一次，减数分裂过程中连续分裂两次。

设计意图：经过前面的思考，结合学习有丝分裂的经验，让学生顺利完成减数第二次分裂的过程。最后通过师生共同总结，建立本节课的概念框架，使学生进一步明晰减数分裂过程，内化概念。同时培养学生的总结归纳能力。

（四）迁移应用，联系生活

教师介绍"21三体综合征"，患者有3条21号染色体，请学生从配子形成的角度推测这种病的病因。学生结合减数分裂模型，使用手中的"染色体"模拟异常分裂的过程，派小组代表上台展示。教师最后提出课后思考题：请同学们课后查阅资料，了解生活中有哪些因素可能影响生殖细胞的正常分裂。

设计意图：通过真实情境的启发，引导学生迁移应用新的概念，同时关注人体的健康，养成健康生活的习惯，培养社会责任感。

四、教学反思

本节课是"减数分裂"的第一课时，通过让学生理解减数分裂与受精作用的意义、建构减数分裂的概念，为下节课开展减数分裂各时期特点的学习打下基础，也有助于学生建立减数分裂的整体概念框架。

本节课以"三版块"教学模式的基本理念为指导，教师依据教学目标在各教学环节中提出问题，引领学生思考、激发认知冲突，同时，给予学生充分动手实践的机会，将思维显性化；通过生生、师生之间相互讨论，析疑解惑，逐步修正与完善"减数分裂中染色体变化的模型"；教师在各环节及时总结，最终以直观的图示呈现减数分裂模型，深化学生的理解，也提供良好的学法指导；最后以真实情境的问题为评价手段，检测学生对概念的理解，师生互动探讨，修正概念。

第二节 复习课"讲练评"简约教学案例

案例一：有丝分裂和减数分裂细胞图像的识别与判定

广州市培正中学 李德伟

一、教学目标的确定

有丝分裂和减数分裂涉及的知识内容是高中生物教学的重点和难点。在历年高考和其他各种类型的考试中，与细胞分裂图像的识别和判定有关的题目经常出现。这个知识模块的题目具有呈现形式灵活多变、综合分析性强和思维空间跨度大的特点，是高考的考查重点和命题热点。试题情境多为基础判断和问题探讨，有丝分裂和减数与裂常结合起来进行考查。由于学生在图像判断和原理分析方面存在误区，导致得分不高。基于生物学新课标的内容要求、学业要求及学业质量标准，围绕培养学生的生物学学科核心素养的基本要求，制订如下教学目标。

（1）描述和阐明有丝分裂和减数分裂过程中染色体的变化规律，感悟细胞增殖的过程，形成细胞内染色体的变化与人体生殖功能密切相关的生命观念。

（2）基于生物学事实和图片等资料信息，对有丝分裂和减数分裂的染色体变化进行分析与比较，形成科学认知，发展学生分析与判断、归纳与比较的科学思维。

（3）通过对有丝分裂和减数分裂过程中染色体变化的观察，加深对事物自身变化规律的认识。在探究学习活动中，增强科学探究能力，形成探究意识和合作精神。

二、教学设计思路

简约教学倡导"主导和主体论"，鼓励在教师主导下，遵循学生的认知规律，引导学生自主探究、层层深入、深度思考和主动表达，自主构建知识网络体系。

本节课教学设计利用简约教学倡导的"讲练评"教学模式，引导学生通过比较、归纳与总结和模型运用等手段进行知识迁移内化，旨在激活学生的科学思维，提高学生的思维品质，促进学生的深度学习，从而弥补传统教学模式的不足，落实学生的生物学学科核心素养。

三、教学实施过程

考情回顾，导入课题：呈现表5-4，教师引导学生从考查内容、题型难度、命题趋势和核心素养等方面，对近三年生物高考真题命题规律与趋势进行科学分析。

表5-4　近三年（2020—2022年）全国高考真题生物卷多维细目表

真题	分值	考点	题型	难度	教学情境	素养要素
2022年全国乙卷，第1题	6	有丝分裂与减数分裂	选择	中	问题判断	科学思维-分析判断
2021年广东，第16题	4	细胞分裂与变异	选择	难	问题判断	科学思维-分析判断
2021年河北，第7题	2	减数分裂的特点	选择	难	问题探讨	科学思维-作出解释
2021年辽宁，第12题	2	有丝分裂与减数分裂	选择	中	问题探讨	科学思维-比较判断
2021年天津，第7题	4	细胞分裂图像判定	选择	易	问题判断	科学思维-比较判断
2020年浙江7月选考，第21题	2	减数分裂与变异	选择	难	问题探讨	科学思维-分析判断
2020年浙江1月选考，第19题	2	减数分裂的特点	选择	难	问题探讨	科学思维-分析判断

复习是对已学知识从多角度、多层次、多方向进行重新调整与组合。结合考情，引导学生了解最新考试动态，把握命题规律和趋势。

（一）第一环节：讲——"讲在关键处"

这是教师组织教学的起始环节。在本教学环节，教师组织课堂教学，复习和巩固教材基础知识，为新知识的学习夯实基础，调动学生的学习积极性，根据学生知识薄弱点，有针对性地开展教学活动。

任务驱动1：厘清染色质和染色体、姐妹染色单体和同源染色体的概念。

教师展示：用不同颜色的扭扭棒或毛根铁丝制作的染色体结构模型。

教师展示图5-10，引导学生分析思考，讨论回答。

教师提问：染色质和染色体有什么区别？什么叫同源染色体？什么叫姐妹染色单体？在有丝分裂和减数分裂过程中，哪些时期有同源染色体和姐妹染色单体？染色单体和同源染色体与DNA之间有什么样的数量关系？

教师展示图5-11，引导学生分析思考，并作答。

教师提问：图5-11中同源染色体含有多少条姐妹染色单体？每条染色体含有几个染色单体？什么叫非同源染色体？

图5-10　染色质和染色体

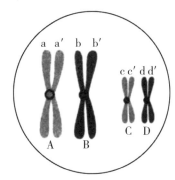

图5-11　同源染色体和姐妹染色单体

进一步追问：为什么有丝分裂后期和末期以及减数分裂Ⅱ的后期和末期都没有姐妹染色单体？为什么减数分裂Ⅱ的所有时期都没有同源染色体？

学生回答：在有丝分裂以及减数分裂Ⅱ的后期，每一条染色体的着丝粒分裂，姐妹染色单体分开。在减数分裂Ⅰ的后期，每一对同源染色体会彼此分离。

教师总结：染色体和染色质是同一种物质在细胞分裂的间期和分裂期的两种不同存在状态。在有丝分裂的前期和中期、减数分裂Ⅰ的所有时期以及减数分裂Ⅱ的前期和中期都存在姐妹染色单体，而在有丝分裂的后期和末期以及减数分裂Ⅱ的后期和末期都没有姐妹染色单体。在有丝分裂的前期、中期、后期和末期以及减数分裂Ⅰ的所有时期都有同源染色体，而在减数分裂Ⅱ的所有时期都没有同源染色体。

设计意图：诊断学生在必备知识上的缺陷，使其厘清概念的本质和区别是进一步深度学习的前提和基础。染色质和染色体、姐妹染色单体和同源染色体是观察细胞分裂过程中染色体形态和数目变化的两组重要概念。许多学生因不能充分理解这两组概念的内涵和区别，对有丝分裂和减数分裂过程中染色体的变化行为混淆不清。

任务驱动2：厘清动物细胞和植物细胞有丝分裂过程的异同。

教师展示：呈现动植物细胞（2*n*=4）的有丝分裂过程图片（图5-12和图5-13），引导学生分析思考两者的区别。

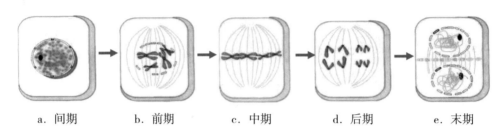

a. 间期 b. 前期 c. 中期 d. 后期 e. 末期

图5-12 植物细胞的有丝分裂

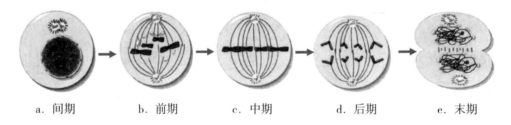

a. 间期 b. 前期 c. 中期 d. 后期 e. 末期

图5-13 动物细胞的有丝分裂

教师强调：在动植物细胞的有丝分裂过程中，细胞分裂的时期划分和染色体的行为变化规律基本相同。主要区别在于动植物细胞分裂的前期纺锤体形成的方式和末期细胞质分裂的方式不同。在有丝分裂各时期，细胞内也有同源染色体，只是不会像减数分裂过程那样出现同源染色体的联会和四分体现象。

教师选一名学生展示细胞内一条染色体在有丝分裂过程中的形态变化（图5-14），引导学生不断修正概念、完善认知。

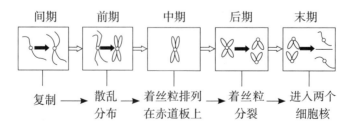

| 间期 | 前期 | 中期 | 后期 | 末期 |

复制 → 散乱分布 → 着丝粒排列在赤道板上 → 着丝粒分裂 → 进入两个细胞核

图5-14 有丝分裂过程中染色体的形态变化规律

设计意图：激活学生思维，夯实其开展进一步学习所必需的知识基础。引导学生勤于动脑和动手，主动参与探究过程，逐步培养学生分析和解决问题的能力。

任务驱动3：厘清动物细胞精子和卵细胞形成过程的异同。

教师展示：呈现动植物细胞（2*n*=4）的减数分裂过程图片（图5-15和图5-16），引导学生分析和思考两者的区别。

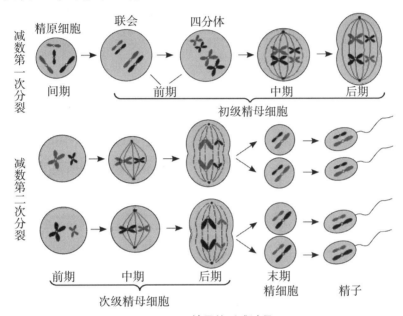

图5-15　精子的形成过程

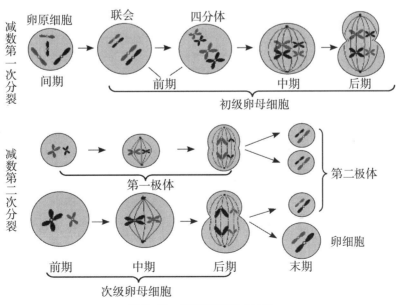

图5-16　卵细胞的形成过程

通过概念图的形式，总结和归纳减数分裂和有丝分裂的联系（图5-17），完善知识网络，促进学生对两者联系的深度理解，发展学生的科学思维能力。

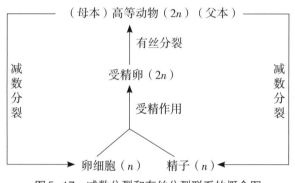

图5-17　减数分裂和有丝分裂联系的概念图

设计意图：减数分裂是生殖细胞形成过程中一种特殊的有丝分裂，是细胞增殖知识的延续。引导学生学习细胞有丝分裂知识，为进一步学习和比较有丝分裂和减数分裂各时期染色体的变化打下扎实的知识基础。概念图直观地展示了概念之间的内在联系，有利于构建知识网络，拓展知识迁移能力，发展理性思维。

（二）第二环节：练——"练在必要中"

这是学生形成技能的中心环节。根据复习目标和学习要求，重新组织和系统构建教材知识体系，应用和拓展生物学概念。在本教学环节，教师成为课堂的组织者、学生探究的引导者和学生知识建构的合作者。限定时间，集中精力，提高速度，训练心理，分层达标，突出思维和方法训练，力求获得速度和心理、知识和技能等多方面的同步效益。

任务驱动4：解析不同时期的有丝分裂和减数分裂的细胞分裂图像。

有丝分裂和减数分裂既有本质区别，也有许多相似之处。细胞分裂过程中染色体形态和行为的变化是高中生物学教学的重点和难点。学生学习时较难掌握，而且极易混淆。教师在指导学生复习时，可以运用列表比较的方法（表5-5），帮助学生认识事物的本质规律。

设计意图：在学生的学科核心素养体系中，科学思维是核心素养的重要组成部分。教师通过"同中求异"的科学方法，探讨和阐释细胞分裂过程的现象及规律，引导学生形成科学的思维方法。

表5-5　有丝分裂和减数分裂多维分析表

分裂时期	前期	中期	后期	末期
有丝分裂				
减数分裂 I				
减数分裂 II				

任务驱动5：辨析有丝分裂和减数分裂各时期细胞分裂图像。

在生物学高考和阶段测试中，很少考查细胞分裂间期和末期的图像识别，重点考查与有丝分裂和减数分裂的前期、中期和后期细胞分裂图像识别有关的知识点，所以，在教学中应重点分析有丝分裂和减数分裂的前期、中期和后期的细胞分裂图像。

教师展示不同时期的细胞分裂图像（图5-18、图5-19和图5-20），引导学生分析图片信息，根据细胞分裂图像中染色体的行为特点，说出细胞分裂的方式和时期，并能说出判断的理由。学生独立思考或小组讨论交流后作答。

A1　　　　　A2　　　　　A3

图5-18　有丝分裂和减数分裂图像（前期）

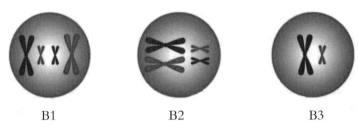

图5-19　有丝分裂和减数分裂图像（中期）

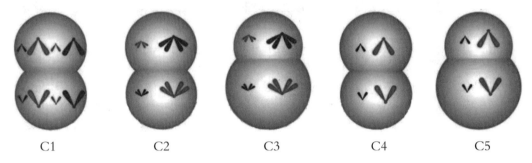

图5-20　有丝分裂和减数分裂图像（后期）

在判断细胞分裂图像的类型前，应明确指出：①该种细胞所属的生物是动物还是植物？是几倍体生物？②该种细胞所属的生物的正常体细胞中染色体数目是多少？③该种细胞在细胞分裂过程中，有没有发生过染色体数目的变异？

建议先按A、B和C三组确定细胞分裂的时期，再根据染色体的行为变化特点，进一步判定细胞分裂的方式，形成判断细胞分裂方式和时期的科学方法——"三看法"（一看染色体的行为变化特点定时期，二看同源染色体的有无定减Ⅱ，三看同源染色体的行为定减Ⅰ）。

"三看法"策略有利于帮助学生判定有丝分裂和减数分裂图像的类型。学生要灵活掌握科学有效的判定方法，从而达到事半功倍的效果。很多学生通过观察染色体的数目（奇偶数）对细胞分裂图像进行识别和判断，这种做法是不科学的。因为在自然界中，部分物种的染色体数目为奇数（例如蝗虫雌性个体有24条染色体，为22+XX；雄性没有Y染色体，只有23条染色体，为22+X），这对通过染色体数目的奇偶数来判断细胞分裂的类型会产生一定的影响。

设计意图：教师巡回指导，及时了解和收集学生学习的反馈信息，对学生的学习活动进行针对性点拨。当学生判断失误时，不要急着纠正学生的错误，要引导其不断修正，完善知识体系构建，实现师生互动。

任务驱动 6：探清减数分裂和有丝分裂过程的区别和联系。

播放精原细胞（或卵原细胞）进行有丝分裂和减数分裂的视频动画，激发学生的学习兴趣，引导学生关注细胞内染色体形态和行为的变化。教师展示图片（图 5-21），要求学生对图中各细胞分裂图像进行合理排序。

教师强调并告知学生，精（卵）原细胞不仅可以进行减数分裂，而且在减数分裂前还可以进行有丝分裂，以增加精（卵）原细胞的数量。

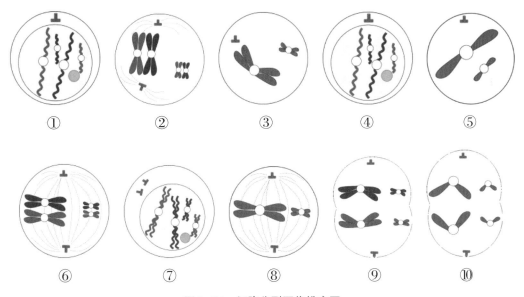

图 5-21　细胞分裂图像排序图

设计意图：多年教学实践经验表明，很多学生经常把有丝分裂和减数分裂孤立开来，对精（卵）原细胞能否进行有丝分裂存在疑问。通过本题训练，既厘清了有丝分裂和减数分裂图像的区别，也找到了两种细胞分裂方式的关联。

（三）第三环节：评——"评在要害里"

这是师生双向互动的关键环节。在本教学环节，教师要针对学生学习活动中的反馈信息进行反馈矫正、查漏补缺和精准点评。在讨论评析解题思路和归纳总结知识体系的过程中，帮助学生将所学知识从感性认识上升到理性认识。

任务驱动 7：构建有丝分裂和减数分裂细胞分裂图像的判定标准。

在任务驱动 5 的基础上，构建网格知识体系（表 5-6），充分理解有丝分裂和减数分裂过程中染色体行为的变化规律。

高中生物学简约教学论

表5-6 有丝分裂和减数分裂多维分析表

分裂时期	前期	中期	后期
有丝分裂	没有联会或四分体	染色体的着丝粒排列在赤道板上	着丝粒分裂，姐妹染色单体分开
减数分裂 Ⅰ	有联会或四分体	同源染色体以四分体的形式排列在赤道板上	同源染色体分离的同时，非同源染色体自由组合
减数分裂 Ⅱ	没有同源染色体	染色体的着丝粒排列在赤道板上	着丝粒分裂，姐妹染色单体分开

设计意图：在观察图像比较有丝分裂和减数分裂的基础上，列表归纳总结有丝分裂和减数分裂各时期染色体行为变化的特点，充分发挥学生学习的主动性，培养学生转换图表信息的能力。

任务驱动8：绘制有丝分裂和减数分裂细胞分裂图像识别与判定的检索表。

在初中阶段，学生已经学习了"定距式检索表"的制作。基于分类思想，将生物的一系列特征不断细分，以区分不同的物种。教师展示生物兴趣小组同学课前制作的"有丝分裂和减数分裂细胞分裂图像判定的检索表"（表5-7），引导学生对检索表的科学性、实用性和合理性进行综合评价。

表5-7　有丝分裂和减数分裂细胞分裂图像判定的检索表

1. 染色体散乱地分布在细胞中央 ·· 前期2（图5-18）
染色体的着丝粒或四分体排列在赤道板上 ························· 中期3（图5-19）
染色体移向细胞两极 ··· 后期4（图5-20）

2. 有同源染色体，但没有出现联会或四分体现象 ··············· 有丝分裂前期（图5-18　A1）
有同源染色体，出现联会或四分体现象 ·················· 减数分裂Ⅰ前期（图5-18　A2）
无同源染色体 ··· 减数分裂Ⅱ前期（图5-18　A3）

3. 染色体的着丝粒排列在赤道板上，有同源染色体 ·············· 有丝分裂中期（图5-19　B1）
染色体以四分体的形式排列在赤道板上 ·················· 减数分裂Ⅰ中期（图5-19　B2）
染色体的着丝粒排列在赤道板上，无同源染色体 ········· 减数分裂Ⅱ中期（图5-19　B3）

4. 着丝粒分裂，姐妹染色单体分开，由纺锤丝牵引着，分别移向细胞两极。在将要形成的子细胞
中有同源染色体 ··· 有丝分裂后期（图5-20　C1）
同源染色体分离，染色体数目减半 ·······································减数分裂Ⅰ后期
细胞质均等分裂 ··· 初级精母细胞（图5-20　C2）
细胞质不均等分裂 ··· 初级卵母细胞（图5-20　C3）
着丝粒分裂，姐妹染色单体分开，由纺锤丝牵引着，分别移向细胞两极。在将要形成的子细胞中没
有同源染色体 ···减数分裂Ⅱ后期
细胞质均等分裂 ·································· 次级精母细胞或第二极体（图5-20　C4）
细胞质不均等分裂 ··· 次级卵母细胞（图5-20　C5）

设计意图：基于对必备知识和关键能力的培养，以二倍体生物为例构建细胞分裂图像判定的检索表，简单明了，操作方便。多年课堂教学实践表明，巧用检索表开展课堂教学，一方面可以帮助学生对细胞分裂的方式及时期作出准确的判断；另一方面，也可引导学生在使用该检索表时，及时纠正自己前概念中的错误认知，准确地构建科学概念和应用概念。

四、教学反思

本节教学设计以简约教学理念为指导，聚焦学情，夯实简约教学的思想基础。构建一系列逐层深入、环环相扣的学习路径，实现还课堂以高效性、真实性和生态性的简约教学之美，达到了化繁为简、化难为易、优质高效的教学效果。

（1）删繁就简，追求简约课堂的优质高效。本节教学设计以2n=4的细胞分裂图像为研究对象，帮助学生形成从简单到复杂认识事物本质的思维品质。在教学过程中，教师可以适当引导学生分析人的体细胞（2n=46）进行有丝分裂或减数分裂过程中染色体形态和数目的变化规律。实践表明，采用这种由简单到复杂、由特殊到一般的教学方式，课堂气氛较为活跃，能激发学生的深度思考，从而提高课堂的学习效率。

（2）以简驭繁，探寻简约设计的最佳路径。在这节课中，教师采用"教师主导教学—学生主动探究—师生互动评价"的"讲练评"教学模式开展课堂教学，优化课堂结构，促进主体发展。创设良好的探究氛围，铺设符合学生认知发展规律的思维轨道，将教学环节分解成不同层次、环环相扣的探究性学习活动，有利于学生建构概念和发展思维品质。

（3）简中求质，实现课堂教学的简约生态。教学的本质在于引导学生从复杂的事物中揭示简单的思维逻辑和基本的知识规律。在整个学习过程中，学生主动参与讨论、解说、建构、修改和评价活动。在探究学习活动中，学生勇于创造、不断思考，达到实践探究和思维提升的统一。教师引导学生从"学会"走向"会学"，从"会学"走向"乐学"，在课堂上落实学科核心素养，把素质教育真正落到实处。

简约课堂是一种理念，是一种智慧，也是一种境界。高中生物学课堂应该把握简约教学的策略，懂得取舍，提炼精华，确定教学重点，回归对教材本质的学习。当然，这节课也存在一些值得改进的地方，如课堂所学知识容量大，需要学生课前做好充分的预习；如何从多角度评价"教师的教"和"学生的学"的课堂效果等。

案例二：大概念统领下的"细胞结构与功能"专题复习

广州市第六十五中学　徐青松

一、教学目标的确定

本节课主要针对高中生物学必修模块《分子与细胞》中的大概念"细胞是生物体结构与生命活动的基本单位"展开复习。基于新课标，本专题相关知识体系如图5-22所示。

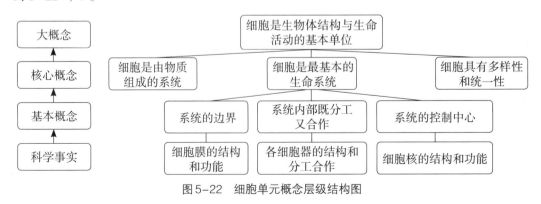

图5-22　细胞单元概念层级结构图

教材第一章"走近细胞"就提出生命系统具有许多层次，明确细胞是基本的生命系统。然后第二章"组成细胞的分子"、第三章"细胞的基本结构"从系统的物质组成、系统的结构两个角度阐明细胞是生物体结构与生命活动的基本单位，进而论证得出细胞是基本的生命系统。要求学生通过以上内容的学习，初步建立起生命的系统观、结构与功能观。以上知识是整个生物学学习的基础，相关生命观念也将在教材其他模块的学习中得到不断的拓展和深化。

高三学生通过新授课的学习以及一轮复习，已经对本专题所涉及相关基础知识——组成细胞的元素及重要化合物、细胞各部分结构及分工协作有了充分的认识，也认同生命的系统观、结构与功能观。但学生的知识组织更多是以章节为单位的"仓库式堆放"，"仓库"内部缺乏有序的组织。模块所包括的相关重要概念欠缺逻辑联系，未形成有机整体。具体表现为学生知识结构凌乱，跨单元迁移运用能力薄弱。当面对更高层次生命系统（个体、生态系统）的问题时，欠缺利用生命的系统观、结构与功能观对相关知识进行迁移运用的能力。

综上所述，结合新课标和学生实际情况确定本节专题复习教学目标如下。

（1）借助"细胞是生物体结构与生命活动的基本单位"这一大概念组织梳理相关重要概念，搭建指向生命的系统观、结构与功能观的概念层级体系。

（2）通过分析典型情境问题，反思总结陌生情境下基于"高通路水平"的知识迁移运用的思维模型。

二、教学设计思路

复习课教学流程基于"讲练评"教学模式展开。教师首先通过重现问题，引导学生反思在解决陌生情境问题时的知识漏洞和思维误区，进而明确基于大概念构建知识框架体系的重要性和必要性。然后学生自主构建基于生命的系统观、结构与功能观的概念逻辑体系，并通过情境问题训练运用知识，强化思维模型。最后教师反馈矫正，学生反思总结内化以达成素养能力的提升。

三、教学实施过程

（一）错题重现，查知识漏洞；反思总结，悟思维误区

教师首先展示前一阶段测试暴露出问题的典型题目，并展示学生的主要错误答案。

【问题重现】肾小球的滤过作用（形成原尿）和肾小管的重吸收作用是人体尿液形

成过程中的两个阶段，图示为血糖浓度与单位时间血糖滤过量（原尿）、排出量（尿液）和肾小管重吸收量的关系。回答下列问题：

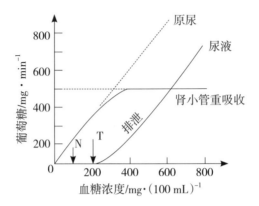

当原尿中葡萄糖浓度超过 375 mg/100 mL 后，推测肾小管对原尿中葡萄糖的吸收不再增加的原因是_____。

参考答案：肾小管管壁细胞的细胞膜上转运葡萄糖的载体数量有限。

学生典型答案1：避免肾小管重吸收过多的葡萄糖以维持血糖稳定。

学生典型答案2：葡萄糖扩散进入细胞的速度达到饱和。

学生分享自己的答题思路，共同讨论其答案涉及的生物学知识是否合理、逻辑是否正确。学生通过讨论发现：典型答案1曲线理解错误，因果颠倒（血糖浓度过高才导致原尿中葡萄糖超标），思维局限于稳态调节，未能从结构与功能观分析解决问题；典型答案2方向正确，但知识错误（葡萄糖重吸收是主动运输）。

教师小结：题目中情境涉及血糖这一关键词，典型答案1反映了学生在思考过程中受到稳态与平衡观的影响，能用所学观念指导解决问题，但却没能找准解决问题的正确方向。这反映了学生解决问题时思维的局限性和机械性。典型答案2反映了学生能以葡萄糖吸收为切入点，找到回答问题的方向——物质跨膜运输，却未能从结构与功能的角度进行正确解释。还有很多学生看到题目涉及的问题中有很多不是教材中的内容，就完全不知道从何下手。这都反映了学生缺乏运用正确的生命观念指导解决问题的思维习惯；知识体系碎片化，缺乏大概念组织导致无法准确快速调用相关概念。

教师接下来通过分析问题情境，引导学生尝试运用生命观念找出解决问题的思维路径（图5-23）。

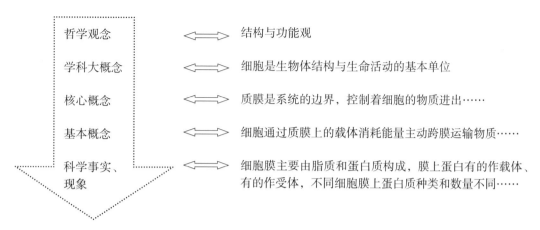

图 5-23　运用观念指导解决问题的思维路径

设计意图：通过重现问题可有效引起学生的注意，典型答案的展现也可激发学生的讨论兴趣。复习课的课堂导入简单高效。学生分享和互评更充分体现学生的主体地位，学生的思维更加活跃。教师在点评学生的回答时，首先肯定答案中所反映的学生思维中的闪光点，这样有利于鼓励学生面对陌生问题时积极思考。然后指出学生答案中反映的知识问题和思维误区，引导学生尝试运用生命观念解决问题。学生通过对比前后解决问题的思路，形成对基于大概念组织完善概念体系的重要性的自觉认同。

（二）概念统领，搭逻辑框架；教材回归，建知识体系

教师展示并讲解新课标：细胞结构与功能涉及的概念层级体系（图5-24）。

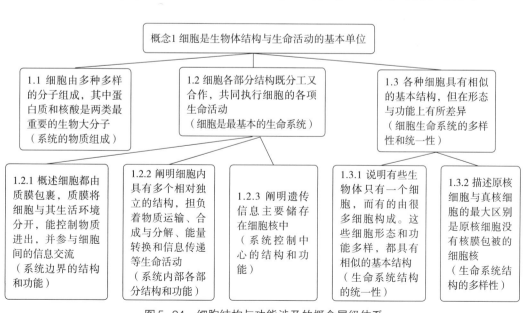

图 5-24　细胞结构与功能涉及的概念层级体系

学生结合教师讲解的概念层级体系完成任务：梳理细胞结构与功能概念图（图5-25）。

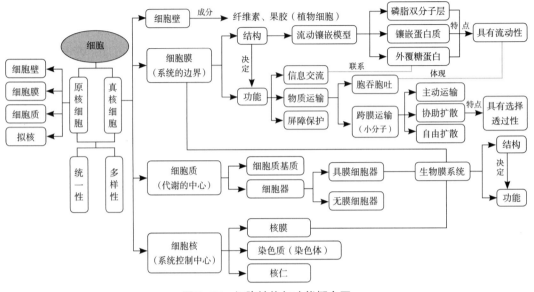

图5-25 细胞结构与功能概念图

设计意图：教师首先展示讲解专题内容在新课标中呈现的概念层级体系，然后让学生梳理完成概念图，这一方面有助学生明确本专题聚焦的大概念，并在大概念逻辑框架的思维背景下组织梳理知识；另一方面将概念层级体系转变成学生更具操作空间的概念图，有利于学生自主回归教材，完成知识体系的构建。

（三）变式演练，养思维习惯；反馈矫正，助能力提升

教师展示变式演练问题，学生在学案上独立作答。

变式演练：（1）科学家在研究溶酶体的结构时，发现其膜上某些分子被荧光染料处理后可发出荧光，再用高强度激光照射，被照射区域可被"漂白"，即荧光消失。随后，该"漂白"区域荧光逐渐恢复，恢复速度与温度呈正相关。推测其原因是_____

_____。

（2）科学家还发现溶酶体内侧膜蛋白高度糖基化，这与细胞膜外侧膜蛋白糖基化不同，溶酶体内侧膜蛋白糖基化的意义是_____。

参考答案：（1）生物膜具有一定的流动性，温度越高流动性越强。（2）保护膜蛋白，避免其被溶酶体内相关水解酶破坏。

教师根据学生作答情况进行反馈矫正，学生归纳总结解决问题的思维模型（图5-26）。

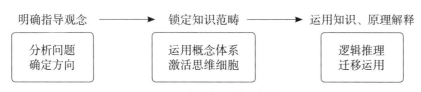

图5-26 解决问题的思维模型

设计意图：通过变式情境问题演练，强化学生运用生命观念分析问题，培养借助基于大概念组织的知识框架体系调用相关知识解决实际问题的能力。最后思维模型的反思总结，让专题复习不再局限于知识的强化记忆，而是更加注重"形而上"的思维能力培养。

四、教学反思

高三后期，由于学生存在遗忘、混淆基础知识的客观现象，专题复习往往容易落入"炒冷饭"的陷阱。本专题复习紧紧围绕"细胞是生物体结构与生命活动的基本单位、是基本的生命系统"这一大概念展开。有效避免了"以练代学"导致的学生忙于做题而无归纳反思、教师走马观花面面俱到而无重点讲解的复习误区。大概念统领下的专题复习课堂，一方面利用大概念的聚合特性统领组织专题知识体系，达到提纲挈领的教学效果；另一方面利用大概念的非常解释力和高迁移力等特性，帮助学生构建运用观念、概念去解释陌生情境下问题的思维模型，提升其知识的迁移运用能力。

案例三：生态系统的结构

广州空港实验中学 吴淑婉

一、教学目标的确定

根据新课标的内容要求，学生在学完"生态系统的结构"一节后，能"阐明生态系统由生产者、消费者和分解者等生物因素以及阳光、空气、水等非生物因素组成，各组分紧密联系使生态系统成为具有一定结构和功能的统一体。讨论某一生态系统中生产者和消费者通过食物链和食物网联系在一起形成复杂的营养结构。"对应的学业要求是：从生态系统具备有限自我调节能力的视角，预测和论证某一因素对生态系统的干扰可能引发的多种潜在变化。教学提示为：设计并制作生态瓶，观察和比较不同生态瓶中生态系统的稳定性，撰写报告分析原因。

"生态系统的结构"与社会、生产、生活实际的联系密切，是解决全球环境问题的理论基础，多以选择题或填空题的形式出现在历年高考试题中。从命题内容上看，试题的难度不大，常结合食物链和食物网，联系种群、群落相关知识，侧重考查生态系统各种成分的特点及其关系。填空题中会出现"为什么""原因是""是因为""依据是"这样的设问方式，需要学生使用科学思维的方法解答，旨在考查学生使用生物学语言表达观点的能力，标准答案往往是两个较长的句子。因此，将本节课的教学目标设定如下。

（1）通过对生态瓶生态系统结构的观察，描述生态系统的组成成分和营养结构、能量流动和物质循环的特点。

（2）通过对生态瓶生态系统稳定性的观察，理解生态系统的稳定性与生态系统结构的关系。

（3）能尝试运用"从条件到结果"逻辑关系的解题思路解答不同情境中的问题，发展科学思维，提升原因题解题技巧。

（4）通过生态瓶探究实验，认同生命与环境是统一的整体，加深对生命活动本质的理解，树立人与自然和谐共处的观点。

二、教学设计思路

本节课采用简约教学复习课"讲练评"的教学模式。该模式把复习课的教学过程划分为"讲""练""评"三个互相衔接的教学环节，如图5-27所示。

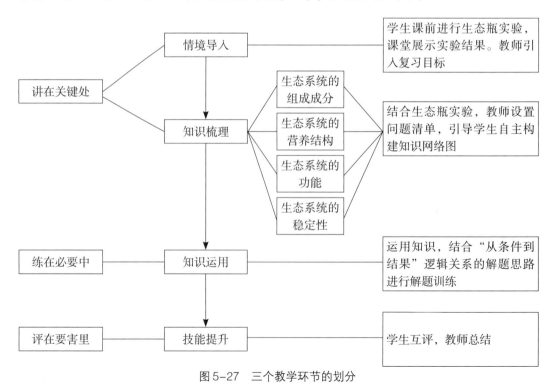

图5-27　三个教学环节的划分

首先"讲在关键处",创设真实情境——生态瓶实验,提高学生进行科学探究的兴趣。借助问题串,将知识结构化处理,引导学生理解生态系统的稳定性与生态系统结构的关系,认同生命与环境是统一的整体。其次"练在必要中",运用生态系统的结构知识解题,提升原因题解题技能。最后"评在要害里",学生互评,教师总结。

三、教学实施过程

本节课的教学实施过程如表5-8所示。

表5-8 教学实施过程

教学环节	教师活动	学生活动	设计意图
情境导入(引入复习目标,该环节大概5分钟)	表扬学生在实验过程中耐心记录数据的精神。分析近年考情,明确复习目标。	学生代表在课堂中汇报生态瓶实验的过程(金鱼生命力情况、水污染程度等)和结果。	通过真实情境——生态瓶实验,提高学生对生态系统知识的学习兴趣和科学探究兴趣。同时提高学生对生命本质的认识。
讲——"讲在关键处"(复习课本基础知识,构建知识网络图。该环节大概10分钟)	【设置问题清单】 1. 该生态瓶中的生态系统包括哪些组成成分?各成分的功能分别是什么? 2. 在第7天时发现水草长得比之前更茂盛,生态瓶维持了一定的稳定性,原因是什么?该生态瓶各成分之间有什么联系? 总结:肯定学生对生态系统组成成分及相互关系知识的掌握,引导学生根据简单的生态瓶进一步分析生态系统中各组成成分的作用,绘制生态系统组成成分关系的图解。 	(一)学生小组讨论回答问题清单 1. 生态瓶中的水、沙石、阳光等属于非生物的物质和能量;水草属于生产者,合成有机物,储存能量,为消费者提供食物和栖息场所;金鱼属于消费者,加快生态系统的物质循环,帮助植物传粉和传播种子;沙石中的微生物(细菌)属于分解者,将动植物遗体残骸和动物的排泄物分解成无机物。 2. 第7天时,水草长得比之前更茂盛是因为金鱼产生的粪便和水草的残枝落叶被分解者分解成无机物,提供给水草,水草利用金鱼等生物呼吸作用释放的二氧	采用"讲练评"教学模式的教学策略,将知识进行结构化处理。利用生态瓶这一真实情境素材,设置问题清单,引导学生在答题中逐步构建知识网络图;在问题中引导学生认同生命与环境是统一的整体,树立正确的生命观念。

（续表）

教学环节	教师活动	学生活动	设计意图
讲——"讲在关键处"（复习课本基础知识，构建知识网络图。该环节大概10分钟）	3．生态瓶中包含的食物链是什么？自然界中食物链的起点和终点分别是哪类生物？ 4．该生态瓶能量流动和物质循环的渠道是什么？有什么特点？ 5．前15天，生态瓶中金鱼的生命力逐渐提高，到第21天时却死亡，尝试分析原因。 总结：肯定学生能理解生态系统各组成成分之间通过能量流动、物质循环和信息传递而联系在一起，形成一个具有自我调节能力的统一整体。 【构建知识网络图】 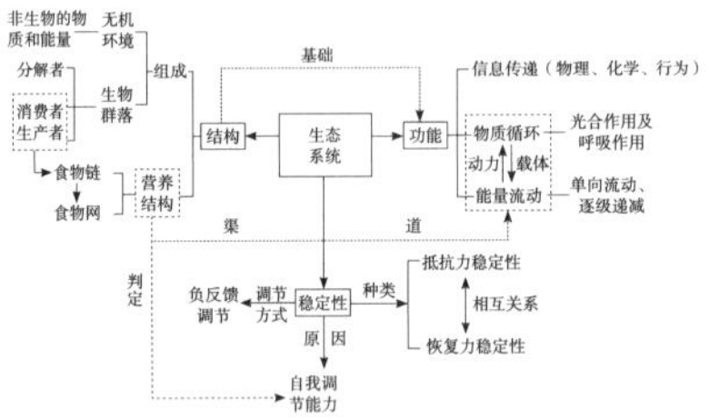 	化碳进行光合作用，合成有机物。 3．水草→金鱼，食物链的起点一定是生产者，终点是不被其他动物所食的动物，即最高营养级。 4．主要是水草→金鱼这条食物链。能量流动：单向传递、逐级递减；物质循环：全球性、循环往复。 5．可能是生态瓶中金鱼的粪便和植物的枯枝落叶太多，分解者不能及时分解，各种生物代谢废物积累得越来越多，水体污染严重。也可能是金鱼的食物来源单一，营养不够。还可能是瓶子内壁长满苔藓，导致水草光合作用释放氧气减少，金鱼获取不到足够的氧气……生态瓶中的生物种类少，营养结构简单，自我调节能力低，抵抗力稳定性差。 （二）构建知识网络图	
练——"练在必要中"（通过针对性的解题练习，运用知识，提高解题技能。该环节大概15分钟）	例题：下图是某水库生态系统的食物网，图中A、B、C和D代表四个不同物种的鱼。回答下列问题。 （1）B和D的种间关系是_____。 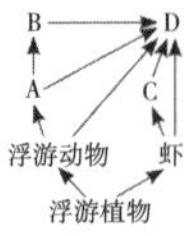 	例题：学生翻阅教材，自主完成。 （1）捕食、竞争 分解者 将动植物的遗体和动物的排遗物分解成无机物 （2）种内斗争	运用"从条件到结果"逻辑关系的解题思路解答问题，发展科学思维，提升原因题解题技巧。

（续表）

教学环节	教师活动	学生活动	设计意图
练——"练在必要中"（通过针对性的解题练习，运用知识，提高解题技能。该环节大概15分钟）	作为一个完整的生态系统，图中缺少的生物成分是_____，该成分在生态系统中的作用是_____。 （2）调查发现，小个体的D主要以虾、浮游动物为食，大个体的D主要以A、B和C为食，这在一定程度上缓解了_____的剧烈程度，有利于D的生存。 （3）研究发现，在蓝藻浓度较高时，D更多地以鱼类为食，会抑制水华发生。水华发生被抑制的原因是_____。 【演示】 第（3）小题解题思路： 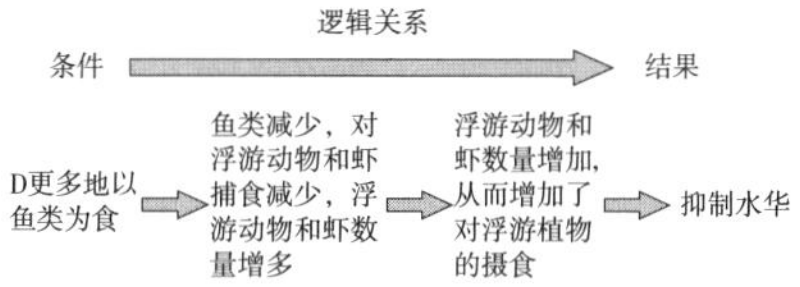 条件 ——逻辑关系——→ 结果 D更多地以鱼类为食 → 鱼类减少，对浮游动物和虾捕食减少，浮游动物和虾数量增多 → 浮游动物和虾数量增加，从而增加了对浮游植物的摄食 → 抑制水华 【解题技巧总结】 全国卷经常出现"为什么""原因是""是因为""依据是"这样的设问方式，旨在考查学生使用生物学语言表达观点的能力，一般这种设问的赋分是3分，标准答案往往是2个较长的句子。答题时学生经常使用口头语言而非书面语言。书面语言需表述清楚问题的前因后果。答题时先从题干给予的信息中，找出条件和结果，再补充其中的逻辑关系。按以下模板答题：  条件 ——逻辑关系——→ 结果 【高考题训练】 限时训练，时间5分钟。 1.（2015·全国卷Ⅱ，第31题节选）某生态系统总面积为$250\ km^2$，假设该生态系统的食物链为甲种植物→乙种动物→丙种动物，乙种动物种群的K值为1000头。回答下列问题：	（3）D更多地以鱼类为食会使得浮游动物和虾增加，从而增加了对浮游植物的摄食，由此抑制水华 采用"条件到结果"逻辑关系的解题思路，解答学案中【高考题训练】的题目。	

（续表）

教学环节	教师活动	学生活动	设计意图
练——"练在必要中"（通过针对性的解题练习，运用知识，提高解题技能。该环节大概15分钟）	若丙种动物的数量增加，则一段时间后，甲种植物数量也增加，其原因是_____。 2. （2018·全国卷Ⅱ，第31题节选）大型肉食性动物对低营养级肉食性动物与植食性动物有捕食和驱赶作用，这一建立在"威慑"与"恐惧"基础上的种间关系会对群落或生态系统产生影响，此方面的研究属于"恐惧生态学"范畴。回答下列问题： 若某种大型肉食性动物在某地区的森林中重新出现，会减轻该地区野猪对农作物的破坏程度。根据上述"恐惧生态学"知识，推测产生这一结果的可能原因有_____ _____。 （答出两点即可）		
评——"评在要害里"（学生互评，反馈矫正，教师总结。该环节大概10分钟）	【高考题训练】解题思路： 1. 丙种动物以乙种动物为食，丙种动物数量增加，导致乙种动物数量减少，进而导致甲种植物数量增加。 标准答案：由于乙种动物以甲种植物为食，丙种动物的数量增加导致乙种动物的数量减少，从而导致甲种植物数量增加。 2. 某种大型肉食性动物出现，大型肉食性动物捕食野猪导致野猪数量减少或野猪因恐惧减少了采食，野猪对农作物的破坏减轻。 标准答案：大型肉食性动物捕食野猪导致野猪数量减少或野猪因恐惧减少了采食，从而减轻了野猪对该地区农作物的破坏。	学生互评解题思路，相互纠错，得出正确解题思路，进而得出标准答案。	及时评价复习目标的达成度，促进学生自主复习，巩固基础知识，查漏补缺。促进学生知识迁移和应用能力的提高。

（续表）

教学环节	教师活动	学生活动	设计意图
评——"评在要害里"（学生互评，反馈矫正，教师总结。该环节大概10分钟）	总结：本节课复习了生态系统的结构，训练了原因题解题思路，但仍有部分学生虽知道原因题解题模板，却不会写，一方面是未掌握基础知识；另一方面是虽然知道生态系统各组成成分的作用，但不理解某一成分的改变对所在食物链或食物网，甚至对整个生态系统稳定性的影响。方法：①结合生态瓶这个小的生态系统，理解金鱼死亡原因，观察金鱼死亡后生态瓶生态系统的变化，分析原因。②结合生态系统组成成分关系的图解，进一步构建整个生态系统知识网络图。		

四、教学反思

（一）复习目标达成情况分析

（1）采用"讲练评"教学模式的教学策略对知识进行结构化处理。课前通过生态瓶实验创设情境，设置问题清单。学生能描述生态系统的组成成分和营养结构、能量流动和物质循环的特点。通过层层递进的问题，串联生态系统的功能和生态系统的稳定性，使学生自主构建生态系统知识网络图。

（2）教师通过生态瓶探究实验，引导学生认识生态系统各组成成分对生态瓶生态系统稳定性的影响，认同生命与环境是统一的整体，加深对生命活动本质的理解，树立人与自然和谐共处的观点，形成生态意识和环保意识。

（3）综合运用生态系统知识解答原因题，教师用简练的语言总结"从条件到结果"的解题思路，使得课堂的重点更加突出、知识面覆盖更精准、科学思维更强、学生表述更规范，从而达到简约教学的目的。

（二）问题与不足

课堂中利用生态瓶对生态系统知识的查漏补缺和总结占用时间较长，导致对生态系统相关原因题解题技巧的训练不足，教师总结时间少，部分学生还无法运用基础知识提升解题能力。

（三）改进措施

"从条件到结果"逻辑关系的解题思路不单单适用于生态系统的相关考题，高考四大题型都适用，故以后可以鼓励学生多使用该解题思路，在实践中提高学生的科学思维。

第三节　实验课"预做思"简约教学案例

案例一：观察根尖分生区组织细胞的有丝分裂

广州彭加木纪念中学　谢桂飞

一、教学目标的确定

本实验是必修1第6章第1节"细胞的增殖"后面的实验，是非常重要的一个实验，内容包括：学生动手培养植物根尖、制作细胞有丝分裂临时装片；围绕染色体存在状态进行观察，识别有丝分裂的不同时期，绘制细胞分裂图像进而理解有丝分裂过程；统计各时期的细胞数，计算M值，以M值反映细胞周期各个时期所经历的时间。本实验课有如下意义：使学生学会制作有丝分裂临时装片，能通过显微镜分辨出处于有丝分裂不同时期的细胞，并习得相关的操作技能；培养学生观察和思考能力，使学生领悟科学探究的方法、认真实验的科学态度和实事求是的科学精神。

学生已学习了细胞的分子组成、细胞的基本结构，也学习了有丝分裂的具体过程，基本能辨析有丝分裂各时期染色体的变化。并且对显微镜的使用有一定基础，具备制作临时装片的基础，具备抽象思维和逻辑思维之间的转化能力。但缺乏制作有丝分裂临时装片的经验；也不清楚分裂的模式图与显微镜下看到的真实图像之间的区别和联系，不能真正理解观察到的图像是静态的而有丝分裂是动态的过程。

基于新课标的内容要求、学业要求和学业质量标准，围绕培养学生核心素养的要求，制订了如下教学目标。

（1）在观察细胞分裂时，能准确描述细胞增殖的周期性以及各个时期的主要特点。

（2）通过观察细胞分裂过程，根据有丝分裂各个时期物质（染色体）的变化，构建物理和数学模型。

（3）讨论实验探究目的、原理，能制作植物根尖分生区组织细胞有丝分裂的临时装片，观察并找出处于有丝分裂不同时期的细胞，统计各时期的细胞数，计算 M 值，培养科学探究的技能。

（4）能够通过实验设计、实验分析等方法，探究影响细胞增殖（生命历程）的外界因素，养成关爱生命、关注健康的习惯，领悟科学探究的方法、认真的科学态度和实事求是的科学精神。

二、教学设计思路

为了能在一节课的时间内高效地完成实验，实验前的预习很重要。实验前，组织学生进行培养植物根尖、阅读实验内容、观看实验视频等活动，教师设计一些问题和任务，使学生了解实验目的、实验材料与用具，熟悉实验操作步骤与注意事项，引导学生尝试提出问题。实验过程中，教师指导学生实验，讲解实验成功的关键（如，解离要充分但不过度；染色时，必须把握好染液浓度和染色时间，染色过深或过浅都会影响观察；压片时用力也要适度，过重会将组织压烂，过轻会导致细胞未分散，都会影响观察），纠正错误操作。实验结束后，组织学生展示实验结果、分析评价各组实验结果，讨论解决实验前老师和学生提出的问题，并布置课后任务：构建细胞周期中染色体和 DNA 数量变化的数学（曲线）模型，绘出植物细胞有丝分裂中期简图等。

通过分组实验，让各小组自由选择实验材料，有利于收集不同材料的实验数据，也有利于后续的数据统计和分析，使实验数据更充分、准确。

增加演示实验，教师在实验前准备几台示范镜，分别示范视野清晰的装片；或者通过多媒体等展示分裂间期、前期、中期、后期和末期的照片，以便学生根据示范准确识别各时期细胞。

教学环节设计如图 5-28 所示。

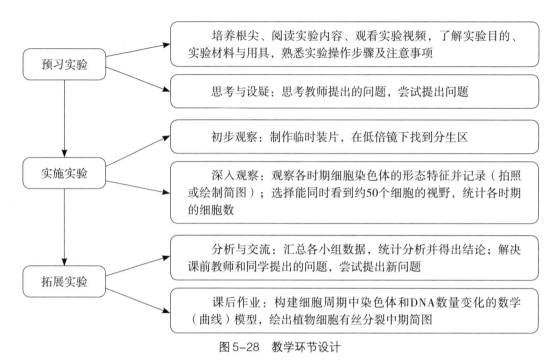

图 5-28　教学环节设计

三、教学实施过程

本节课的教学实施过程如表 5-9 所示。

表 5-9　教学实施过程

教学环节	教师活动	学生活动	设计意图
实验前：预习实验	1. 分组和培训。将学生每 4 人分为一组，对小组长进行根尖培养、临时装片制作和显微镜观察操作培训。 2. 预习指导。收集归纳学生提出的问题，引导学生阅读教材、查阅资料、分析原因，寻找解决方案。 3. 做预实验。探究不同材料对有丝分裂效果的影响，并挑选分裂效果好的装片作为示范片，进行课堂展示。教师要对实验结果进行预估，这样才能有效掌控课堂上的意外情况，更好地引导、评价学生。 4. 收集归纳学生的问题。	1. 小组合作。课前一个星期进行分组，每 4 人为一组，各小组选择材料（洋葱或大蒜等）进行根尖的培养，每天观察根尖的生长情况，分辨分生区所在部位。 2. 提前预习。仔细阅读实验内容，了解实验目的、实验材料与用具；观看实验视频，熟悉实验步骤及注意事项。 3. 思考并讨论教师提出的问题：①根尖为什么会生长？②如何分辨分生区所在部位？③如何找出分生区的细胞？ 4. 尝试提出问题（例如，如何比较细胞周期不同时期的时间长短）。	熟悉实验材料和基本操作方法，为后续开展实验做好铺垫、打好基础，同时培养学生独立思考、合作交流的能力，提高课堂效率和实验成功率。

（续表）

教学环节	教师活动	学生活动	设计意图
实验中：初步观察	1. 布置任务。各小组用各自培养的材料制作根尖临时装片，并在低倍镜下找到分生区。 2. 图片展示或示范镜展示。①通过多媒体展示有丝分裂各个时期的照片；②示范镜分别展示视野清晰和对焦不准的装片，细胞充分分散和细胞重叠的装片，染色适度、未染色和染色过深的装片。	1. 小组合作。制作临时装片，在低倍镜下找到分生区，每小组可多制作2个样本。 2. 小组讨论。对比演示照片，弄清问题所在，调整自己的操作，直至找到合适的视野。	1. 培养学生动手操作技能。 2. 提供参照，让学生发现自己的问题，提高操作的准确性和成功率。
实验中：深入观察	1. 布置任务。①对照多媒体或教材，找到分裂间期、前期、中期、后期和末期的细胞，并观察各时期细胞染色体的形态特征；②选择能同时看到约50个细胞的视野，统计各时期的细胞数。 2. 指导交流。组织各小组展示观察成果并点评。 提问：①如何辨认各个时期的细胞？②同一视野中哪个时期的细胞最多，哪个时期的细胞最少？说明什么问题？	1. 小组合作。①在选定的视野中仔细观察、比较，找到各个时期的细胞，观察各时期细胞染色体的形态特征并记录（拍照或绘制简图）；②选择能同时看到约50个细胞的视野，统计各时期的细胞数并完成统计表；③把视野移动到分生区另一个区域再统计，对数据进行整理，每一时期细胞数/计数细胞总数记为 M，填入附表1中。 2. 交流展示。各小组展示自己最满意的图像，全体学生共同确认细胞所处的时期。	1. 培养学生的观察能力和合作交流能力，为理解细胞有丝分裂各个时期的变化特点建立感性认识基础。 2. 提升学生分析归纳能力，使他们学会用统计学的方法分析问题，为进一步理解所学知识提供数据支撑。
实验后：拓展实验	1. 对各小组的实践活动进行评价。 2. 问题：①实验中观察到的是同一细胞的连续变化过程，还是不同细胞分裂的不同时期？为什么？②每个小组分别计算的比例和全班统计出的平均比例有差异吗？若有差异，该如何解释？	1. 汇总分析。汇总全班数据，填入附表2中，分析并得出结论。 2. 交流讨论。通过交流讨论，解决教师提出的问题，获得细胞周期、细胞有丝分裂的重要意义等生命观念。 3. 自主探究。有兴趣的同学在课后可查找资料，进行不同材料的深入实验探究，然后相互交流。	1. 加深理解细胞有丝分裂各个时期的变化特点，形成细胞周期的一个整体性观念。 2. 培养学生分析归纳能力和合作交流能力，养成科学思维、科学探究的核心素养。 3. 启发思维，将学生的学习由课内拓展到课外，进一步提升学生科学探究素养。
实验后：课后作业	1. 以洋葱或大蒜细胞有丝分裂为例构建细胞周期中染色体和DNA数量变化的数学（曲线）模型。 2. 以洋葱或大蒜细胞有丝分裂为例，绘出植物细胞有丝分裂中期简图。		

四、教学反思

本节实验课，遵循"预做思"的教学模式。以实验前培养根尖的活动、尝试提出问题为任务，驱动学生做好预习；实验过程中的图片展示或示范镜展示，提高了课堂效率和实验的成功率。学生通过实验活动，观察有丝分裂各个时期的细胞（染色体的形态），增加感性认识，加深对有丝分裂各个时期特点的理解；克服对微观结构认识的困难，对学生体会有丝分裂过程中染色体的行为变化具有重要作用；同时学生学会在显微镜下分辨有丝分裂各个不同的时期，训练学生的操作、观察和思考能力，培养学生认真的科学态度和实事求是的科学精神，使学生领悟科学探究的方法并习得相关的操作技能。实验后通过实验拓展问题和实验数据的汇总分析，启发思维，将学生的学习由课内拓展到课外，进一步提升他们的科学思维和科学探究素养。

本实验课也有不足的地方，实验只提供了洋葱和大蒜两种植物的根尖材料，后续可以为学生提供更多不同的植物材料（如大豆、绿豆等），让学生观察更多的材料从而获得更多的实验数据。

附表：

附表 1　各时期的细胞数统计表

结果统计	各时期细胞数					计数细胞的总数
	间期	前期	中期	后期	末期	
样本 1						
样本 2						
总数						
M 值						
统计方法	调节显微镜放大倍数，能在视野里同时看到约 50 个细胞，统计视野中处于各时期的细胞数，记录在"样本 1"中，再把另一个视野中的统计数据记录在"样本 2"中，每一时期细胞数与计数细胞总数的比值记为 M。					

附表2 各组数据汇总表

| 组别 | 材料 | 各时期细胞数 | | | | | | 统计方法 |
		结果统计	间期	前期	中期	后期	末期	
1组	洋葱	样本1						
		样本2						
		M值						
2组	洋葱	样本1						
		样本2						
		M值						
3组	洋葱	样本1						
		样本2						
		M值						
4组	洋葱	样本1						1. 分别计算各组的M值，估算各时期的时间；
		样本2						2. 计算同种材料M值的平均值，比较不同种材料细胞周期各时期的时间差异。
		M值						
5组	大蒜	样本1						
		样本2						
		M值						
6组	大蒜	样本1						
		样本2						
		M值						
7组	大蒜	样本1						
		样本2						
		M值						
8组	大蒜	样本1						
		样本2						
		M值						

案例二：绿叶中色素的提取和分离

广州市培英中学　曹志兴

一、教学目标的确定

"绿叶中色素的提取和分离"是人教版高中生物学教材必修1第5章第4节的教学内容。在新课标中，与本节课有关的内容要求是：学生在学完本节课后，能"说明植物细胞的叶绿体从太阳光中捕获能量，这些能量在二氧化碳和水转变为糖与氧气的过程中，转换并储存为糖分子中的化学能"。

本节内容承接上一节"捕获光能的色素和结构"，突出生物学实验及实验基本技能在高中生物学教学中的基础地位，又及时加深了学生对理论知识的理解。

本实验为验证性实验，但实验原理、步骤、过程等复杂，学生掌握起来有一定的难度。笔者将其改成探究性实验，学生在教师引导下分组讨论，对实验中每一步的做法提出疑问，自己动手实验，找出答案，突破难点。学生通过课外小组展示其实验结果，思考并归纳可能导致色素带颜色变浅的因素。让学生亲身体验实验操作失误或药剂使用不当对实验结果的影响，将更利于学生对相关内容的掌握。

基于对上述情况的分析，本节课的教学目标确定如下。

（1）尝试提取和分离绿叶中的色素，学会生物学研究方法，简述色素的种类及其在光合作用中的功能。

（2）从结构与功能相适应的角度，理解叶绿体适于进行光合作用的结构特点。

（3）通过分析和讨论相关实验数据，总结色素带颜色变浅的原因，领悟批判性思维，发展科学思维。

二、教学设计思路

本节课采用"预做思"教学策略，具体教学环节设计如图5-29所示。

预：在实验教学前，教师安排学生进行实验预习，包括预习实验原理、实验步骤、实验过程和实验注意事项等。

做：让学生自主操作、亲身参与。在生物学实验教学中，学生亲身体验后有更多的机会发现问题，进而去解决问题。

思：在原有实验内容的基础上进行一些改进或创新，不局限于教材中的统一方案。

将验证性实验向探究性实验改进，贯穿着对学生科学思维的培养。以问题为导向，学生分组讨论，在教师的引导下，自己动手实验，找出答案，突破难点。

通过课外小组展示其实验结果，让学生围绕"哪些因素可能导致色素带颜色变浅"这一核心问题进行思考与归纳。

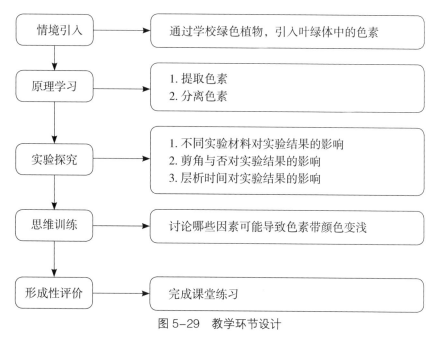

图 5-29 教学环节设计

三、教学实施过程

本节课的教学实施过程如表5-10所示。

表5-10 教学实施过程

教学环节	教师活动	学生活动	设计意图
创设情境，引出实验	投影学校绿色植物图片，引导学生思考：①绿色植物可进行什么重要的生理活动？②这些活动发生在哪个细胞器？③进行光合作用的细胞靠什么来捕获光能？④叶绿体中有哪些种类的色素？从而引出本节实验课的内容。	分析思考问题，为培养科学思维打下良好基础。	享受美的视觉，激发学生的学习兴趣，渗透热爱自然和生命的情感。展示校园图片，增强真实感和可信度。
检验预习，掌握原理	交谈：绿叶中的色素能溶解在有机溶剂无水乙醇中，所以可用无水乙醇提取绿叶中的色素。绿叶中的色素不止一种，它们都能溶解在层析液中，然而它们在层析液中的溶解度不同。溶解度高的随层析液在滤纸上扩散得快，反之则慢。这样几分钟之后，绿叶中的色素就会随着层析液在滤纸上的扩散而分散。	掌握原理，知道操作步骤。	检验预习程度，激发学习兴趣。为前10分钟高效完成验证实验奠定基础。

（续表）

教学环节	教师活动	学生活动	设计意图
学生操作，自主探究	课件展示操作步骤，引导学生思考：①二氧化硅的作用是什么？②碳酸钙的作用是什么？师生交谈得出，二氧化硅是石英砂，可以使研磨更充分。③研磨过程中，液泡中呈弱酸性的有机酸渗出，会破坏叶绿体中的色素，如何解决？加弱碱性物质碳酸钙，碳酸钙可以防止叶绿素在研磨过程中被破坏。 提醒注意事项：乙醇易挥发，研磨要快速。为了得到足够多的色素，研磨要充分。 课件展示制备滤纸条的实验步骤。 课件展示分离色素的实验步骤。 引导学生自主设计实验，探究层析时间对实验结果的影响。	质疑思考1：教材中用到的实验材料为菠菜，能否用其他实验材料？ 教师引导学生自主设计实验探究1：不同选材对实验结果有何影响？ 完成实验：称量→剪碎→加二氧化硅、碳酸钙、无水乙醇→研磨→过滤。 质疑思考2：为什么要剪去两角？不剪去两角可以吗？ 学生自主设计实验探究2：滤纸条不剪角对实验结果有何影响？ 质疑思考3：为什么滤液细线不能触及层析液？ 学生自主设计实验探究3：滤液细线触及层析液对实验结果有何影响？ 质疑思考4：教材没有明确层析时间，我们应该层析多久？	引导学生自主设计探究方案，对教材中以结论形式出现的一些操作提出疑问思考，再通过小组合作探究，观察实验现象，对教材中的操作进行评价，不迷信教材，训练学生的批判性思维。
分析数据，拓展思维	组织学生汇报、分析实验现象和结果。 比较选用菠菜、白菜、上海青进行实验的结果有何异同。 （菠菜 白菜 上海青）	展示实验结果，归纳与概括得出：菠菜、白菜、上海青的色素带基本相似，说明绿叶中的色素主要有4种。 通过做实验，亲身体验剪角与否对实验结果的影响。分析剪角的目的：防止层析液在滤纸边缘扩散过快。	基于实验事实和证据，用科学思维对实验现象作出解释。利用信息技术，将课外探究的实验结果运用到课堂讨论分析，有效克服了课堂时间对科学探究的局限。归纳与概括哪些因素可能导致色素带颜色变浅，提高了全体学生的思维深度。

（续表）

教学环节	教师活动	学生活动	设计意图
分析数据，拓展思维	比较滤纸条剪角与不剪角的结果差异。 平行排列 高低不平 引导学生思考哪些因素可能导致色素带颜色变浅。 猜猜我在干啥 黄叶	将实验结果拍成照片（色素带颜色变浅的原因有加无水乙醇过多、漏加碳酸钙、选用黄叶等），学生主持"猜猜我在干啥"的游戏，参与推理和讨论。	
课堂小结	目标回顾。	思考学习目标的达成情况。	回顾实验达成情况。

四、教学反思

本节课以"预做思"教学模式组织教学。通过创设问题情境导入，问题层次清晰，有利于培养学生的科学思维。学生通过预习，掌握实验原理。实验观察和探究在增加学生感性认识的同时，也提升了学生的实验操作及探究能力。实验教学过程注重基本原理的教学，通过小组合作、小组展示等形式，促使学生共同完成任务。结合实验教学的实际情况，培养学生观察与分析的能力，渗透结构与功能相适应的生命观念，培养了学生的科学思维。

案例三：探究酵母菌细胞呼吸的方式

罗甸县第一中学　肖刚山

一、教学目标的确定

"探究酵母菌细胞呼吸的方式"是人教版高中生物学教材中"细胞呼吸的原理和应

用"的重要教学内容。在实际教学过程中，由于实验装置连接复杂、实验耗时长以及实验操作难度较大等原因，学生没有真正思考并经历探究的过程。新课标指出：落实生物学学科核心素养的关键是要组织以探究性学习为特点的主动学习。根据新课标的内容要求、学业要求以及学业质量标准，并围绕培养学生的学科核心素养的要求，制订如下教学目标。

（1）经历探究酵母菌细胞呼吸方式的实验方案的设计和装置的搭建过程。

（2）通过小组合作和实验探究，学会观察实验现象、准确记录和处理实验数据。

（3）通过分析实验结果，构建有氧呼吸与无氧呼吸的概念，尝试用物质与能量观解释生活中的现象、解决生活中的问题。

二、教学设计思路

基于简约教学的理念，通过对教材中原有的实验装置进行改进，解决实验试剂具有腐蚀性、实验装置搭建烦琐、实验步骤复杂和实验耗时长等问题。同时，优化后的实验装置易清洗、操作安全简单、搭建方便，便于学生对实验结果进行分析和讨论。

本节教学设计以"探究酵母菌细胞呼吸的方式"为实验教学载体，采用"预做思"的教学模式开展课堂教学。通过学科知识融合、小组自主探究和协作、收集整理和分析数据等多种手段开展项目式学习，发展学生的高阶思维，对"探究酵母菌细胞呼吸的方式"实验进行优化改进。

三、教学实施过程

（一）"预"中生疑，激发兴趣

1. 研究性学习1：课前的实验预习

本节实验课开始前，让学生提前预习实验，并完成导学案上的几个问题：

（1）该实验的目的、原理分别是什么？

（2）该实验需要用到哪些实验用具、材料和试剂，分别有什么作用？

（3）该实验的注意事项是什么？

2. 研究性学习2：课中的实验讨论

学生在实验室开展实验后，教师根据学生的实验情况提出相应问题，让学生思考讨论：同学们，通过刚才做的实验，你们认为该实验的难点是什么？引导学生发现问题，并尝试回答和解决问题。

学生提出的问题中比较突出的有：①实验耗时太长，整个实验需要很长的培养时间，有氧呼吸组需要间歇性连通橡皮球（或气泵）约50 min。②实验中耗费的试剂量大，500 mL 的锥形瓶需要装 240 mL 葡萄糖溶液及 10 g 酵母菌，检测二氧化碳的锥形瓶也是 500 mL，也需要大量的检测试剂。

根据学生提出的比较突出的问题，让学生进一步思考和讨论，探究该实验有什么改进办法。通过学生的讨论及教师的引导，得出改进和创新的方法。

设计意图：学起于思，思起于疑，疑解于问。学生学习的最终目的不仅仅是掌握学科知识内容，更重要的是学会发现问题、解决问题，并将学习中习得的本领用于改进技术，促进生活和生产的发展。

（二）"做"中优化，深度探究

1. 研究性学习 3：实验改进和创新

（1）改良酵母菌培养液，缩短实验时间，减少试剂消耗。

取 5 g 高活性干酵母溶于 30 ℃左右 60 mL 的水中，再加入 20 mL 质量分数为 5%的葡萄糖溶液混合，活化 5 min。这样能大大增强酵母活性，从而缩短实验时间，减少试剂消耗。实验时间由原来的 8～10 h 缩短到 20 min，酵母菌由 20 g 减少到 10 g，葡萄糖溶液由原来的 480 mL 减少到 120 mL。

（2）改进实验装置，减少实验试剂消耗，缩短实验时间。

用 250 mL 广口瓶代替 500 mL 的锥形瓶 A 和 B，用小试管代替 500 mL 的锥形瓶来检测二氧化碳，只需 1 min 左右就可出结果，既节约试剂又大幅缩短实验时间。

有氧呼吸装置中，不通过按压橡皮球提供氧气，而是利用氯化铁催化过氧化氢分解产生氧气，为酵母菌有氧呼吸提供充足的氧气。不用人为按压橡皮球 50 min，既节约时间又不费人力。

2. 研究性学习 4：对改进的实验进行验证

（1）制备酵母菌培养液。

分别取 5 g 高活性干酵母倒入装有 60 mL 水的广口瓶中，轻轻摇匀，再加入 20 mL 质量分数为 5%的葡萄糖溶液，活化 5 min。

（2）搭建呼吸装置。

①有氧呼吸装置。总共用 2 个 250 mL 广口瓶和 1 只小试管。向第 1 个广口瓶倒入 100 mL 过氧化氢（连接橡胶管前放入 0.2 g 氯化铁，目的是催化过氧化氢产生氧气）。向第二个广口瓶中装入活化的酵母菌培养液，向小试管倒入 3～4 mL 溴麝香草酚蓝水溶液，最后用橡胶管将它们连接好，如图 5-30 所示。

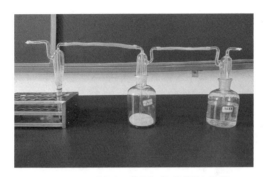

图5-30 "有氧呼吸"优化设计装置

②无氧呼吸装置。总共用1个250 mL广口瓶和1只小试管。广口瓶装入活化的酵母菌培养液，向小试管倒入3~4 mL的溴麝香草酚蓝水溶液，最后用橡胶管将它们连接好，如图5-31所示。

图5-31 "无氧呼吸"优化设计装置

（3）实验产物的检测。

实验开始后，记录有氧呼吸组和无氧呼吸组使溴麝香草酚蓝水溶液由蓝变绿再变黄的过程分别用多少时间。分析总结酵母菌在不同条件下细胞呼吸的方式及产物的异同。部分实验操作如图5-32所示。

a. 二氧化碳的检测　　　　　b. 酒精的检测

图5-32 细胞呼吸产物的鉴定

（4）实验现象分析及总结。

实验结果表明：酵母菌有氧呼吸产生大量的二氧化碳，无氧呼吸产生了酒精和少量的二氧化碳。

通过对比实验改进前后的相关数据，可发现改进后，实验时间大幅缩短，葡萄糖、溴麝香草酚蓝水溶液等试剂的消耗也明显减少，如表5-11所示。

表5-11　实验优化前后数据对比

项目	时间	葡萄糖	溴麝香草酚蓝水溶液	活性酵母菌	氧气
改进前	8～10 h	480 mL	480 mL	20 g	按压橡皮球50 min
改进后	20 min	120 mL	8 mL	10 g	利用氯化铁催化过氧化氢为有氧呼吸装置提供氧气

设计意图：探究性学习的一个重要特征就是在探究学习过程中尝试解决问题，体验探究学习的过程。在探究性学习活动中，学生主动动脑去思考、动手去完成实验操作、用眼去观察，全身心参与知识的形成过程并亲历核心概念的生成过程。

（三）"思"中提升，拓展思维

在本节实验教学课中，渗透着许多化学知识（表5-12）。教师可以采用问题导学的形式，引导学生从化学的角度去理解生物学现象，促进学科知识的融合。

表5-12　物质鉴定的化学原理

物质名称	化学原理
CO_2	①$Ca(OH)_2+CO_2 = CaCO_3\downarrow+H_2O$ ②$CaCO_3+H_2O+CO_2 = Ca(HCO_3)_2$ ③$CO_2+H_2O = H_2CO_3 \rightleftharpoons H^++HCO_3^-$
乙醇	④$2K_2Cr_2O_7+8H_2SO_4(浓)+3C_2H_5OH = 2K_2SO_4+2Cr_2(SO_4)_3+11H_2O+3CH_3COOH$ ⑤$2K_2Cr_2O_7+14HCl(浓) = 2KCl+2CrCl_3+3Cl_2\uparrow+7H_2O$

问题1：澄清石灰水检测CO_2的原理是什么？采用澄清石灰水检测CO_2需要注意些什么？

提示：澄清石灰水呈碱性，与CO_2反应会生成白色沉淀（表5-12：①）。通过澄清石灰水变浑浊的程度可以判断CO_2产生量的多少。如果继续通入CO_2，石灰水又变得澄清（表5-12：②）。所以，采用澄清石灰水检测CO_2的前提条件是细胞呼吸产生的CO_2不足以使变浑浊的石灰水再变澄清，否则鉴定实验有失严谨。

问题2：采用溴麝香草酚蓝水溶液检测 CO_2 的原理是什么？

提示：溴麝香草酚蓝是一种酸碱指示剂，其水溶液微显碱性，呈淡蓝色。变色范围为 pH6.0（黄）～pH7.1（绿）～pH7.6（蓝）。当溶液中 CO_2 浓度升高，CO_2 与水结合形成 H_2CO_3，使溶液 pH 降低（表5-12：③），从而产生明显的颜色变化。

问题3：为什么用酸性重铬酸钾检测乙醇？为什么用浓硫酸配置重铬酸钾，而不是用稀硫酸或浓盐酸？

提示：重铬酸钾（$K_2Cr_2O_7$）呈橙色，其中铬元素为+6价，是铬元素的最高价态，但重铬酸钾只有在酸性溶液中才显示出强氧化剂性质。乙醇分子具有一定的还原性，在酸性条件下，可以与重铬酸钾发生氧化还原反应，将橙色 $K_2Cr_2O_7$ 中的+6价铬元素还原成灰绿色的 Cr^{3+}（表5-12：④）。

浓硫酸酸性极强，酸性条件下 $Cr_2O_7^{2-}$ 的氧化性更强，能与乙醇发生氧化还原反应；同时浓硫酸被稀释会放出热量，有利于氧化还原反应的顺利进行。而用稀硫酸达不到相应的效果。如果用浓盐酸，+6价的铬元素会氧化 Cl^-，生成 Cl_2。而 Cl_2 有毒性，不适合在生物学实验室的环境中进行操作，同时 $Cr_2O_7^{2-}$ 已被还原成 Cr^{3+}，无法进行乙醇存在与否的检测（表5-12：⑤）。

问题4：葡萄糖具有还原性，对实验结果的判断和结论有没有影响？如何排除这种影响？

提示：葡萄糖是多羟基醛，具有还原性，而且还原性比乙醇强，葡萄糖的存在在一定程度上会干扰实验结果的判断和结论的分析。因此，只有等酵母菌细胞消耗完培养液中的葡萄糖以后，才能用酸性条件下的重铬酸钾溶液来检测其中是否有乙醇产生。教材中要求在"25～35 ℃的环境中培养8～10 h"后再检测乙醇的有无，目的也是把培养液中的葡萄糖完全消耗掉。

设计意图：好问题是深度学习的启动器和动力源，好问题才能激发学生兴趣，使其较为持久地追寻具体知识所蕴含的思想与方法，在高阶思维中寻找解决问题的核心策略。教师带领学生进入知识发现、发展的情境和过程中，更强调学生主动参与体验，在深度把握事物本质的基础上适当迁移，促进学科间的相互融合。

四、教学反思

本教学设计从学生现有的认知能力和思维水平出发，以学生为主体，以学习为中心，引导学生通过教师设计的问题和探究活动进行深入思考，亲身体验、亲手探索，层层递进，分步达标。在此过程中，创设学生深度学习的真实情境、优化实验装置、设计有一定深度的问题串，激发学生的深度思考，通过问题引导学生开展深入的探究活动，促进学生的深度学习，有利于发展学生的科学思维。

科学实验设计有利于培养学生的高阶思维，尽量将验证性实验改为探究性实验，设法将定性实验量化和数字化。本节课中改进后的材料用具简单易得，操作简便安全，现象清晰明显，大幅缩短了实验操作时间。教学实践表明：学生兴趣十足，探究欲望强烈，教学效果良好。

近几年，高考中实验部分所占的比重越来越大，考查内容也不局限于对教材知识的记忆，而是偏重于对学生实验设计、探究、迁移与应用能力的考查。这就要求学生不仅要进入实验室亲自动手完成实验，更需要进行深层次的探究活动，拓展实验学习的深度和广度。在这个过程中，知识得到落实和应用，能力得到锻炼和培养，素养得以形成和提升。

第四节　图示法解碱基互补配对计算问题

一、课题引入

1. 上课一开始教师出示下列题目。

[题1] 下列对双链DNA分子的叙述哪项是不正确的？（　　　）

A. 若一条链A和T的数目相等，则另一条链A和T的数目也相等

B. 若一条链G的数目为C的2倍，则另一条链G的数目为C的1/2

C. 若一条链的A：T：G：C=1：2：3：4，则另一条链相应碱基比为2：1：4：3

D. 若一条链的G：T=1：2，则另一条链的C：A=2：1

[题2] 在一个标准的双链DNA分子中，含有35%的腺嘌呤，它所含的胞嘧啶应该是（　　　）。

A. 15%　　　　　　B. 30%　　　　　　C. 35%　　　　　　D. 70%

2. 3分钟后让学生说出答案并简单说明理由。（学生答对率不高，理由说不太清楚）

3. 教师讲解并找出规律，故意展示从很多复习资料中搜集的"碱基互补配对的衍

生规律"，让学生去记忆。

①DNA双链中的两个互补的碱基相等，A=T，G=C。因而不互补的两个碱基之和占比为50%。

②DNA分子的一条链中两个不互补碱基之和的比值是另一个互补链的这一比值的倒数。

③DNA分子中互补碱基之和的比值和每一个单链中的这一比值相等。

④DNA双链中，含某种碱基X个，复制n次，则需加入该碱基的脱氧核苷酸的分子数等于能与该碱基配对的碱基的脱氧核苷酸的分子数，也就是$(2^n-1)X$个。

⑤在转录和翻译过程中，模板链、非模板链以及信使RNA链各段链中，相对应的碱基在本链中含量的比值是相等的。

⑥在一个双链DNA分子中，某碱基占碱基总量的百分数等于它在每条链中的平均百分数，若在其中一条链多占A%，则在另一条链应少占A%。

学生一看上面的"衍生规律"，就愁眉苦脸了。今天给大家介绍一种碱基互补配对计算问题万能破解法——图示解题法，以免去死记硬背的烦恼。

二、教师讲解（追求教学过程的简约高效）

（一）解题步骤

1. 画出含四种碱基的DNA片段示意图。

A	G	C	T
T	C	G	A

2. 把比例转化为具体数值，在DNA片段示意图中标注出来。

3. 根据题意看图求解。

（二）实例讲解

［题3］某DNA的碱基中，鸟嘌呤的分子数占22%，那么胸腺嘧啶的分子数占比为多少？

解题过程：

1. 画出含四种碱基的DNA片段示意图。

A	G	C	T
T	C	G	A

2. 把比例转化为具体数值，在DNA片段示意图中标注出来。

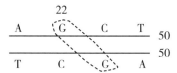

3. 根据题意看图求解。

由于G=C，则

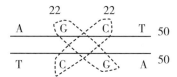

A+T=56，又因A=T，

故A=28，A的百分比为28%。

[题4] 某双链DNA分子中共含碱基1400个，其中一条单链上（A+T）：（G+C）=2：5，那么该DNA分子连续复制两次共需游离的胸腺嘧啶脱氧核苷酸的数量是多少个？

先让学生依葫芦画瓢，掌握解题步骤，再做如下讲解：

1. 画出含四种碱基的DNA片段示意图。

α链 ————A———T———G———C————

β链 ————T———A———C———G————

2. 把比例转化为具体数值，在DNA片段示意图中标注出来。

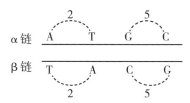

3. 根据题意看图求解。

双链DNA分子中，$A+T=1400 \times \dfrac{4}{14}=400$，

又A=T，则T=200，

该DNA分子连续复制两次，则子代DNA分子为4，由于DNA复制为半保留复制，则相当于全新的DNA分子为3，故需要游离的胸腺嘧啶脱氧核苷酸（T）的数量为：$200 \times 3=600$（个）。

[题5] 在一个双链DNA分子中，G占碱基总量的18%，其中一条链中G占20%，那么此链中C所占比例应为多少？

让学生先做，熟悉解题步骤，教师再讲解，看学生掌握情况，若条件成熟，可以让学生做如下讲解：

1. 画出含四种碱基的DNA片段示意图。

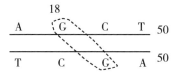

2. 把比例转化为具体数值，在DNA片段示意图中标注出来。

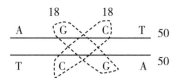

3. 根据题意看图求解。

根据碱基互补配对原则，则

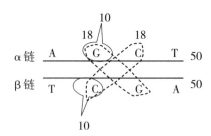

其中一条链中G占20%，设这条链为 α 链，则 α 链中G=50×20%=10，

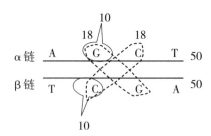

根据碱基互补配对原则，β 链中C=10。又 α 链中C+β 链中C=18，则 α 链中C=8，所以 α 链中C所占比例为 8÷50=16%。

三、学生当堂练习

[题6]（1996年上海）分析一个DNA分子时，发现30%的脱氧核苷酸含腺嘌呤，由此可知，该分子中一条链上鸟嘌呤含量的最大值可占此链碱基总数的（　　　）。

    A. 20%　　　　　　　B. 30%　　　　　　　C. 40%　　　　　　　D. 70%

［题7］（1997年上海）具有100个碱基对的一个DNA分子区段内含40个胸腺嘧啶，如果连续复制2次，则需游离的胞嘧啶脱氧核苷酸（　　）。

A. 60个　　　　　B. 80个　　　　　C. 120个　　　　　D. 180个

［题8］（1998年上海）在含有四种碱基的DNA区段中，有腺嘌呤a个，占该区段全部碱基的比例为b，则（　　）。

A. $b \leq 0.5$　　　　　　　　　B. $b \geq 0.5$

C. 胞嘧啶为a（$1/2b-1$）　　　　　D. 胞嘧啶为b（$1/2a-1$）

［题9］（1999年上海）若DNA分子的一条链中（A+T）:（G+C）$=a$，则其互补链中该比值为（　　）。

A. a　　　　　B. $1/a$　　　　　C. 1　　　　　D. $1-1/a$

［题10］（2000年广东）已知一段双链DNA中碱基的对数和腺嘌呤的个数，能否知道这段DNA中四种碱基的比例和（A+C）:（T+G）的值？（　　）

A. 能

B. 否

C. 只能知道（A+C）:（T+G）的值

D. 只能知道四种碱基的比例

［题11］（2001年广东）下列关于双链DNA的叙述错误的是（　　）。

A. 若一条链上A和T的数目相等，则另一条链上A和T的数目也相等

B. 若一条链上A的数目大于T，则另一条链上A的数目小于T

C. 若一条链上的A:T:G:C=1:2:3:4，则另一条链也是A:T:G:C=1:2:3:4

D. 若一条链上的A:T:G:C=1:2:3:4，则另一条链上的A:T:G:C=2:1:4:3

四、教师总结

图示解题法的核心就是在遵循碱基互补配对"A=T，A=U，G=C"的最基本原则上，利用直观图示，把抽象的比例或数量关系具体化，大大降低解题难度，解题又快又准，可以免去死记硬背由碱基互补配对原则衍生出的众多规律的烦恼。

第五节 解遗传学题目的万能"四步"法

在近几年的生物学高考试卷中，必修2《遗传与进化》是区分学生水平的主阵地，其中遗传学题目被称为生物学高考的压轴题。考点集中于判断基因在哪条（常、性）染色体上、自由组合规律和伴性遗传。关于判断基因在哪条（常、性）染色体上通用简约的方法将在本章第六节中展示和讨论。下面以遗传学常见的自由组合规律和伴性遗传为突破点，给广大高中生物学教师介绍解遗传学题目的根本方法。

一、万能"四步"法的基本步骤

高中生物遗传学题目不外乎遵循分离规律、自由组合规律和伴性遗传规律，无论是哪种情况，首先要弄清楚遗传过程，题目中往往会描述生物性状（表型），这时要根据表型尽可能写出基因型，然后用隐性纯合个体去突破，最后寻求分离规律、自由组合规律和伴性遗传规律去解题。自由组合规律是建立在分离规律基础之上的，伴性遗传也是符合分离规律的，所以，分枝法成为解遗传学题目通用的根本方法。为了更简约明了地归纳和概括解遗传学题目的基本步骤，现将其结构化为"四步"法：①写清遗传过程；②根据表型尽可能写出基因型；③隐性纯合突破；④百战百胜分枝法求解。

许多考生忙于判断和计算，经常忽略"写清遗传过程""根据表型尽可能写出基因型"等解遗传学题目最基本的步骤，往往出现错漏或没有突破题目核心难点。其实，遗传学题目的很多设问，在"写清遗传过程""根据表型尽可能写出基因型""隐性纯合突破"等基础环节就已经得以解答，根本不用寻求规律去计算。按"四步"法基本程序，有时仅用前两步就已经解决了问题，大大节省答题时间，提高答题的准确度。

二、万能"四步"法要熟悉的基本招式

［题1］下列各对等位基因是独立遗传的，求 AabbFfEeGGWwYY × AaBbFFEeGgWWYy 后代中基因型和表型的种类数。

对于这个题目，遗传过程、基因型和隐性纯合等步骤都不用考虑，各对等位基因是独立遗传的，说明遵循自由组合规律，自由组合规律直接用分枝法解题就可以。分枝法的精要是将自由组合规律化解为分离规律，然后用乘法原理展开。

分离规律的六种情况就是分枝法的六个基本招式，这对高中生而言基本不是问题，但又是至关重要的。这六个基本招式如表5-13所示。

表5-13　分枝法的六个基本招式

序号	招式	基因型、比例、种类数	表型、比例、种类数	备注
1	AA × AA			
2	AA × Aa			
3	AA × aa			
4	Aa × Aa			自交
5	Aa × aa			测交
6	aa × aa			

熟悉上面分离规律的六招后，可将AabbFfEeGGWwYY × AaBbFFEeGgWWYy化解为分离规律，题目迎刃而解：

（Aa×Aa）（bb×Bb）（Ff×FF）（Ee×Ee）（GG×Gg）（Ww×WW）（YY×Yy），

基因型种类数：　3　×　2　×　2　×　3　×　2　×　2　×　2，

表型种类数：　2　×　2　×　1　×　2　×　1　×　1　×　1。

［题2］番茄红色（R）对黄色（r）、多室（M）对两室（m）为显性，现有亲本红色多室×红色两室，后代如下：红色多室3/8、红色两室3/8、黄色多室1/8、黄色两室1/8。求两个亲本的基因型。

这个题目按解遗传学题目的基本步骤书写如下：

1. 写清遗传过程。

2. 根据表型尽可能写出基因型。

3. 隐性纯合突破。

根据同源染色体一条来自父方一条来自母方，就可以求出两个亲本的基因型。如箭头所示。

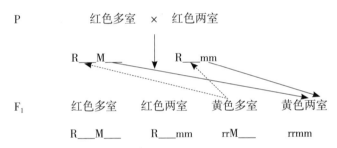

通过以上基本步骤，题目中数量比例等信息还没用上就可以得出亲本的基因型。当然，这个题目也可以用分枝法简约快速求解，更加简便。解题过程如下：

红色：黄色=（3/8+3/8）：（1/8+1/8）=3：1，亲本一定为自交 Rr×Rr 情况。

多室：两室=（3/8+1/8）：（3/8+1/8）=1：1，亲本一定为测交 Mm×mm 情况。

三、万能"四步"法在解高考遗传学题目中的运用

高考遗传学题目当然不会如上面例题那样直接明了，常常会赋予真实情境，阅读信息量增大，但万变不离其宗。情境越是复杂的高考遗传学题目，"四步"法就越能发挥它简约性结构的威力。下面就以近两年广东卷高考真题来看看"四步"法在解高考遗传学题目中的魅力。

[题3]（2021年广东卷第20题）果蝇众多的突变品系为研究基因与性状的关系提供了重要的材料。摩尔根等人选育出 M-5 品系并创立了基于该品系的突变检测技术，可通过观察 F_1 和 F_2 的性状及比例，检测出未知基因突变的类型（如显/隐性、是否致死等），确定该突变基因与可见性状的关系及其所在的染色体。回答下列问题：

下图为基于 M–5 品系的突变检测技术路线，在 F_1 中挑出 1 只雌蝇，与 1 只 M–5 雄蝇交配，若得到的 F_2 没有野生型雄蝇、雌蝇数目是雄蝇的两倍，F_2 中雌蝇的两种表型分别是棒眼杏红眼和＿＿＿＿＿＿，此结果说明诱变产生了伴 X 染色体＿＿＿＿＿＿基因突变。该突变的基因保存在表型为＿＿＿＿＿＿果蝇的细胞内。

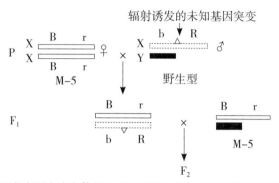

注：不考虑图中染色体间的交叉互换和已知性状相关基因的突变

这个题目的遗传过程、表型和基因型非常清晰，只需按配子结合完成 F_2 的基因型即可，具体如下：

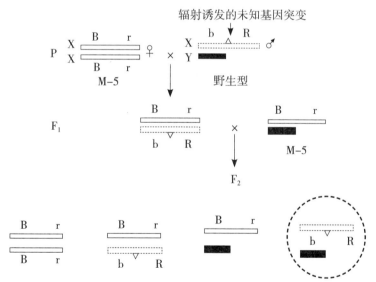

根据题中"F_2 没有野生型雄蝇""雌蝇数目是雄蝇的两倍"等信息，可以判定上图虚线圈出的 $X^{bR}Y$ 个体致死，即诱变产生了伴 X 染色体隐性完全致死的基因突变。只要考生能按上面遗传过程写清楚 F_2 的基因型，其余两个答案如同看图说话：F_2 中雌蝇的两种表型分别是棒眼杏红眼（$X^{Br}X^{Br}$）和棒眼红眼（$X^{Br}X^{bR}$），该突变的基因（b）保存在表型为雌果蝇（$X^{Br}X^{bR}$）的细胞内。这个考题只运用解遗传学题目万能"四步"法第一步就解决了问题，再次强调了完整"写清遗传过程"的重要性，很多学生不太重视这一步，致使思路不清晰，难免产生错漏。

[题4]（2022年广东卷第19题）《诗经》以"蚕月条桑"描绘了古人种桑养蚕的劳动画面，《天工开物》中"今寒家有将早雄配晚雌者，幻出嘉种"，表明我国劳动人民早已拥有利用杂交手段培育蚕种的智慧，现代生物技术应用于蚕桑的遗传育种，更为这历史悠久的产业增添了新的活力。回答下列问题：

（1）家蚕的虎斑对非虎斑、黄茧对白茧、敏感对抗软化病为显性，三对性状均受常染色体上的单基因控制且独立遗传。现有上述三对基因均杂合的亲本杂交，F₁中虎斑、白茧、抗软化病的家蚕比例是_____；若上述杂交亲本有 8 对，每只雌蚕平均产卵 400 枚，理论上可获得_____只虎斑、白茧、抗软化病的纯合家蚕，用于留种。

（2）研究小组了解到：①雄蚕产丝量高于雌蚕；②家蚕的性别决定为 ZW 型；③卵壳的黑色（B）和白色（b）由常染色体上的一对基因控制；④黑壳卵经射线照射后携带 B 基因的染色体片段可转移到其他染色体上且能正常表达。为达到基于卵壳颜色实现持续分离雌雄，满足大规模生产对雄蚕需求的目的，该小组设计了一个诱变育种的方案。下图为方案实施流程及得到的部分结果。

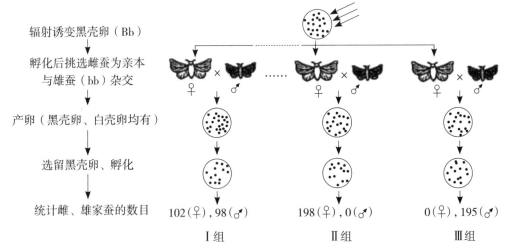

统计多组实验结果后，发现大多数组别家蚕的性别比例与Ⅰ组相近，有两组（Ⅱ、Ⅲ）的性别比例非常特殊。综合以上信息进行分析：

①Ⅰ组所得雌蚕的 B 基因位于_____染色体上。

②将Ⅱ组所得雌蚕与白壳卵雄蚕（bb）杂交，子代中雌蚕的基因型是_____（如存在基因缺失亦用 b 表示）。这种杂交模式可持续应用于生产实践中，其优势是在卵期通过卵壳颜色筛选即可达到分离雌雄的目的。

③尽管Ⅲ组所得黑壳卵全部发育成雄蚕，但其后代仍无法实现持续分离雌雄，不能满足生产需求，请简要说明理由。

［题4］看似比［题3］复杂，很多考生被大量文字阅读搞蒙了，其实如果采用解遗传学题目的万能"四步"法，问题就可迎刃而解，变得异常轻松。

下面看看第（1）问的求解：由"家蚕的虎斑对非虎斑、黄茧对白茧、敏感对抗软化病为显性，三对性状均受常染色体上的单基因控制且独立遗传"，可以判定各对基因符合自由组合规律，题目没有告诉性状与基因的对应关系，我们可以自设等位基因如下：虎斑（A）对非虎斑（a）、黄茧（H）对白茧（h）、敏感（M）对抗软化病（m）。

第一步：写清遗传过程（三对基因均杂合的亲本杂交）。

$$P \quad AaHhMm \quad \times \quad AaHhMm$$

$$\downarrow$$

$$F_1 \quad 虎斑、白茧、抗软化病$$

第二步：根据表型尽可能写出基因型。

$$P \quad AaHhMm \quad \times \quad AaHhMm$$

$$\downarrow$$

$$F_1 \quad 虎斑、白茧、抗软化病$$

$$A\_\_\_\_hhmm$$

第三步：分枝法求解。

$$Aa \quad \times \quad Aa \quad 3/4\ A\_\_\_\_$$

$$Hh \quad \times \quad Hh \quad 1/4hh$$

$$Mm \quad \times \quad Mm \quad 1/4mm$$

答案：$3/4 \times 1/4 \times 1/4 = 3/64$。

虎斑、白茧、抗软化病的纯合家蚕基因型为AAhhmm，其比例为$1/4 \times 1/4 \times 1/4 = 1/64$。而每只雌蚕平均产卵400枚，则产卵总数3200枚，虎斑、白茧、抗软化病的纯合家蚕数量为$3200 \times 1/64 = 50$（只）。

［题4］第（2）小题看似复杂了很多，依据题意"黑壳卵经射线照射后携带B基因的染色体片段可转移到其他染色体上且能正常表达"，就可判断突变基因转移到常染色体、Z或W上。Ⅰ组中，黑壳卵家蚕中雌雄比例接近1∶1，与性别无关，可以判定突变基因转移到常染色体上。接下来关键是判定Ⅱ、Ⅲ组突变基因转移到Z或W上。同样，

运用解遗传学题目万能"四步"法可以轻松求解。

关于Ⅱ组的判定：

第一步：写清遗传过程。

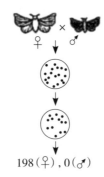

$$198(♀), 0(♂)$$

第二步：根据表型尽可能写出基因型。

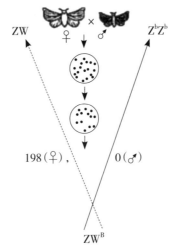

ZW

Z^bZ^b

$$198(♀), \qquad 0(♂)$$

ZW^B

根据同源染色体一条来自父方一条来自母方，可以判定子代雌蚕基因型为Z^bW^B。W^B染色体只能来自母方，因而可知，携带B基因的染色体片段转移到了W染色体上。

关于Ⅲ组的判定：

第一步：写清遗传过程。

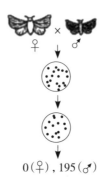

$$0(♀), 195(♂)$$

第二步：根据表型尽可能写出基因型。

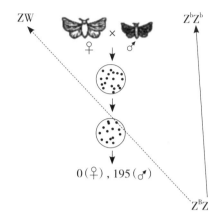

根据同源染色体一条来自父方一条来自母方，可以判定子代雄蚕基因型为 Z^BZ^b。Z^B 染色体只能来自母方，因而可知，携带 B 基因的染色体片段转移到了 Z 染色体上。

亲本雌蚕的基因型为 Z^BW^b，与白壳卵雄蚕 Z^bZ^b 杂交，子代雌蚕的基因型为 Z^bW^b，表现为白壳卵，雄蚕的基因型为 Z^BZ^b，表现为黑壳卵。再将黑壳卵雄蚕（Z^BZ^b）与白壳卵雌蚕（Z^bW^b）杂交，子代基因型为 Z^BZ^b、Z^bZ^b、Z^BW^b、Z^bW^b，其后代的黑壳卵和白壳卵中均既有雌性又有雄性，无法通过卵壳颜色区分性别，故不能满足生产需求。

［题 4］第（2）小题的解答只运用了万能"四步"法的前两步，可见万能"四步"法在解遗传学题目上的巨大威力。

第六节　假设排除法判断"基因在染色体上"

"基因在染色体上的判断"涉及遗传学萨顿假说和摩尔根经典实验，深刻蕴含"假说—演绎"的科学思维和科学探究意韵，由于能训练和考查学生的逻辑推理能力，经常会出现在高中生物学训练题和考卷中。"基因在染色体上的判断"往往作为遗传学题目的开端，如果学生在这个问题上没有过关，会导致一些遗传学题目满盘皆输。

然而，在一些高中生物学教师的课堂上和市面上的教辅材料中，通过一些实例，把这个科学思维和科学探究性很强的生物学问题当成文科去教，归纳总结出如下的一些

"规律"让学生去记：

1. 双亲都正常，生出有病孩子，则该病必定是由隐性基因控制的遗传病。

2. 双亲都患病，生出正常孩子，则该病一定是由显性基因控制的遗传病。

3. 已确定隐性遗传：

（1）父亲正常，女儿有病：一定是常染色体隐性遗传。

（2）母亲有病，儿子正常：一定是常染色体隐性遗传。

4. 已确定显性遗传：

（1）父亲有病，女儿正常：一定是常染色体显性遗传。

（2）母亲正常，儿子有病：一定是常染色体显性遗传。

5. 如果某种病在代与代之间呈连续性，则该病可能是显性遗传病。

6. 如果系谱中的患者无性别差异，男、女患病比例约各占1/2，则该病可能是常染色体上的基因控制的遗传病。

7. 如果系谱中的患者有明显的性别差异，男女患者相差较大，则该病可能是性染色体上的基因控制的遗传病。它又分为三种情况：

（1）患者男性明显多于女性：可能是伴X染色体隐性遗传。

（2）患者女性明显多于男性：可能是伴X染色体显性遗传。

（3）患者连续在男性中出现，女性无病：可能是伴Y染色体遗传。

这些"规律"都是正确的，但要让学生记住并能灵活运用，本身就是教学中最大的难题。学生记不住这些"规律"，这些"规律"无异于正确的废话。教师的教学本意是解决学生遇到的问题，这样的教学不但没有解决问题，反而给学生增加了新的问题，学生难免出现"老师不讲我还有些明白，老师越讲我越糊涂"的情况。学生最怕的就是死记硬背，见到这些所谓的"规律"就头晕，更何况记忆是一回事，见到变化万千的题目情境后在大脑中迅速检索上面"规律"并运用更是另外一回事，这样教学生，学生必然无法对高中生物学提起兴趣。生物学本身是非常生动有趣的学科，这样的教法会使其变得索然无味。

当然，有些教师和市面上的教辅资料也开始注意到这些问题，针对这些问题做了如下的优化处理（图5-33）：

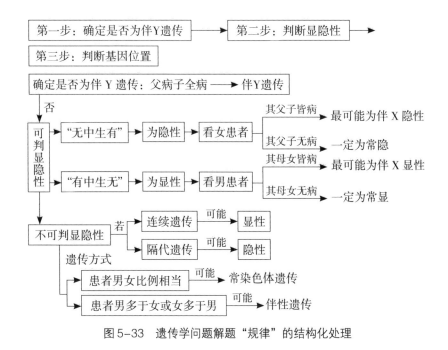

图 5-33　遗传学问题解题"规律"的结构化处理

　　这些条条框框看似比上面的"规律"进步了，其本质实则没变，只是进行了一定的结构化处理而已。学生在紧张的答题特别是在高考答题中，往往连最基本的"无中生有""有中生无"都可能会记错，其本质原因是没有回归解决"基因在染色体上"这个问题需要的"假说—演绎"这一根本方法上来。

　　下面，以实例来介绍解决"基因在染色体上"的判断问题，不用记忆任何规律，只需按解遗传学题目最基本的步骤：①明白地列出"基因在染色体上"的5种情况，即常隐（aa）、常显（A＿＿）、伴 X 隐（X^a）、伴 X 显（X^A）、伴 Y；②弄清楚遗传过程；③假设代入，根据表型尽可能写出基因型；④根据推理得出的基因型写出表型，与题目表型信息比对，做出排除判断。即用"假设验证"法，快速排除5种情况中的不可能，排除不了的那一种，往往就是正确的判断。例如：

　　对某地区一个家族的某种遗传病的调查如下图所示，请据图分析回答（用 Aa 表示这对等位基因）：

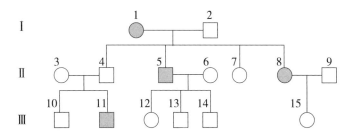

（1）该病的遗传方式为_____。

（2）若Ⅲ₁₀与Ⅲ₁₅婚配，生出一个有病孩子的概率为_____，生出一个正常女孩的概率为_____。

第（1）问是解题的关键，根据题意在草稿纸上列出"基因在染色体上"的5种情况；该题的遗传过程清楚，不需要花时间，采用排除法解题。

假设是伴Y，伴Y只传男不传女，家族病例有女（1号和8号），伴Y情况可以迅速排除。

假设是伴X显（X^A），根据表型尽可能写出基因型，11号为X^AY，根据同源染色体一条来自父方一条来自母方，可推测X^A一定来自3号，3号一定有病，而图中3号正常，因此，伴X显（X^A）可以排除。

假设是伴X隐（X^a），根据表型尽可能写出基因型，1号的基因型为X^AX^a，4号的基因型为X^aY，表型有病，而图中4号正常，因此，伴X隐（X^a）可以排除。

假设是常显（A___），根据表型尽可能写出基因型，11号染色体为A___，根据同源染色体一条来自父方一条来自母方，可推测A一定来自3号或4号，3号或4号之一应该有病，而图中3号和4号均正常，因此，常显（A___）可以排除。

现在，只剩下常隐（aa）这种情况，这就是正确答案，可以用数学上的代入法进行检验，以更加坚定答案的正确。

这样的解题思路，回到"基因在染色体上"的判断问题的根本，训练学生思维的缜密性和逻辑推理能力，不需要记任何"规律"，只需列出常隐（aa）、常显（A___）、伴X隐（X^a）、伴X显（X^A）、伴Y这5种情况，假设代入，迅速排除，准确度大大提高。这才是高中生物学新课标"科学思维"学科核心素养达成的本质要求。为更加简约快速地解这样的题目，应注意把握三点：①列全常隐（aa）、常显（A___）、伴X隐（X^a）、伴X显（X^A）、伴Y等5种情况，养成不遗漏习惯；②首先假设"伴Y"情况，这是极端遗传现象，只传男不传女，不用代入，最快排除或确定；③假设后，找出病例个体，根据其表型尽可能写出基因型，然后按同源染色体一条来自父方一条来自母方推理其亲本或子代的基因型，再按推理得出的基因型写出表型，若与题目表型信息不一致，即可排除。

对于基因在染色体上的判断，一般达到可解答上面这类题目的水平就可以了。但有些练习资料或个别年份高考题出现"XY染色体同源区段与非同源区段的问题"，适用条件：已知性状的显隐性和控制性状的基因在性染色体上。如图5-34所示。

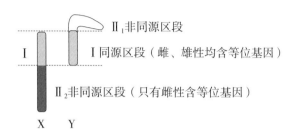

图5-34 XY染色体同源区段与非同源区段问题示意

怎么判别 II_1 伴 Y 情况、II_2 伴 X 情况、I 同源区段？I 同源区段能否当常染色体等位基因去处理？这些问题同样可以用"假说—演绎"法解决。

II_1 伴 Y 情况很特殊，很容易判定，只传雄性不传雌性。焦点问题是区分 II_2 伴 X 情况与 I 同源区段等位基因问题。

假设某基因在 I 同源区段，用"纯合隐性雌（X^bX^b）×纯合显性雄（X^BY^B）"进行杂交，观察分析 F_1 的性状，子代中所有雄性均为显性性状（X^bY^B）；用"杂合显性雌（X^BX^b）×纯合显性雄（X^BY^B）"进行杂交，观察分析 F_1 的性状，子代中雌雄个体（X^BX^B、X^BX^b、X^BY^B、X^bY^B）全表现显性性状。

假设某基因在 II_2 伴 X 段，用"纯合隐性雌（X^bX^b）×纯合显性雄（X^BY）"进行杂交，观察分析 F_1 的性状，子代中所有雄性均为隐性性状（X^bY）；用"杂合显性雌（X^BX^b）×纯合显性雄（X^BY）"进行杂交，观察分析 F_1 的性状，子代中雌性个体（X^BX^B、X^BX^b）全表现显性性状，雄性个体中既有显性性状（X^BY）又有隐性性状（X^bY）。

至于 I 同源区段等位基因是否与常染色体等位基因在遗传后代表型比例一致，做如下假设与验证，就可以非常容易知道它们的区别。

假设等位基因在常染色体上，用双亲均为杂合体的亲本杂交，其后代表型如下：

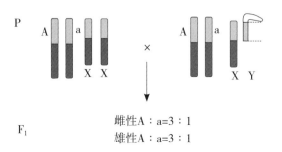

假设等位基因在 I 同源区段上，用双亲均为杂合体的亲本杂交，其后代表型如下：

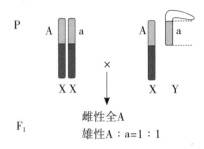

F_1　　　　　　　雌性全A
　　　　　　　　　雄性A：a=1：1

第七节　"DNA是遗传物质"教学的结构化处理

这部分内容具有知识和方法的双重价值，在教学中应把科学家"从实验观察入手，进行分析推论，并设计实验进行验证，最后构建模型"的科学思维全过程充分揭示出来，使学生不仅从中获取科学知识，更重要的是理解科学思维的方法。"DNA是遗传物质"实验教学中训练学生科学思维方法的全程性，把生物课上出科学味道。教学过程中尽量用图表结构化处理教材内容，体现简约的教学风格。具体的教学过程如下。

一、观察发现问题

格里菲思实验观察发现的问题可以简表如下（表5-14）。

表5-14　格里菲思实验

实验组别	1	2	3	4
细菌型	活R	死S	活S	活R＋死S
小鼠状况	活	活	死	死

对学生要"激化"的问题在第4组实验：从第1组、第2组实验可知，单独的活R型细菌与死S型细菌不会让小鼠致死，为什么活R型细菌与死S型细菌混合就会让小鼠致死？

二、分析推理

根据表5-14可做如下的分析和推理：

第1组实验可得出的结论：活R型细菌无毒性。

第2组实验可得出的结论：死S型细菌无毒性。

第3组实验可得出的结论：活S型细菌有毒性。

第4组实验可得出的结论：活R型细菌和死S型细菌混合后有毒性。

第4组实验活R型细菌和死S型细菌混合后既然有毒性，根据第1、2、3组实验的分析，可以推测：活R型细菌和死S型细菌混合后产生了活S型细菌并且能够遗传。那么，活S型细菌是怎样来的？进一步推测：活R型细菌转化为活S型细菌。只有这样的分析和推理才能"合理"解释观察发现的问题。

三、设计实验验证

"活R型细菌转化为活S型细菌"只是分析和推理得出的结论，那么，活R型细菌是不是真的可以"转化"为活S型细菌？活R型细菌是怎样转化为活S型细菌的？这些问题都还需要设计实验证明。艾弗里实验在这里可以明确地说明这些问题。艾弗里实验可简图如下（图5-35）。

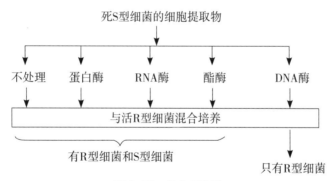

图5-35　艾弗里实验

这个实验不仅可以证明上述问题，还可以从中直观地看出：死S型细菌中只有它的DNA才能"指导"活R型细菌转变为活S型细菌，它的多糖、脂类、蛋白质、RNA以及DNA水解物均没有这样的功能。通过这样的验证，学生能"心平气和"地接受教材的结论：DNA是转化因子（遗传物质）。

四、建立模型实验

科学的结论产生后，要使人们更加广泛地了解和接受，要达到快速直观验证和实验成本简约、操作简化的目的，还必须建立模型实验。让学生通过比较 T2 噬菌体侵染细菌实验、格里菲思实验和艾弗里实验，了解模型实验的快速、直观、成本简约、操作简化等特点。T2 噬菌体侵染细菌实验可简表如下（表5-15）。

表5-15　T2噬菌体实验

亲代噬菌体	寄主细胞	合成子代噬菌体	结论
用 ^{32}P 标记的噬菌体	无 ^{32}P 标记的DNA	有 ^{32}P 标记的DNA	噬菌体的 DNA 注入细菌体内。
用 ^{35}S 标记的噬菌体	无 ^{35}S 标记的蛋白质	无 ^{35}S 标记的蛋白质外壳	噬菌体的蛋白质没有进入细菌体内。

五、回顾总结

教师引领学生回顾总结"DNA是遗传物质"实验教学中训练学生科学思维方法的全程性（图5-36）。

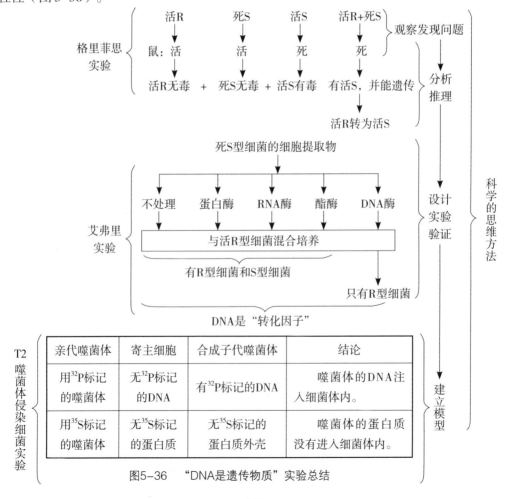

图5-36　"DNA是遗传物质"实验总结

第八节 生物学高考深度思维类题目的应答

随着高考对学生核心素养考查的推进，稳健优化地出现深度思维类题目是近年生物学高考试卷的主要特点❶。深度思维类题目考查学生对生命及其过程的深度思考和对生命科学的本质理解❷，常以"原因阐释""实验设计""判断依据""方法步骤""归纳结论"等形式呈现，成为区分学生综合能力水平的主阵地，其中"原因阐释"是最常出现的题目，"实验设计"是学生最畏难的题目。从学生答卷和实际得分情况来看，这类题目的解答确实是学生的弱项，很多学生放弃这类试题的作答，即便作答也呈现逻辑混乱、表述不清的现象，学生的生物学专业语言表达能力极其欠缺，亟待提高❸。笔者从多年备考经验中总结出关于这类题目有效答题的策略："原因阐释"要形成逻辑回路，"实验设计"要可见思维线索，"判断依据"要回归教材原理，"方法步骤"要融会学科经典，"归纳结论"要立足题干信息。下面就以最常出现的"原因阐释"和学生最畏难的"实验设计"类题目为例谈谈深度思维类题目的应答策略。

一、"原因阐释"要形成逻辑回路

逻辑思维是科学思维的核心，逻辑思维能力是分析问题、解决问题的核心要素，"原因阐释"类试题可有效考查学生逻辑思维能力和生物学专业语言精准表达能力。学生在解答这类题目时没有逻辑回路意识，往往表现出"答题不够完整，出现思维跳跃""无答题思路，语言组织能力欠缺"等问题，其主要原因是平时教学复习中缺乏有

❶ 杨帆，吴成军. 四十年来生物高考的历程、特点与展望［J］. 课程·教材·教法，2017（1）：82-88.

❷ 教育部考试中心. 关注对生命过程的深度思考，服务高考选拔功能：2017年高考生物试题评析［J］. 中国考试，2017（7）：27-31.

❸ 吴成军. 考查生物学核心素养，体现立德树人的国家意志：兼评2018年全国高考生物试题［J］. 中国考试，2018（10）：42-47.

效的引导和训练。采用"承前启后"模式构建答题思维的逻辑回路，可以有效提升这类题目的答题质量，其模式如图5-37所示。

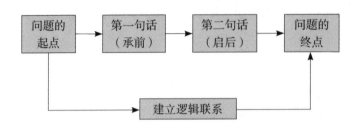

图5-37　"原因阐释"题答题模式

运用"承前启后"模式对2020年全国Ⅰ卷第31题第（3）问进行解答，步骤如下：

（1）找出问题的起点：甲组大鼠缺乏胰岛素。

（2）列出问题的终点：甲组大鼠体重下降。

（3）建立"起点"和"终点"的逻辑联系。

①承前：利用葡萄糖不足，机体能量不足。

②启后：为了维持机体能量，机体自身蛋白质、脂肪消耗供能。

（4）闭合结论回路：机体自身物质消耗，所以体重下降。

由上可以看出，"承前启后"模式的关键步骤是建立"起点"和"终点"的逻辑联系（承前和启后）。

又如，2021年1月广东省适应性测试卷第19题（节选）"给鱼塘施肥可以提高鱼的产量，但某些情况下又会造成鱼的死亡，原因是_____。"运用"承前启后"模式解答，步骤如下：

（1）找出问题的起点：给鱼塘施肥可以提高鱼的产量。

（2）列出问题的终点：鱼类死亡。

（3）建立"起点"和"终点"的逻辑联系。

①承前：给鱼塘施肥可以促进水体植物的生长，植食性鱼类食物充足，鱼的产量提高。

②启后：施肥过多，水体植物过多耗氧，水体氧气不足。

（4）闭合结论回路：鱼类缺氧，所以死亡。

通过"承前启后"模式结构化处理"原因阐释"类题目答题程序，避免学生答题思维跳跃、语言缺乏组织等毛病，可以有效解决学生答题没有逻辑和答不完整的问题。

二、"实验设计"要可见思维线索

实验设计题是生物学高考的热点，这类题目要求设计实验去验证或说明某一生物现象，难度相对较大，不仅考查学生对基础知识的掌握情况，还考查学生综合分析能力、理解能力、收集处理信息能力、语言表达能力、逻辑能力、解决问题能力和创新能力等[1]。学生由于缺乏实验设计的相关知识，平时也较少练习，遇到此类题目便无从下手。近年来这类题目的难度有降低的趋势，只要求学生写出实验设计的思路。实验方案（含实验步骤）与实验思路的侧重点有所不同，实验方案关注的是具体的方案，如怎样分组、实验组和对照组如何处理、因变量如何检测、无关变量如何平衡和消除等，特别强调的是条件控制。实验思路则重点关注自变量的确定、因变量的确定以及预期结果与假设的关系，不过分关注细节，具体检测方法和技术不作要求。无论是实验方案设计还是实验思路设计，其答题核心策略都是先在草稿纸上写（画）出实验要解决的问题及其解决路径的思维线索，有了可视化的思维线索，剩下的就是在答卷上组织语言进行表述的技术活儿。写（画）出实验设计的思维线索，是解答这类题目的关键，学生往往缺乏训练，导致要么无从下手，要么写一堆却不得要领。高考时，有学生在答卷上写（画）出了实验设计思维线索图，尽管来不及组织语言表述，也可以拿到大部分分数。

例如 2017 年全国 I 卷第 29 题：根据遗传物质的化学组成，可将病毒分为 RNA 病毒和 DNA 病毒两种类型。有些病毒对人类健康会造成很大危害，通常，一种新病毒出现后需要确定该病毒的类型。假设在宿主细胞内不发生碱基之间的相互转换，请利用放射性同位素标记的方法，以体外培养的宿主细胞等为材料，设计实验以确定一种新病毒的类型，简要写出实验思路、预期实验结果及结论即可（要求：实验包含可相互印证的甲、乙两个组）。答这个题目的思维线索如下：①区分 RNA 病毒和 DNA 病毒，其关键在于特别的碱基 U（RNA）和 T（DNA）；②病毒只能在活细胞中生存和繁殖（宿主细胞为病毒繁殖提供物质基础）；③根据①②确立关键步骤：培养宿主细胞（放射性）—病毒浸染（放射性）—病毒分离（放射性）。在这样的思维线索基础上，再组织语言表述就

---

[1] 教育部考试中心. 中国高考评价体系说明 [M]. 北京：人民教育出版社，2019：20—30.

比较容易，且简明扼要。

又如 2021 年 1 月广东省适应性测试卷第 18 题（节选）：表 5-16 为甲、乙两个水稻品种在灌浆期、蜡熟期的光合作用相关数据。

表 5-16 甲、乙两个水稻品种灌浆期和蜡熟期光合作用相关指标的比较

生长期	光补偿点 ($\mu mol \cdot m^{-2} \cdot s^{-1}$)		光饱和点 ($\mu mol \cdot m^{-2} \cdot s^{-1}$)		最大净光合速率 ($\mu mol \cdot m^{-2} \cdot s^{-1}$)	
	甲	乙	甲	乙	甲	乙
灌浆期	68	52	1853	1976	21.67	27.26
蜡熟期	75	72	1732	1365	19.17	12.63

注：灌浆期幼穗开始有有机物积累，谷粒内含物呈白色浆状；蜡熟期米粒已变硬，但谷壳仍呈绿色。

根据该实验的结果推测，从灌浆期到蜡熟期水稻最大净光合速率的变化可能与叶片的叶绿素含量变化有关。请设计实验验证该推测（简要写出实验设计思路、预测实验结果并给出结论）。

答这个题目的思维线索如下：①测灌浆期的叶绿素含量及最大净光合速率；②测蜡熟期的叶绿素含量及最大净光合速率；③在①②基础上比较两个时期的叶绿素含量及最大净光合速率大小；④得出叶绿素含量变化及最大净光合速率变化相关性结论。其思维线索可图示如下：

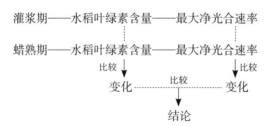

实验设计类题目在生物学高考试卷中出现有近二十年历史，到目前仍然是广大师生复习备考的难点，根本原因是在平时复习训练中没有抓住"实验设计思维线索"训练这一核心环节。强化实验设计思维线索的可视化呈现，是提升这类题目答题质量的关键，更是提升学生思维品质和解决问题能力的重要载体。

▌后 记

真诚感谢广东第二师范学院胡继飞教授的悉心指导并作序鼓励！感谢本人市、区名教师工作室成员多年来对简约教学思想的认同追随和积极实践，每位成员都踊跃提供生动的高中生物学简约教学案例。由于篇幅限制，只遴选了广州市培正中学李德伟老师、广州市培英中学汤爱仪老师、广州市第六十五中学徐青松老师、广东外语外贸大学实验中学林燕霞老师、广州市实验外语学校周俐老师、广州市培英中学曹志兴老师、广州彭加木纪念中学张苑霞老师、广州空港实验中学吴淑婉老师、广东外语外贸大学实验中学李慧婷老师、广州市第六十六中学江永艺老师、广州市培英中学涂洁老师、广州彭加木纪念中学谢桂飞老师、广州彭加木纪念中学潘灶连老师、广州空港实验中学江素英老师的教学案例或作业设计。李德伟老师在支教期间，将简约教学思想传播到了贵州黔南州，贵州黔南州罗甸县第一中学的高中生物学教师也提供了简约教学相关教学案例，其中肖刚山老师的实验教学案例也收录于本书。

书稿即将完成之际，我在大学纯真年代的"轻狂"模样忽入脑海，心底竟暗涌一些伤感。作为理科生的我在大学一直忙于凑文字这样"不务正业"的事情，而且以发表为荣。大学同班有一位字儿写得遒劲有力、潇洒飘逸的藏族姑娘令我自以为是地无限倾慕，因此为她写了好多文字。大四各自教育实习的一段时间里几乎每天一封信，然而全都石沉大海。即便如此，那时的我也没有觉得有什么不妥，你读还是不读，它就在那里，而且天天在生长、天天不一样。大学毕业之际，她托人送我一套考琳·麦卡洛的小说《荆棘鸟》，没有任何赠言。只是这本小说的封底印有这样几行非常醒目的文字：传说有一种鸟，它一生只歌唱一次，为了唱出胜过夜莺的歌，它把自己钉在最尖最长的荆棘上……。当时我非常羞愧地理解是她认为我之前写的东西十分浅薄，要写就应如荆棘鸟"一生只歌唱一次"一样，写出厚重之作。1993年大学毕业之后为了生计而各奔东西，笔端不敢再造次，我一直在寻找"一生只歌唱一次"的感觉。1998年，这位藏族姑娘不幸肝癌早逝，魂归邛海，从此，我的笔端再无诗词再无歌。

在后来"化悲痛为力量"的日子里，我坚持"一定不能让我教的学生吃亏""一定让我教的学生学得轻松、学得愉快、考得满意"等朴素理念，每当我在工作中遇到艰难时都会在心中默默念叨"为了唱出胜过夜莺的歌，它把自己钉在最尖最长的荆棘上……"。在生活中，我遵循中国人"感恩、虑后、明分"的传统，努力把生我的人和我生的人安顿好，赡口体，养心智，从未在家人面前提及这个深深影响我一生的人。这本书也许就是自己的"一生只歌唱一次"，不求"胜过夜莺的歌"，算是对送我小说《荆棘鸟》的那位藏族姑娘的特别纪念。活着，该多好！

2022年11月9日写于羊城花地湾